# THE BLACK SWAN

The Impact of
the Highly Improbable

# 黑天鹅

## 如何应对
## 不可预知的未来

（Nassim Nicholas Taleb）
[美] **纳西姆·尼古拉斯·塔勒布** 著
万丹 刘宁 译



中信出版集团 | 北京

图书在版编目（CIP）数据

黑天鹅 /（美）纳西姆 · 尼古拉斯 · 塔勒布著；万丹，刘宁译. -- 4 版. -- 北京：中信出版社，2019.6（2024.12 重印）

书名原文：The Black Swan

ISBN 978-7-5086-9882-3

Ⅰ. ①黑… Ⅱ. ①纳… ②万… ③刘… Ⅲ. ①金融危机—通俗读物 Ⅳ. ①F830.99-49

中国版本图书馆 CIP 数据核字（2019）第 000700 号



黑天鹅

著　　者：［美］纳西姆 · 尼古拉斯 · 塔勒布
译　　者：万丹　刘宁
出版发行：中信出版集团股份有限公司（北京市朝阳区东三环北路 27 号嘉铭中心　邮编　100020）
承 印 者：北京盛通印刷股份有限公司

开　　本：787mm × 1092mm　1/16　　印　　张：26　　字　　数：330 千字
版　　次：2019 年 6 月第 4 版　　印　　次：2024 年 12 月第 40 次印刷
京权图字：01–2007–2994
书　　号：ISBN 978-7-5086-9882-3
定　　价：69.00 元


服务热线：400-600-8099
投稿邮箱：author@citicpub.com

献给智者中的智者

贝诺特·曼德尔布罗特

# 目　录

# 序　言

## 关于鸟的羽毛

在发现澳大利亚黑天鹅之前，所有的欧洲人都确信天鹅全部是白色的。这是一个牢不可破的信念，因为它似乎在人们的经验中得到了证实。对一些鸟类学家（以及非常关心鸟类颜色的其他人）来说，看见第一只黑天鹅大概是一种有趣的惊奇体验，但这还不是在澳大利亚发现黑天鹅的重要性之所在。它说明我们通过观察或经验获得的知识具有严重的局限性和脆弱性。仅仅一次观察就可以颠覆人们通过上千年来对白天鹅的数百万次确定性观察所产生的结论。你所需要的只是看见一次黑天鹅（据说很丑）。①

在这里，“黑天鹅”是指满足以下三个特点的事件：

首先，它具有意外性，即它在通常的预期之外，也就是说没有任何能够确定它发生的可能性的证据。其次，它会产生极端影响。再次，虽然它具有意外性，但人的本性促使我们在事后为它的发生编造理由，并且使它变得可解释和可预测。

---

① 带照相功能的手机的普及使我收集了许多由读者提供的黑天鹅的照片。2006 年圣诞节我还得到了一箱黑天鹅牌红酒（我不太喜欢）、一盘录像带（我不看录像）和两本书。我更喜欢那些照片。

简而言之，这三点概括起来就是：稀有性、极大的冲击性和事后（而不是事前）可预测性。[①]少数的黑天鹅事件几乎能解释这个世界上发生的所有事情，从思想与宗教的胜利到历史的变迁，再到我们的个人生活。自大约 1 万年前的更新世以来，黑天鹅事件的影响便一直在扩大。这一影响在工业革命期间急速扩大，因为世界变得越来越复杂，而正常事件，即我们学习和讨论并试图通过阅读报纸来预测的事件，则变得越来越不顺理成章。

请想象一下在 1914 年那些事件发生的前夜，你对世界的理解对于你猜测接下来将发生的事情能有什么帮助。（不要拿高中老师填进你脑子里的马后炮理论作弊。）希特勒上台和随后的战争呢？东欧剧变呢？美国 1987 年的股市大崩盘（以及更出乎人们意料的随后复苏）呢？风潮、流行趋势、时尚、观念和艺术流派的兴起，所有这些都受到黑天鹅效应的影响。实际上，几乎你周围一切重要的事情都不例外。

黑天鹅事件的可预测性低、影响力大，这使其成为一个很大的谜，但这还不是本书关注的核心。更重要的是，我们习惯于对它视而不见！我指的不仅仅是你、你周围的人和我，而是几乎所有的“社会科学家”。一个多世纪以来，这些“社会科学家”一直错误地以为他们的理论能够衡量不确定的事物。然而关于不确定性的理论在现实世界中的运用产生了荒谬的结果，我已经在金融领域和经济领域看到了这一点。去问一问你的投资经理对“风险”的定义，他很可能会告诉你一个把黑天鹅事件发生的可能性排除在外的定义，也就是说，对于整体风险评估来说，这一答案的预测价值与占星术相差无几（我们会看到他们用数学将这套智力把戏伪装起来）。这一问题是社会的通病。

---

① 被认为极不可能发生的事件也是黑天鹅事件。注意，从对称的角度讲，一个极不可能发生的事件的发生，与一个极可能发生的事件的不发生是一样的。

本书的目的是揭示我们对随机事件的无视，尤其是与常规经验有很大差异的随机事件：为什么我们（不管是不是科学家，是不是社会精英）会倾向于本末倒置？为什么我们看到的总是细枝末节，而不是可能发生的重大事件，即使它们的巨大影响是显而易见的？而且，如果你赞同我的观点，为什么读报实际上削弱了你对世界的认识？

显而易见，生活正是一系列重大事件的累积结果。即使你足不出户（抑或你喜欢在酒吧高谈阔论），认识到黑天鹅事件的影响力也并不难。请做一下下面这个练习。审视一下你周围的环境，回顾自你出生以来周围发生的重大事件、技术变革和发明，把它们与人们此前对于它们的预期相比较，然后看一下它们中有多少是在预料之中的？看看你自己的生活，你的职业选择、你与配偶的邂逅、你被迫离开故土、你面临的背叛、你突然的致富或潦倒，这些事有多少是按照计划发生的？

## 你所不知道的事

黑天鹅的逻辑是，你不知道的事比你知道的事更有意义，因为许多黑天鹅事件正是在不可预知的情况下发生和加剧的。

想一想 2001 年 9 月 11 日的恐怖袭击：假如它可以在 9 月 10 日被合理预料到，那么它就不会发生。如果这种可能性被认为是值得注意的，那么战斗机就会盘旋在双子塔的上空，飞机就会锁上防弹门，袭击就不会发生，就这么简单。不过，如果是这样，一定会发生一些别的事情。什么事？我不得而知。

看到人们认为不应该发生的事情正在发生是不是很奇怪？美国人对袭击做了怎样的预防呢？不管你知道什么（纽约很容易成为恐怖袭击的目标），如果你的敌人知道你知道，那你知道的就没有意义了。这种认识可能让你感觉很怪，但在这种战略博弈中，你所知道的可能真的不重要。

这一点可以延伸到一切行业。想一想餐饮业中充当撒手锏的“秘密配方”。如果一家饭店的秘方被公开了，很明显，隔壁的某个人就会模仿，从而使它变得平淡无奇。所以餐饮业中的下一个撒手锏必须是现有大多数餐馆想不到的想法，它必须和人们的预期拉开一定的距离。越出乎人们的意料，竞争者就会越少，实施这一想法的企业家也就会越成功。制鞋业和出版业，乃至任何行业都是一样。科学理论也是一样，没人会有兴趣听那些平淡无奇的东西。人类冒险的回报与对它的预期呈反相关。

想一想 2004 年 12 月南太平洋发生的海啸。假如事先被预见到，它就不会造成那么大的损失，居民会被疏散，预警系统会起作用，你所知道的灾难就不会真正伤害到你。

## 专家与“虚有其表”

由于意外事件对历史演变的影响力，不能预测这些事件就意味着不能预测历史的进程。

但我们表现得就好像我们能够预测历史事件，甚至更糟的是，我们以为能够改变历史进程。我们对 30 年后的社会保障赤字和石油价格进行预测，而没有意识到我们连明年夏天的情况都预测不了。我们在政治经济大事上的累积预测错误是如此巨大，以至于我每次看到这些纪录时，都不得不掐一下自己以确定不是在做梦。令人吃惊的不是预测错误之大，而是我们对其毫无意识。在致命性冲突面前，这一点尤为令人担忧：战争是完全不可预测的（而我们却不知道这一点）。由于这种对政策与措施之间的因果关系的错误理解，我们会很容易引发黑天鹅事件，而这恰恰是由于我们对它的极端无知：就像一个孩子在摆弄化学制剂一样。

在受到黑天鹅事件影响的环境中，我们没有预测能力，并且对这种状况是无知的，这意味着虽然某些专业人士自认为是专家，但其实不然。尽管他们有经验和数据，但他们并不比普通大众更了解相关问题，他们只是更善于阐述而已，甚至只是更善于用复杂的数学模型把你弄晕而已。

既然黑天鹅事件是不可预测的，那么我们就需要适应它们的存在（而不是天真地试图预测它们）。如果我们专注于反知识，也就是我们所不知道的，那么我们就会有许多事情可做。比如，你可以通过最大限度地置身于正面的黑天鹅事件的影响下，来享受黑天鹅现象的好处。实际上，在某些领域，比如科学发现和风险投资领域，未知事件能够为你带来大得不成比例的回报，因为通常你没什么可损失的，却可以从一桩稀有事件中获得巨大回报。我们会看到，与社会科学知识不同，没有哪一项科学发现或重要技术来自按部就班的设计和计划，它们都是黑天鹅事件的产物。发现者和企业家们的策略应该是少依赖自上而下的计划，而尽可能在机会来临时反复尝试和辨认。所以我不同意亚当·斯密等经济学家的观点：自由市场之所以能够运转，是因为它允许人们走好运，不论他们是拼命努力还是犯错，而不是对技能予以奖励或“激励”。所以，正确的策略应该是尽可能多地尝试和尽可能多地把握黑天鹅机会。

## 学会学习

除了过度专注于已知知识以外，人性还有另一个弱点：习惯于学习精确的东西，而不是从总体上把握。

我们从“9·11”恐怖袭击事件中学到了什么呢？我们认识到有些事件由于自身的剧烈变化，很大程度上不在可预测的范围内了吗？没有。我们认识到传统知识的内在缺陷了吗？没有。我们学到了什么？我们学到了避免恐怖主义者袭击高楼大厦的精确准则。许多人不断提醒我，采取务实可见的措施而不是对知识进行“理论化”的讨论很重要。马其诺防线的故事显示出我们是多么习惯于具体的东西。第一次世界大战之后，为了避免德国人再次入侵，法国人沿德国人曾经入侵的路线修建了一条防御工事，而希特勒（几乎）毫不费力地绕过了它。法国人是历史的好学生，只是他们学得太精确了。他们在自身安全问题上太实际并且过于关注了。

我们不会自然而然地认识到自己不会学习。这个问题产生于我们的思维结构：我们不学习规律，而是学习事实，而且只学习事实。我们似乎不太善于认识到我们的超规律（我们倾向于不学习规律的规律）。我们蔑视抽象的东西——疯狂地蔑视。

为什么指出这一点？和本书后面的部分一样，我既要在这里颠覆传统智慧，又要指出它对于现代复杂且越来越具循环性的环境来说是多么不切实际。①

但还有一个更深层次的问题：我们的思想是用来干什么的？我们似乎拿着错误的用户指南。我们的头脑似乎不是用来思考和内省的；如果是的话，对于今天的我们来说，事情会简单得多。但那样的话，今天的我们就不是现在的样子了，我也没有机会在这里谈论这个问题——我进行反常规内省和努力思考的祖先会被老虎吃掉，而他不爱思考但身体反应迅速的表亲早已跑开躲了起来。鉴于思考是耗费时间并且通常会耗费大量精力的，因此之前的生物在1亿多年的时间里只是不思考的哺乳动物，而我们使用大脑的历史瞬间往往都产生于外在的问题。证据表明，我们思考的次数比我们认为的要少得多。

---

① 循环性在这里的意思是，我们生活的这个世界出现了越来越多的反馈循环，这使一些事件导致更多的事件（比如，人们购买一本书是因为别人购买它），于是出现了滚雪球效应以及在全球范围内霸道而不可预测的赢家通吃效应。我们生活的环境中信息流动太快，这更加速了这种趋势。同样，事件也会因为它们被认为不会发生而发生。（我们的直觉适应的是简单的因果关系和信息慢速流动的环境。）这种随机性在更新世是不普遍的，因为那时的社会经济生活一点儿也不复杂。

## 一种新的忘恩

想到那些被历史错误对待的人是一件令人非常难过的事。一些被诅咒的诗人，比如阿瑟·兰波，被同时代的人嘲笑，但后世的人却对他们崇拜有加，还把他们的作品强行填鸭式地教给学校的孩子，甚至还有学校以这些人的名字命名。可叹的是，这种承认对诗人而言来得稍晚了点，既无法给他们带来任何快乐，也不能支持他们在尘世间的浪漫生活。还有一些被更为错误地对待的英雄，就是那些我们不知道是英雄的人，他们拯救了我们的生命，帮助我们避免了灾难。但他们没有留下任何线索，人们甚至不知道他们所做的贡献。我们记住了那些为我们所知道的事业牺牲的烈士，却从未记住为我们所不知道的事业做出绝不逊色的贡献的人。我们对那些被诅咒的诗人的忘恩与这种忘恩比起来完全算不了什么：这是一种糟糕得多的忘恩，它相当于认为那些沉默的英雄是无用的。我会在下面通过实验讲解这一点。

假设一名富有勇气、影响力、智慧、远见和毅力的立法者成功颁布了一项法律，在 2001 年 9 月 11 日普遍生效和实施的这项法律强制要求每一个飞行员驾驶舱必须安装防弹门并上锁（给挣扎中的航空公司带来巨大成本），以防恐怖主义者用飞机袭击纽约的世贸中心。我知道这很疯狂，但这只是一个想象实验。（我知道根本没有什么 有勇气、影响力、智慧、远见和毅力的立法者，这就是我说这是想象实验的原因。）这项法律在空乘人员当中不会受欢迎，因为它把他们的生活弄复杂了，但它一定可以避免“9·11”恐怖袭击事件。

人们不会为这个强制要求给驾驶舱门上锁的人在公共广场上立塑像，他的讣告至多一笔带过他的这一贡献：“乔·史密斯，帮助避免了‘9·11’灾难，死于肝病并发症。”由于认为他的法律既多余又浪费资源，公众很可能会在航空公司飞行员的帮助下把他轰出办公室。他会在巨大的失败感中抑郁地退休，他会在一事无成的沮丧中死去。但愿我能够去参加他的葬礼，但是读者，我找不到他。获得承认是一种很大的鼓舞。相信我，即使是那些声称不在乎获得承认的人，即使是那些声称劳动和劳动成果是两回事的人，实际上也从被承认中获得了很大的快乐。看看这名默默无闻的英雄得到了怎样的奖赏吧：就连他自己的激素系统也会合起伙来对抗他。

现在再想一下"9·11"恐怖袭击事件。事后，谁获得了承认？是那些你在媒体宣传中看到的扮演英雄角色的人，以及那些努力给你留下扮演英雄角色印象的人，后者包括纽约股票交易所主席格拉索（Grasso），他"拯救了股票交易所"，并因他的贡献获得了大笔奖金（相当于人均工资的数千倍）。他所做的只是在电视上鸣钟——我们会发现电视是不公平的载体，也是导致人们无视黑天鹅现象的主要原因。

谁得到了奖赏？是避免了经济衰退的中央银行行长，还是"纠正"了前任的错误，并恰好在某次经济复苏中在位的那个人？谁更有价值？是避免了一场战争的政治家，还是发动了一场新战争（并侥幸赢了）的人？

前面提到的我们所不知道的东西的价值正是这一逻辑的反面：所有人都知道预防比治疗更重要，但预防只能得到很少的奖赏。我们只赞美那些在历史书中留下名字的人，而忽略了那些我们的书本没有提到的贡献者。我们人类不但肤浅（这一点可能还有救），还非常不公平。

## 生活很不寻常

这是一本关于不确定性的书。对本书作者而言，稀有事件就等于不确定性。这似乎是一个很有力的表述，我们需要首先通过研究稀有和极端事件来了解普通事件，我会在后面解释这一点。有两种认识现象的方式。第一种排除不正常的现象，只关注正常现象。信奉这一理念的研究者不理会意外事件，只研究正常案例。第二种则认为，为了理解一种现象，人们需要首先考虑极端现象，尤其是当这些现象有非同寻常的累积效应的时候，比如黑天鹅现象。

我对于正常现象不太关注。如果你想知道一位朋友的脾气、道德水平和优雅程度，你需要在严峻的环境考验下，而不是在玫瑰色的日常生活中观察他。你能仅仅凭一名罪犯在日常生活中的所作所为判断他的危险性吗？不考虑疾病和流行病，我们能够理解健康的定义吗？实际上，正常的东西经常是不重要的。

几乎社会生活中的一切都是由极少发生但是影响重大的剧变和飞跃产生的，而同时几乎一切关于社会生活的研究都聚焦于“正常”上，采用“钟形曲线”的推论方法，你什么真相也看不到。为什么？因为钟形曲线忽略大的离差，无法解释它们，但还要让我们相信不确定性是可以控制的，我在本书中戏称它为“智力大骗局”。

## 柏拉图与愚人

许多事物都被贴上了“未知”“不可能”“不确定”的标签，而在我看来却并非如此。它们不是具体和精确的知识，或一个被“愚人化”了的领域，正相反，它们表明知识的缺乏（和局限）。它们是知识的反面。要想描述知识的反面，你应该学会避免使用为知识所造的词语。

为纪念哲学家柏拉图的思想（和个性），我把只关注那些纯粹而有明确定义的“形式”而导致的错误称为“柏拉图化”，这些形式包括物体（如三角形）、社会概念（如乌托邦，即根据某种“理性”蓝图建立的社会），还包括国家。这些美好的形式有一个副作用，就是当它们占据你的思想时，你会把它们具体化，并开始忽视其他那些不那么美好的事物和那些更为混乱和不可捉摸的事物（对这一点的逐步阐述会贯穿本书始末）。

正是柏拉图化使我们以为我们懂得的比实际上要多，但事实并非始终如此。我并不是说柏拉图式的形式不存在。模型和结构并不永远是错的，它们只错在一些具体的运用上。困难在于你不可能事前知道哪里会出错（而只能事后知道），也不可能知道错误会导致严重后果。这些模型就像某些可能有效，但同时也可能具有非常严重的副作用的药品。

柏拉图边界是柏拉图式思维与混乱的现实交锋的爆炸性边界，在这里，你所知道的与你以为你知道的远远不是一回事。黑天鹅现象正是源于这里。

## 无聊得不值得写

据说，富有艺术气质的电影人卢奇诺·维斯康蒂（Luchino Visconti）证实，在他的一部电影中，演员指向一个密封的珠宝盒时，盒子里装的珠宝是真的。这可能是一个让演员入戏的有效方式，但我想这或许也是出于单纯的审美感和对真实性的追求，而且从某种程度上讲，愚弄观众的感觉或许不太好。

这是一本表达原创思想的随笔，既不是对他人思想的重复，也不是重新包装。随笔是一种冲动性的沉思，而不是科学报告。请原谅我在本书中跳过几个显而易见的课题，因为我相信太无聊而不值得写的东西对读者而言也不值得读。（而且避免无聊也会有助于过滤掉不重要的东西。）

空话是不值钱的。在大学上过很多（或者不够多）哲学课的人或许会反驳说，看见一只黑天鹅并不一定能推翻“所有天鹅都是白的”这一理论，因为假如白色对天鹅而言是本质特性，那么黑天鹅严格来说就不是天鹅。实际上，那些读过太多英国哲学家维特根斯坦（Wittgenstein）的理论

（以及评论维特根斯坦的作品）的人，大概都会觉得语言问题非常重要。要在哲学领域获得显要地位，这些问题或许是重要的，但对我们这些实践者和现实世界中的决策者来说，这些是留给周末的问题。正如我在“骗子的不确定性”一章中解释的，虽然它们从学术上看上去很美妙，但同更加实质性（但被忽略）的事情比起来，这些风雅的东西在星期一到星期五是没什么重要意义的。教室中的人从没有面对过在不确定性条件下进行决策的真实情况，他们意识不到什么是重要的，什么是不重要的，即使他们是关于不确定性问题的学者。我所说的不确定性实践，可以是当海盗、做商品投机、职业赌博、在黑手党的某个分部效力，或者是简单的持续创业。因此我反对“毫无结果的怀疑主义”，尽管我们对此无可奈何；我还反对过度理论化的语言问题，它们使现代哲学对“普通大众”而言丝毫不重要。（过去，不论好坏，这些无法自力更生的稀有哲学家和思想家靠资助者过活。今天，抽象学科的学者靠别人的观点过活，而不接受外部检验，这导致他们将研究变为孤芳自赏的病态结果。不管过去的机制有什么缺陷，最起码它保证了某种程度的有用性。）

哲学家埃德娜·厄尔曼–玛格利特（Edna Ullman-Margalit）发现了本书的一处矛盾，她要求我解释用黑天鹅的精确比喻来描述未知、抽象、不精确、不确定的事物的合理性，比如白色乌鸦、粉色大象，或围绕恒星Tau-Ceti运行的某个遥远的行星上正在消失的居民。说实话，我被她抓了个正着。这确实有矛盾。本书讲了一个故事，而我喜欢用故事和小品文来说明我们对故事的轻信和对概括性描述的危险偏好。

你需要用一个故事取代另一个故事。比喻和故事比观点有力多了，它们也更容易被记住且更富有趣味。如果我要追求我所谓的叙述法则的话，最好的方式就是讲故事。

观点来来去去，故事留驻人心。

## 总结

我们总有一种“只关注”我们认为有道理的东西的倾向。今天，生活在这个星球上需要超乎寻常的想象力。我们缺乏想象力，而且压制他人的想象力。

注意，在本书中，我不依赖于选择性地收集“证实性证据”的野蛮方法。鉴于我将在第五章阐述的原因，我称这种过度举例为无知的经验主义，因为为了编造一个故事而不断罗列的逸事并不构成证据。毫无疑问，任何寻求证实的人都能够找到足够的证据来欺骗自己以及身边的人，毫无疑问。[①]黑天鹅思想是以经验现实中随机性的结构为基础的。

综上所述，在这本（个人化的）书中，我冒天下之大不韪，提出了一个观点，一个与我们的许多思维习惯相反的观点，即我们的世界是由极端、未知和非常不可能发生的（以我们现有的知识而言非常不可能发生的）事物所主导的，而我们却一直把时间花在讨论琐碎的事情上，只关注已知和重复发生的事物。这意味着我们必须把极端事件当作起点，而不是把它当作意外事件置之不理。我还表达了更为大胆（以及引起愤怒）的观点，那就是，即使我们取得了知识上的进步和成长（或者正是因为这种进步和成长），未来仍会越来越不可预测，而人性和社会“科学”联合起来向我们隐藏了这一点。

---

① 为了支持某个论点，大量引用已故权威的雄辩也是无知的经验主义。只要去找，你总能找到某个人曾经说过的能够支持你观点的冠冕堂皇的话，而同时，对每一个观点也都能够找到一个恰好说过相反观点的已故思想家。大部分我引用的话都来自我不同意的那些人，约吉 · 贝拉（Yogi Berra）的话除外。

## 章节导读

本书章节的顺序遵循非常简单的逻辑：从纯粹的文学（涉及主题和方法）到纯粹的科学（有主题，但没有方法）。心理学大部分在第一部分和第二部分开头，商业和自然科学主要在第二部分末尾和第三部分。第一部分主要讲述我们如何看待历史和当前事件，以及存在哪些偏差。第二部分讲述我们对待未来所犯的错误和某些“科学”不为人知的局限，以及我们对自身预测能力的局限性能够做什么。第三部分更深入地探讨了极端事件，讲解了钟形曲线（那个智力大骗局）是如何产生的，并审视了一些自然和社会科学中被置于“复杂”标签下的观点。

我从撰写这本书中获得了出乎意料的快乐，实际上是它写出了它自己，我希望读者能体会到同样的快乐。我承认我着迷于这种从繁忙而令人生厌的生活中解脱出来后对思考的纯粹投入。本书出版后，我打算离开一切喧闹的公共活动，好在完全的平静中进行我的哲学与科学思考。

# | 第一部分 |

# 极端斯坦与黑天鹅现象

作家翁贝托·埃克（Umberto Eco）属于博学、深刻并且不乏味的少数学者。他拥有一个很大的私人图书馆（有 3 万册藏书），拜访者可以分为两类。一类人的反应是："哇！埃克教授，你的图书馆多么壮观呀！你读了其中的多少本书？"非常少数的另一类人知道，私人图书馆并不是一个因自我膨胀而产生的装饰物，而是研究工具。读过的书远远不如未读的书有价值。你的财力、抵押贷款率和当前趋紧的房地产市场能让你拥有多少书，这个图书馆就应该包括多少你所不知道的知识。随着年岁的增长，你会积累越来越多的知识和书，而书架上越来越多的你还没读的书会让你产生紧迫感。实际上，你知道得越多，未读的书占据的书架空间也越大。

我们习惯于把我们的知识当作私有财产保护和守卫起来。它成为一种能让我们在权势的阶梯上更进一步的装饰。请注意，黑天鹅现象来自我们对意外事件发生的可能性（或者说我们的知识盲区）的无知，因为我们把自己知道的东西太当回事了。

第一部分的章节探讨了我们人类对待知识的方式。第一章以我着迷的那个故事讲解了黑天鹅现象。我将在第三章着重区分两种不同的随机性。之后，第四章返回到最初的黑天鹅问题：我们是如何把我们看到的东西一般化的？然后，我展示了黑天鹅问题的多个侧面：1. 证实谬误，或者说我们如何错误地忽略了图书馆中未被开发的部分，也就是倾向于看到能够证实我们已有的知识，而不是未知的知识的东西（第五章）；2. 叙述谬误，或者说我们如何用故事和逸事愚弄自己（第六章）；3. 妨碍我们逻辑思维的情绪（第七章）；4. 沉默的证据，或者说历史为了向我们隐藏黑天鹅现象而使用的把戏（第八章）。第九章讨论了从游戏世界构建知识的致命错误。

第一章

# 自我欺骗的人类

> 历史和社会不是缓慢爬行的，而是在一步步地跳跃。它们从一个断层跃上另一个断层，其间极少有波折。而我们（以及历史学家）喜欢相信那些我们能够预测的小的逐步演变。我们只是一台擅长回头看的机器。

这不是自传，所以我会跳过战争场面。实际上，即使这是自传，我还是会跳过战争部分。我无法与动作电影或成就更大的冒险家的回忆录竞争，因此我选择深入探讨对偶然性和不确定性的专业研究。

## 解剖黑天鹅

1 000 多年来，地中海东部沿岸一个叫作黎巴嫩山的地方，孕育了十几种不同的宗教派别、种族和信仰。比起处于近东地区内陆的其他地方，这个地方（被称为“黎凡特”）与地中海东部主要城市更加相似（因为这里的船运交通比内陆山区更方便）。黎凡特的城市天生具有商业气息，人们根据明确的规则相互交易，保持着一种有益于商业的和谐，并且相互之间有非常频繁的交往。

我父母都来自希腊–叙利亚社区，这是北叙利亚最后一个拜占庭人定居点，现在的黎巴嫩也属于这儿。请注意，拜占庭人用当地语言称自己为“罗马人”。我的祖先源于黎巴嫩山山脚橄榄树生长的地方，在15世纪著名的艾姆云战役中，他们把马龙派基督徒（当时说阿拉姆语）赶进了山区，艾姆云正是我的祖先居住的村落。自从阿拉伯人入侵1 000多年来，他们与穆斯林一起生活在商业化的和平中，只是偶尔受到来自山区的黎巴嫩马龙派基督徒的侵扰。通过阿拉伯统治者与拜占庭皇帝之间的某种诡秘协议，艾姆云向两方纳税并从两方得到保护，因此我的祖先生活在1 000多年的和平中，几乎免于流血。他们最后一个真正的麻烦是后来的十字军，而不是阿拉伯人。似乎只对战争（和诗歌）感兴趣的阿拉伯人，以及后来似乎只对战争（和享乐）感兴趣的奥斯曼土耳其人，逼得我的祖先只能从事无趣的商业和不那么危险的学术（比如翻译阿拉姆语和希腊语的文字）。

奥斯曼帝国灭亡后，我的祖先们突然发现自己被纳入的那个叫黎巴嫩的国家是一个平静的天堂，它成了一个基督徒占统治地位的国家。人们突然被洗脑了，开始信仰单一民族国家。[①]这些基督徒使自己相信，他们处在被笼统称为西方文明的世界中心，还同时拥有一扇朝东的窗户。没有人预见到不同信仰的人群之间出生率的差异，人们以为勉强占多数的基督徒会继续占多数，这是静态思维的典型例子。黎凡特人被赋予了罗马公民身份，基督徒仍然认为这是他们最后的护照，它让圣保罗（一个叙利亚人）自由地穿越了那个古代世界。人们认为自己同一切他们认为值得联系的东西联系在一起；这个地方对世界极度开放，有精致的生活方式、繁荣的经济、像加利福尼亚一样适宜的天气，还有耸立在地中海上方的被白雪覆盖的山峰。它吸引了大量

① 令人惊叹的是，你能用一面旗子、几句演讲和一支国歌快速有效地建立一个国家；直到今天，我一直躲避“黎巴嫩人”的标签，更喜欢“黎凡特人”的称呼。

间谍（苏联和西方的都有）、妓女（金发碧眼）、作家、诗人、毒品贩子、冒险家、赌徒、网球运动员、滑雪者以及商人，各种各样的人齐聚于此。他们许多人的行为让我想起古老的“007”电影中的一些旧时光：花花公子们抽烟、喝酒，与好裁缝搞好关系，而不是去健身房。

天堂的主要特征摆在那儿：据说出租车司机很友好。事实上，回头看起来，它在人们的记忆中比在实际中更像天堂。

但我年纪太轻，体会不到在黎巴嫩的乐趣，因为我成了反叛的理想主义者，并且很早就养成了对修道的偏好。我不喜欢炫耀财富，因而抵触黎凡特文化中对奢侈的过度追求以及对与金钱相关的事物的迷恋。

十几岁的时候，我巴不得搬到某个没那么多“007”也没那么乏味的大城市去。但在知识氛围方面，我记得那里有一种特别的东西。我进入了获得法国业士证书（高中学历）比例最高的法语中学之一。那里讲的法语有一种纯粹感：就像在革命前的俄国，基督徒和犹太黎凡特贵族阶级（从伊斯坦布尔到亚历山大）把法语当作身份的象征来说和写一样。最有特权的人被送往法国上学，就像我的祖父和外祖父一样；与我同名的祖父在 1912 年前往法国，我的外祖父则是在 1929 年去的法国。与这一语言上的阶级差别一样，2 000 年前，势利的黎凡特贵族说和写希腊语，而不是本国的阿拉姆语。（《新约全书》是用我们的首都安提俄克糟糕的贵族希腊语写的，这使尼采不得不说“上帝说的是糟糕的希腊语”。）当希腊语变得太普遍的时候，他们开始说当时更为文学化的《古兰经》中的阿拉伯语。所以，这里除了被称为“天堂”之外，据说还是所谓的“东方”和“西方”文化奇迹般交汇的地方。

## 关于付诸行动

我的个性形成于 15 岁，那年我被投入监狱。我涉嫌的罪名是在一次学生暴乱中用水泥板袭击警察。这是一个非常奇怪和复杂的事件，因为我的祖父当时是内政部部长，正是他签署了镇压我们这次活动的命令。一名警察被石头打中头部后，由于恐慌便向我们胡乱开枪，一名暴乱者被打死。我记得我处于暴乱的中心。我由于被捕而获得了巨大的满足感，而我的朋友们则既惧怕被抓进监狱，也惧怕回家见父母。我们的行动使政府心有余悸，因此他们给予了我们特赦。

显示出把自己的观点付诸行动的能力，并且绝不会因为“冒犯”或打扰其他人而做出丝毫妥协，做到这一点有几个明显的好处。当时我处于愤怒的状态，根本不管父母（和祖父）如何看待我。这使他们非常害怕我，因此我不能后退，甚至连眼睛都不能眨一下。假如我隐瞒了参与暴乱的事实（像许多朋友做的那样）却被发现，而不是公开蔑视一切，那我一定会被别人当作一个败类。仅仅在装扮上标新立异是一回事（社会科学家和经济学家称之为“廉价的标签”），而证明有意志把信念付诸行动则是另一回事。

我的祖父对我的政治思想并不感到恼怒（因为这些想法总是来得快，去得也快），他生气的是我因此而有了穿着邋遢的借口。在他看来，家门出此不雅之徒，实难忍受。

我被捕的消息很快不胫而走，这倒使我获得了一点好处：它使我不再需要用十几岁少年通常有的外在叛逆来表现自己。我发现，如果你不再一味说大话，表现得像个好孩子并且保持“理智”，那么情况便会好得多。你可以一会儿表现得很有同情心，一会儿表现得懒散，一会儿又表现得毕恭毕敬。你可以出人意料地控告某人，或者以暴力对付敌人，以显示你能付诸行动。

## “天堂”蒸发

在将近 13 个世纪奇迹般的共存后，一只横空出世的黑天鹅把黎凡特这个地方从天堂变成了地狱。基督徒和穆斯林之间爆发了激烈的内战，巴勒斯坦难民也加入穆斯林一方参战。战争异常惨烈，因为战斗就发生在市中心的居民区。这场战争的持续时间超过了 15 年。在这里我不打算就这场战争进行太细致的描述。炮火和强大武器的发明使得形势发展成了一系列一发不可收拾的针锋相对的战斗，这要是在冷兵器时代，结果充其量只是形势变得有些紧张而已。

除了物质上的毁坏（这实际上很容易修复，只需要几个有野心的承包商、受贿的政客和天真的债券持有人）之外，这场战争还打碎了 3 000 年来使黎凡特持续作为知识进步中心的精致外壳。基督徒和犹太人自奥斯曼时代以来不断离开这一地区，他们迁到西方，改姓西方的姓，并融入当地的生活。越来越多的人离开了这里。受过良好教育的人数越来越少，随着战争的持续，大批人逃往大的中心城市。突然，这里变为了一片真空。人才流失很难扭转，昔日的优雅或许将一去不复返。

## 星夜

下一次遇到停电的时候，你就仰望星空吧。你会认不出它。战争期间贝鲁特经常停电。在人们自己买发电机之前，夜空的一侧是明朗的，因为没有光污染。那是远离战争的城市那一侧。失去了电视的人们争相观望夜间战斗发出的火光。他们似乎宁愿冒被炮弹击中的危险，也不愿度过一个无聊平淡的夜晚。

你可以清楚地看到星星。我在高中时学到，行星处于某种叫作“均衡”的状态中，因此我们不需要担心被星星意外击中。对我来说，这与我们同样学到的关于黎巴嫩的“独特的历史稳定性”的故事有着怪异的相似之处。这种假设的均衡让我很不安。

我看着天空的星星，不知道该相信什么。

## 历史与三重迷雾

没有人能够看透历史。你看到了结果，但看不到导致历史事件发生的背后原因，而这些原因却恰恰是推进历史发展的助推器。你对这些历史事件的把握有片面性，这是因为你看不到事情的真相以及整个机制是如何运作的。我所说的历史事件助推器与事件本身不同，就好像我们不可能通过神的行为解读出神的思想一样。我们很有可能弄错神的意图。

它们之间的区别，就像你在餐馆餐桌上看到的食物与你在厨房看到的烹制过程之间的区别。（有一次我在曼哈顿区加纳尔大街的一家餐馆吃饭时，看到厨房里跑出一只耗子。）

对待历史问题时，人类的思想会犯三个毛病，我称之为三重迷雾。它们是：

1. 假想的理解，也就是在一个超出人们想象的复杂（或随机）的世界中，人们都以为自己知道正在发生着什么。
2. 反省的偏差，也就是我们只能在事后评价事物，就像只能从后视镜里看东西（历史在历史书中比在经验现实中显得更加清晰和有条理）。
3. 对事实性信息价值的高估以及权威和饱学之士本身的缺陷，尤其是在他们进行分门别类的时候，也就是进行“柏拉图化”的时候。

### 没人知道正在发生什么

第一重迷雾就是我们以为我们生活的这个世界比它实际上更加可理解、可解释、可预测。

小时候，大人们不断告诉我，这场战争只会持续“几天”，而实际上它却持续了近17年。他们似乎对自己的预测很有信心，因为有很多人住在塞浦路斯、希腊、法国和其他地方的酒店房间或其他暂居地等待战争结束。我的一位叔叔经常告诉我，大约30年前，当巴勒斯坦富人逃到黎巴嫩时，他们认为这只是一个权宜之计，而那些活下来的人在60年之后还居住在那里。但当我问他我们的战争是不是也会造成同样的后果时，他回答说“不会，当然不会”，并说“这里的情况是不一样的，从一开始便不一样”。不知为什么，他所发现的存在于别人身上的事情却不适用于他自己。

这种对战争持续时间的盲目预测在当时是一种通病。后来，我决定扭转流亡者对根的眷恋（根的观念在他们的人格中渗透得太深了），因此我研究了流亡文学，以避免落入磨人又费神的乡愁陷阱。这些离乡者似乎成了记忆中田园式家乡的囚徒，他们与其他记忆的囚徒坐在一起，谈天说地，吃着他们的传统食物，聆听着他们的民族音乐。他们不停地懊悔着，想象着本来能够避免这些历史性动荡发生的场景，比如“要是政府不是这么无能，我们本来还能待在家里的”，好像这场历史动荡有一个具体的原因，而我们本来可以通过消除这个具体原因而阻止灾难发生。于是我询问了那些背井离乡的人，了解了他们在离乡期间的经历——几乎所有人的经历都是一样的。

巴黎和伦敦的伊朗难民在1978年逃离故乡伊朗，当时他们都以为自己的离开只是短暂度假。然而20多年过去之后，一些人还在等待返乡。许多1917年离乡的俄国人（比如作家弗拉基米尔·纳博科夫）之所以在柏林定居，或许就是为了返乡时不必长途跋涉。

当然，在这些错误的预测和盲目的希望中，有一些愿望的成分，但也有知识的问题。黎巴嫩冲突的演变显然是不可预测的，而人们理解事件发展所用的推理显示出一个事实：几乎所有关心事态发展的人似乎都确信自己明白正在发生什么。每一天都发生着完全出乎他们意料的事情，但他们就是认识不到自己没有预测到这些事。很多发生了的事情本来应该被认为是完全不可思议的，但在发生之后，它们看上去却没那么不可思议了。这种事后合理性在表面上降低了事件的稀有性，并使事件看上去可以理解。我后来在人们对商业成功和金融市场的理解中看到了完全一样的假想理解。

## 历史不会爬行，只会跳跃

在整理关于如何理解随机事件的思路并回忆战时事件时，我形成了一种非常强烈的印象，那就是我们的头脑是一台非常了不起的解释机器，它能够从几乎所有事物中分析出道理，能够对各种各样的现象罗列出各种解释，并且通常不能接受某件事不可预测的观点。这些战时事件本是不可解释的，但聪明的人们总以为他们能够提供具有说服力的解释，只不过那是在事后。而且，提供解释的人越聪明，其解释越空洞。更令人担忧的是，所有这些解释看上去在前后逻辑上并不矛盾。

于是，我在十几岁时离开了这个叫作黎巴嫩的地方，但我的许多亲戚和朋友仍留在那里，因此我会经常回去看他们，特别是在形势严峻的时候。战争并非持续不断，有时会被“永久性解决方案”打断。在困难时期，我更加有“根”的感觉，而且急于回去为因分离感到伤心的亲人朋友提供支持。一看到有人死去，身在黎巴嫩以外的我便难以工作或读书。然而，一旦我回到黎巴嫩，我对事态却反而没那么关心了，并且能够问心无愧地汲取我所感兴趣的知识。有趣的是，人们在战争期间频繁地聚会使得他们更加追求奢华，因此尽管有战争，这些聚会却使参与者受用不已。

有几个问题令人难以理解。谁能预料到慈善宽容的人会在一夜之间变成纯粹的暴徒？事情为什么会那么突然？一开始，我认为和其他冲突不一样，或许只有黎巴嫩战争是不可预测的，这也是因为黎凡特人是一个复杂的不可理解的群体。后来，我开始在头脑中回顾历史上所有的大事件。我逐渐认识到，它们的复杂性并不是独有的。

黎凡特是一个产生了大量出人意料的重大事件的地区。谁曾料到基督教会成为地中海盆地的统治宗教，后来又成为西方世界的统治宗教呢？罗马编年史家对这一时期的记录甚至没有包含这一事实，由于当时记载的空白，研究基督教历史的历史学家遭遇了不少阻碍。显然只有极少数重要人物会把一个看上去是异端的犹太人的想法当真，以至于认为他会名垂千古。当时只有一个地方提到拿撒勒的耶稣，那就是约瑟夫（Josephus）的《犹太战争史》（*The Jewish Wars*），即使是这一处提及，也有可能是后来某个虔诚的复制者添加的。还有 7 个世纪之后的宗教竞争：谁会预测到，一群马背上的人能在短短几年内把他们的帝国和伊斯兰律法从印度次大陆延伸到西班牙？与基督教的崛起相比，伊斯兰教的传播才是完全出乎意料：许多历史学家看到这一记录时，都为变化的迅速大吃一惊。历史学家乔治 · 杜比（Georges Duby）表达了他对近 10 个黎凡特希腊语国家被"一剑扫平"的惊叹。后来在法兰西学院拥有同样教席的保罗 · 韦纳（Paul Veyne）把宗教传播贴切地描述为"像畅销书一样"——一种显示出不可预测性的比喻。这种历史记载的不连续性使得历史学家的工作很不容易：对过去最细致的研究也不能让你形成多少历史的思维，它只会让你产生了解历史的错觉。

历史和社会不是缓慢爬行的，而是在一步步地跳跃。它们从一个断层跃上另一个断层，其间极少有波折。而我们（以及历史学家）喜欢相信那些我们能够预测的小的逐步演变。

然后我突然想到（而且这一想法再也没有消失），我们只是一台擅长回头看的机器，而且人类总爱自欺欺人。每一年过去，我的这一认识都会加深。

## 关于历史的回放

历史事件以一种扭曲的方式展现在我们面前。我们来考虑一下信息的性质：在一个历史事件发生之前存在无数个事实，其中只有相当少的一部分对你之后理解历史事件有帮助。因为你的记忆有限而且被过滤了，所以你会倾向于记住那些事后看来与事实相符的信息，除非你不会忘记任何事情，从而不得不生活在不断积累的原始信息的重负下。

下面是我第一次认识到扭曲性回忆的经历。孩提时代的我乐于读书，在战争的第一阶段，我在一个地下室里全身心地阅读各种书籍。学校关闭了，天空中落着炮弹弹片。地下室里闷得要死。我最初的焦虑主要在于如何摆脱无聊以及接下来该看什么书，[①]尽管我不能按自己的意愿选择读什么书，但由于没有其他事可做，我倒乐得如此。我那时想成为哲学家（现在仍然想），于是我感觉需要强制性学习其他人的思想。当时的形势促使我学习关于战争和冲突的理论及基本原则，我试图深入历史，进入那个生成历史事件的巨大机器的运行中心。

奇怪的是，对我有影响的书不是某个思想家写的，而是一名记者写的：威廉·夏伊勒（William Shirer）的《柏林日记：二战驻德记者见闻（1934—1941）》（*Berlin Diary: The Journal of a Foreign Correspondent 1934~1941*）。夏伊勒是一名电台记者，因《第三帝国的兴亡》（*The Rise and Fall of the Third Reich*）一书而成名。我感觉这本日记提出了一种非同寻常的视角。我已经读过（或者了解过）黑格尔、马克思、汤因比、阿隆和费希特关于历史哲学及历史特性的著作，对辩证法思想有了一点儿模糊的概念，觉得这些理论中有一些东西要去理解。我掌握得并不多，只记得历史是存在一

---

① 贝诺特·曼德尔布罗特（Benoît Mandelbrot）在与我当时相同的年纪时有相似的经历，只是比我早近 40 年，他记得他在战时的经历充满了长时间痛苦的无事可做及穿插其中的短暂的极度恐惧。

种逻辑的，事物在矛盾（或对立）中发展，使得人类进入更高形式的社会，诸如此类。这与我从周围听到的关于黎巴嫩战争的各种理论极为相似。直到今天，当人们问我什么书“影响了我的思维”的可笑问题时，我会让他们大吃一惊：我告诉他们《柏林日记》对我影响巨大，其教会我很多哲学和理论史的知识（虽然是在不经意间），并且也教会了我关于科学的知识，因为我学到了事前和事后解决问题这两种方式的区别。

为什么？很简单，这部日记旨在在历史事件正在发生时描述它们，而不是在事后描述。我在地下室里，历史在我面前生动地展现（炮弹的声音让我整夜无法入睡）。非理论化的历史正在我面前上演，而我正在读一个在历史进行时经历历史的人写的书。我努力在脑海中形成关于未来的电影式的画面，但却发现它不那么明晰。我认识到，假如我在历史事件发生后撰写历史事件，它们会显得更加……像历史。“之前”和“之后”，其差别显而易见。

夏伊勒有意在不知道接下来会发生什么的情况下撰写这本书，他当时所能得到的信息没有受到接下来的结果的影响。在书中，极具启发性的评论随处可见，尤其是法国人相信希特勒只是暂时的敌人，而这就是他们缺乏准备和之后迅速投降的原因。当时，任何人都没有想到会发生一场浩劫。

虽然我们的记忆非常不可靠，但日记多多少少能够提供在当时发生的无法抹去的事实记录，我们因而能有一个固定的、原始的视角，并能在之后把历史事件放在它们原本的背景下研究。我想再一次强调，重要的是这种描述事件的方式。实际上，夏伊勒和他的编辑们可能有作弊行为，我所说的“作弊”是指在出版时抹去了一些事后看来对事情的发展没什么影响的元素，从而使那些有可能让公众感兴趣的部分得到加强。实际上，编辑的过程会出现严重的扭曲，尤其当一名作者被安排给一名所谓的“好编辑”的时候。尽管如此，夏伊勒的书还是赋予了我对历史演化的直觉。人们会认为，那些经历第二次世界大战开端的人当时会隐约预感到要出大事，然而事实完全不是这样。

夏伊勒的日记实际上已经成为关于不确定性的培训教程。我想成为哲学家，但当时还不知道大部分职业哲学家如何谋生。这一想法促使我去冒险（不是从事思考不确定性问题的刺激工作）和从事数学及科学研究。

## 出租车里的启示

下面我讲解一下第三重迷雾——学习的诅咒。我近距离观察了我的祖父，他曾是黎巴嫩国防部部长，后来成为内政部部长，在战争初期成为副总理，之后他的政治生涯就没落了。虽然处在那样的职位，但他似乎并不比他的司机米哈伊尔更能看清将发生什么。但与我祖父不同，米哈伊尔习惯以“上帝知道”作为对事件的主要评论：把看清形势这一任务推给了更高层次的存在。

显然，在预测上，聪明和掌握大量信息的人并不比出租车司机更有优势，但二者还是有很大区别的。出租车司机不会认为自己与博学的人懂的一样多，实际上，他们不是专家，并且他们也知道这一点。没人知晓一切，但精英思想家们认为他们比别人知道得多，因为他们是精英思想家。只要你是精英中的一员，你就会知道得比非精英多。

除了知识，还有价值值得怀疑的信息。我注意到，几乎所有人都熟悉当前事态的每一个细节。不同报纸间的重复信息是如此之多，以至于多读一份报纸几乎不能了解更多新的信息。但每个人都那么急切地想熟知一切细节，他们阅读每一篇新鲜出炉的文章，收听每一个广播电台，似乎下一次报道就会向他们揭露一个惊天的答案。我发现，对于谁会见了谁、某位政客对另一位政客说了什么（以及用了什么语气），人们都如数家珍。然而，这一切都是徒劳的。

## 结群

我发现，在黎巴嫩战争期间，不同记者的观点虽然不同，但他们大都采用相同的分析路径。他们对同样的影响事件的环境因素赋予同样的重要性，并把现实按同样的方法分类。这使得柏拉图式的行为再现，因为他们喜欢把事实分割为小碎片。在过去，地中海与非地中海之间（也就是橄榄油和黄油之间）被画上了分界线，突然，在20世纪70年代，欧洲与非欧洲之间出现了分界线。分界对于人类来说是必要的，但如果分界被绝对化，使人们无法修改分界并忽略了不同范畴之间的模糊缓冲地带，这便是一种病态了。传染是罪魁祸首。如果你挑选100名有独立思想的记者，他们有独立辨别事物的能力，那么你会得到100种不同的观点。但如果让这些人用因循守旧的方式进行报道，那么观点的多样性便会大大降低：他们会分析相同的因素和原因，得出趋于相同的观点。例如，所有记者现在都会提到"喧嚣的20世纪80年代"，似乎这10年有一些尤其独特的东西。而在20世纪90年代末的互联网泡沫中，记者们在所有人都疯狂追捧的毫无价值的公司的价值上又达成了一致的解释。①

如果你想知道我所说的武断分类指的是什么，看一看两极分化的政治形势吧。下一次马丁叔叔访问地球时，试着向他解释一下为什么那些支持妇女堕胎的人反对死刑，或者试着向他解释为什么那些接受堕胎的人应该支持征税，而不是扩充军力；为什么支持性自由主义的人要反对个人经济自由。

分类总会造成复杂性的降低，这是黑天鹅事件的发生器，也就是我在序言中定义的柏拉图化的表现。我们对周围世界的任何简化都可能产生爆

---

① 我们会在第十章看到一些证明这些结群反应的巧妙的量化测试，它们显示出，在许多问题上，观点之间的差异比平均观点和真理之间的差异小得多。

炸性后果，因为这种做法不考虑不确定性的来源，会使我们错误地理解世界的构成。

黎巴嫩战争开始几年之后，22 岁的我正在沃顿商学院念书，当时我接触到了有效市场的思想。这一思想认为，从证券交易中是无法获取利润的，因为金融工具自动地包含了所有可获得的信息。公共信息是无用的，尤其对商人而言，因为价格已经“包含”了全部这类信息，数百万人都知道的信息不会给你带来任何优势。于是我完全放弃了阅读报纸和看电视，这使我省出了大量的时间（比如每天一个小时或更多，这样每年积累的时间足够用来读上百本书了，一二十年后，作用就会开始显现了）。但这并不是我在本书中提出不看报纸的唯一原因，后面我们会进一步看到避免信息毒害的好处。这一论点对于不必了解商业世界的细枝末节来说是最好的借口，它最初只是我的托词，因为我发现商业世界的细节中没有任何有趣的东西，这些细节华而不实、贪婪、缺乏智慧、自私而且无聊。

## 好戏在哪里

为什么一个想成为“哲学家”或者“历史科学哲学家”的人最终却进了商学院，而且是沃顿商学院？我百思不得其解。我在商学院发现，不光是某个小国家的政客不知道世界正在发生什么——毕竟，小国的人也许不必知道世界上正在发生的事情——世界上最著名的商学院之一的学生们、有史以来世界上最强大的国家的公民们、最大公司的首席执行官们很可能也不知道世界上正在发生的事情。实际上，在我头脑中这不仅仅是“可能”：我从内心深处感觉到了人类在认知上的自大。

那时，我开始意识到我的兴趣——极不可能发生的具有重大影响力的事件。不光是衣着光鲜、精神抖擞的首席执行官才会被这些极端事件愚弄，博学的人也会。这一认知使黑天鹅现象从一个商业中的好运气或者坏运气的问题，变为一个知识与科学的问题。我的观点是，现实生活中有些科学成果是无用的（它们低估了高度不可能事件的影响，或者导致我们低估它），而且，它们中的许多或许实际上正在造就黑天鹅现象。

## 历史上最大的市场崩盘

从沃顿商学院毕业 4 年半之后（体重也增加了 8.75 磅[①]）的 1987 年 10 月 19 日，我从纽约曼哈顿中城的投资银行瑞士信贷第一波士顿银行走回上东区的家。我走得很慢，因为我的思想处于一种迷惑的状态。

那一天在世界金融史上是一个灾难：（现代）历史上最大的市场崩盘。更具重创性的是，它发生在我们认为自己已经足够老练的时候，它发生在我们以为所有这些夸夸其谈的柏拉图化的经济学家（以及骗人的以钟形曲线为基础的方程式）能够预防或者至少预测和控制大的振荡的时候。崩盘甚至不是由于某则新闻。事件的发生超越了事件前一天任何人的想象，如果我事先指出这件事发生的可能性，那我一定会被看作疯子。它满足黑天鹅事件的条件，但当时我还不知道如何表达。

我在公园大道遇见了一位同事，正当我要与他谈话时，一名焦虑的妇女不顾一切地打断了我们的对话："嗨，你们两个知道发生什么了吗？"路边的人们看上去茫然无措。之前，我在瑞士信贷第一波士顿银行的交易室里看到有一些人在哭。一整天我都处在事件的震撼中，震惊的人们像探照灯下的兔子一样乱跑。回家后，我的表兄亚历克西斯打电话告诉我说他的邻居自杀了——从高层公寓跳了下去。对此，我一点儿也不奇怪。我突然想到金融创伤可以比战争更打击人的意志。（我们可以想象，金融问题和

① 1 磅≈0.45 千克。——编者注

随之而来的羞辱足以导致自杀，而战争似乎并没有如此直接。）

我害怕得不偿失的胜利：我知道自己是正确的，但又害怕自己的正确，我害怕目睹整个系统在我脚下崩溃。我并不真的想如此正确。我将永远记住已故的吉米·P（Jimmy P.）：他在看到自己的净资产灰飞烟灭时不断半开玩笑地乞求屏幕上的价格不要再变动了。

但在当时，我意识到自己对钱根本不关心。我经历了生命中最为奇特的感受，一个震耳欲聋的声音告诉我“我是正确的”，声音如此之大，以致我浑身都颤抖了起来。我永远不会忘记这种震撼内心的感觉。我之后再也没有经历过这种感觉，也永远不可能向那些从未有过这种经历的人描述清楚。它是一种身心的震撼，好像是快乐、骄傲和恐惧的混合体。

事实证明我是正确的，为什么？

进入沃顿商学院后的一两年，我逐渐具备了一种精确但奇怪的能力：猜测罕见且出乎意料的事件，也就是处于柏拉图边界中被柏拉图化的“专家”认为“不可思议”的事件。回忆一下，在柏拉图边界，我们对现实的理解不再成立，但我们不知道这一点。

由于较早决定把数量金融学作为谋生的手段，我同时成了数理专家和交易员。数理专家是一类把随机数学模型应用于金融（或者社会经济学）数据和复杂金融工具的产业科学家。不过，我是完全相反意义上的数理专家：我研究这些模型的缺陷和局限性，寻找使它们失效的柏拉图边界。我还进行投机交易，而不仅仅是“纸上谈兵”，这在数理专家当中是很少见的，因为他们被禁止“冒风险”，他们的角色只局限于分析，而不是决策。我确信我完全无法预测市场价格，并且知道其他人也无法预测，但他们却不知道这一点，或者不知道他们正在承担巨大的风险。大部分交易员都是在“轧路机前捡硬币”，他们将自己暴露在极少发生但具有重大影响力的事件面前，却睡得像婴儿一样，浑然不知。假如你认为自己厌恶风险、了解风险并且高度无知的话，我的工作将是你能做的唯一工作。

同时，“数理专家”（应用数学、工程学和统计学学者的综合体）所拥有的技术本领，加上对实务的深入参与，对于一个想成为哲学家的人来说是非常有用的。[①]首先，当你把20年的时间用于大规模的数据实证研究，并基于这些研究从事风险活动时，你会很容易发现现实世界的构成因素，而被洗脑的柏拉图化的“思想家”是看不见它们的。其次，它使我思考时变得有条理和系统化，从而远离了毫无价值的奇闻逸事。最后，历史的哲学和认识论（认知的哲学）似乎与时间序列数据的实证研究是分不开的，时间序列数据是时间上的连续数据，是一种由数字而不是文字组成的历史文件。而数字是很容易在计算机中处理的，它使你清楚地感觉到历史是向前的，而不是向后的，而且比历史记录混乱得多。认识论、历史哲学和统计学旨在理解真相，研究真相产生的机制，以及区分历史中的常规和巧合。它们都探讨“人们知道什么”的问题，但它们都只能在不同的领域找到答案。

## 代表独立的粗话

1987年10月19日那天晚上，我一觉睡了12个小时。

我很难把这种确信的感觉告诉我的朋友，他们都由于市场崩盘而处于悲痛之中。当时的奖金与如今比起来微不足道，但是，假如我的雇主瑞士

① 我从事的领域是叫作“衍生金融商品”的复杂金融行当，从事该专业必须具备高等数学知识，而使用错误的数学方法在其中导致的错误也是最大的。这是一门新学科，使我产生足够的兴趣去攻读博士学位。注意，我无法仅仅通过赌黑天鹅事件的出现来建立我的职业生涯，因为没有那么多可实施交易的机会。相反，我可以通过保护我的投资组合不受大的损失来避免黑天鹅事件的影响。于是，为了消除对随机性的依赖，我专注于复杂金融工具的技术缺陷，以及在不受稀有事件影响的情况下利用这些机会，并且抢在我的竞争者完善技术从而使这些机会消失之前。后来，我发现了更为容易（也更不受随机性控制）地保护大投资组合不受黑天鹅现象影响的类似保险的业务。

信贷第一波士顿银行及金融系统能够坚持到年底，那么我会得到一份适当的奖金。对此，有时候人们会说一声“该死的钱”。这话虽然粗俗，但能让你表现得像个维多利亚时代的绅士、一个摆脱了奴役的人。这是一种心理上的缓冲：你的财产不足以让你成为巨富，但足以让你自由选择一个新的职业，而不必过分担忧经济报酬，同时你也不必委曲求全。你不再对某个雇主或者就业本身产生任何理智和情感上的依赖，不再受某个人对你武断而不公平的评价的摆布。（独立对每个人都有特别的含义：许多高收入的人变得更加谄媚，他们越来越依赖他们的客户和雇主，也更加痴迷于赚更多的钱，对此我惊诧不已。）虽然按照某些标准来说这算不上什么豪言壮语，但它实际上帮我摆脱了经济上的所有欲望。每当我把时间不是花在研究上，而是浪费在追求物质财富上时，我都会感到羞愧。请注意，在那些日子，“该死的”是挂掉电话之前的结束语。

当时，交易员在赔钱时摔坏电话是极为平常的事。有的人喜欢摔椅子、桌子或者任何能够发出声响的东西。有一次，在芝加哥商品交易所，一名交易员试图掐死我，来了 4 名保安才将他拖走。他当时很生气，因为我站在了他认为是他的“领地”的地方。谁会愿意放弃这样的工作呢？把这种情形与大学餐厅中单调的午餐时间比较一下吧，显然，彬彬有礼的教授们谈论最新的院系争斗的场景要乏味得多。于是我继续留在“数理”和交易行业（现在仍然是），却保证只安排最少量但极为密集（而且有趣）的工作，我只关注最具技术性的方面，从不参加商业“会议”，避免与西装革履却不读书的“成功者”为伍，并且平均每 3 年就休息一年，以弥补自己在科学和哲学方面留下的空白。为了慢慢提炼我的思想，我需要成为一个闲人、一个职业冥想者，我需要懒洋洋地坐在咖啡馆、远离办公桌和各种组织，我需要睡到自然醒、贪婪地阅读，而不必对任何人解释什么。我需要逐步在我的黑天鹅思想的基础上构建一套完整的思想体系。

## 豪华轿车哲学家

黎巴嫩战争和 1987 年的经济崩盘似乎是相同的现象。我明显感到几乎所有人在承认这些事件的影响上都有一种精神上的盲点：好像他们看不到这些庞然大物，或者迅速忘记了它们。答案就在我面前：这是一种盲目。问题不在于事件的本质，而在于我们看待它们的方式。

我用下面这个故事结束这段自传性的插叙。我没有确定的专业（除了我白天的工作以外），也不想有。当鸡尾酒会上的人们问我靠什么谋生时，我总忍不住想回答："我是一名怀疑经验主义者及闲人，主要事业是对某个思想进行非常深入的思考。"但为了省事，我干脆说我是豪华轿车司机。

在一次飞越大西洋的航班上，我发现自己的座位被升至头等舱一位衣着华贵、精力充沛的女士旁边，她一身珠光宝气，不停地吃着坚果（可能这是低卡路里的食物），坚持只喝依云矿泉水，一路上都在读《华尔街日报》欧洲版。她一直试图用蹩脚的法语与我交谈，因为她看见我在读一本社会哲学家皮埃尔 · 布迪厄的书（法语的），有趣的是，这本书讲的正是社会歧视的标志。我告诉她（用英语）我是豪华轿车司机，并骄傲地坚称我只开"非常高档的"轿车。于是整个飞行途中是冰一般的沉默，虽然我能感到敌意，但起码我能安静地阅读。

第二章

# 出版业中的黑天鹅

曾被断言只能卖出 10 本的书，却销售了数百万册、被翻译成 40 种语言。

5 年前，叶夫根尼娅是一位名不见经传的没有发表过作品的小说家，但她的背景却不同寻常。她是一位神经学家，并对哲学感兴趣（她的前三任丈夫都是哲学家），她顽固的法国加俄罗斯头脑喜欢以文学形式表达她的研究成果和思想。她把她的理论描述成故事，并加上各种自传性的评论。她避免了同时代的叙述性非虚构类作品中新闻式的搪塞之词。（“在一个明媚的 4 月的早晨，约翰 · 史密斯离开他的住所……”）她总是用人物原来的语言写出外语对话，再附上翻译，就像电影字幕一样。她拒绝为蹩脚的意大利语对话配上蹩脚的英语。[①]

本来没有哪个出版商会理会她，但是，当时人们对那些少有的、能够用人们半懂不懂的语言说话的科学家怀有一些兴趣。一些出版商同意见她，他们希望她能够成熟起来，并写出一本“关于意识的大众科学图书”。她获得了足够的关注，得到了拒绝信和偶尔的侮辱性评论，而不是更具侮辱性和贬低性的沉默。

① 她的第三任丈夫是一位意大利哲学家。

出版商们对她的手稿感到很困惑，她甚至无法回答他们的第一个问题，“这是小说类还是非小说类”，也无法回答出版商出书申请表上“这本书的受众是谁”这一问题。他们告诉她，“你必须知道谁是你的读者”，“业余作家为自己写作，专业作家为他人写作”。他们还要求她将自己纳入某一流派，因为“书店工作人员不希望感到困惑，他们需要知道往书架上的什么地方摆这本书”。一名编辑小心翼翼地补充道：“我亲爱的朋友，这部书只能卖出 10 本，其中还包括你的前夫们和家庭成员购买的数量。”

5 年前，她曾参加过一次著名的写作研讨班，离开时觉得有些作呕。在那里，“写得好”的标准是遵守已经成为绝对真理的教条，并且尊重所谓的“经验”。她所遇到的作家都试图模仿《纽约客》刊登过的故事，但他们没有认识到，从定义上讲，大部分新东西是不可能在过期的《纽约客》上找到范本的。就连“短故事”对叶夫根尼娅而言也是一个模仿的概念。研讨班的指导老师非常绅士却态度坚定地对她说，她已经无可救药了。

最后，叶夫根尼娅把她的主要作品《漫话递归》（*A Story of Recursion*）的整部手稿贴在网上。在那里，她的作品吸引了少部分读者，其中包括一家不知名出版社的精明的老板，他戴着粉色边框的眼镜，说着粗俗的俄语。他提出为她出版这本书，并答应完全不改动她的文字。正是由于她坚持保留原文，出版商只付给她标准版税的一小部分，因此出版商也不会有什么损失。她接受了，因为她别无选择。

用了 5 年时间，叶夫根尼娅从“固执而难以相处、毫无本钱的自大狂”变为“坚忍不拔、辛勤耕耘的特立独行者”，因为她的书慢慢火了，成为文学史上最大、最令人惊讶的成功之一，销量达数百万册，而且获得了评论界的赞誉。那家小出版社也一跃成为时刻有一名接待员在来访者进入主要办公区时向他们致意的大公司。她的书被翻译成 40 种语言。你可以在许多地方看到她的照片。她被称为某个所谓“一致学派”的先锋。出版商们现在有个理论，“读书的卡车司机不会读为卡车司机写的书”，并认为“读者蔑视那些向他们献媚的作者”。现在人们相信，科学文章会用方程式和术语掩盖无聊，而一致性写作通过以原本的形式表达思想，使之置于大众的判断下。

今天，叶夫根尼娅不再嫁给哲学家了（他们太喜欢争论了），也刻意地躲避着媒体。在教室里，主攻文学的学者们不断在讨论预示这一新写作风格的必然性的许多线索。小说类与非小说类之间的区别太古老了，无法抵御现代社会的挑战。很明显，我们需要矫正艺术与科学之间的分裂状态。在事后，她的天赋显露无遗。

之后，许多与她打过交道的编辑都指责她没有去见他们，他们确信自己本来可以立即发现她作品中的价值。几年内，某位文学学者写了一篇题为“从昆德拉到叶夫根尼娅”的论文，分析如何从昆德拉的作品中找到叶夫根尼娅作品的影子。昆德拉是先行者，因为他在文章中加入了许多评论。（叶夫根尼娅从未读过昆德拉的书，但看了他的一本书的电影版。在电影中没有出现评论。）还有一位著名的学者试图证明可以在叶夫根尼娅书的每一页看到格雷戈里·贝特森（Gregory Bateson）的影响，那是一位把自传性描述插入学术研究论文中的学者（叶夫根尼娅从未听说过贝特森）。

叶夫根尼娅[①]的书自身就是一只黑天鹅。

---

① 对那些用Google（谷歌）搜索叶夫根尼娅·克拉斯诺娃的读者，我很抱歉地告诉你们她是一个（官方意义上的）虚构人物。

第三章

# 极端斯坦与平均斯坦

在理想的平均斯坦，特定事件的单独影响很小，只有群体影响才大；在极端斯坦，个体能够对整体产生不成比例的影响。极端斯坦能够制造黑天鹅现象，少数事件已经对历史产生了巨大影响。

叶夫根尼娅从二流作家晋升为超级明星只可能发生在一种环境下，那就是我所说的极端斯坦[①]。我将很快介绍黑天鹅事件的发源地极端斯坦与平淡、安静而波澜不惊的平均斯坦的本质区别。

## 最好（最差）的建议

当我回忆起人们向我提出过的所有“建议”时，我发现其中只有一两条建议让我铭记一生，它们成为我进一步思考的催化剂，并且我果真思考出了结果，尤其是提炼出了黑天鹅的思想。其他建议都只是纸上谈兵，我很高兴对它们大部分我都没有留意。大部分建议（比如“要适度而合理”

① 斯坦，即国度。——编者注

等）与黑天鹅思想背道而驰，经验本身是无法衡量的，并且从经验的视角来看，“合理性”与中庸的传统定义是不一致的。真正的经验要尽可能真实地反映现实。诚实意味着不惧怕特立独行，也不惧怕特立独行的结果。

回想起来，对我来说最具影响力的一条建议是糟糕的，但同时又是我至今获得的最具智慧的建议，因为它促使我更加深入地研究黑天鹅现象。那是我 22 岁时一个星期二的下午，地点在费城沃尔纳街 3400 号我的住处。在走廊上，一名沃顿商学院二年级的学生建议我找一份“报酬具有突破性”的职业，也就是说，报酬不受时间或者工作量的限制。这是一种非常简单的区分职业的方法，由此可以扩展到对不确定性的不同类型的区分，这把我引向主要的哲学问题——归纳问题，也就是如何给黑天鹅现象取名，它促使我把黑天鹅从一个逻辑上的僵局变成易于实施的解决方案，并把它根植于经验现实之中。我将在后面几章讲到这一点。

关于职业的建议怎么会导致对不确定性性质的这种思考呢？有些职业，比如牙医、咨询师和按摩师的收入是不可能具有突破性的：它们受到在既定的时间内服务的病人或客户的最大数量的限制。如果你开一家美味的餐厅，你最多只能逐步扩大生意规模（除非连锁经营）。在这些职业中，不论报酬多高，你的收入总是受到限制的。你的收入取决于你持续的努力，而不是你的决策质量。而且，这种工作在很大程度上是可预测的：它会有变化，但不可能达到一天的收入超过余生收入的程度。也就是说，它不会受到黑天鹅现象的驱使。假如叶夫根尼娅是一名税务会计师或者专门治疗疝气的医师，那么，她就不可能一夜间跨过失败者与超级英雄之间的鸿沟。（不过她也不可能成为一名失败者。）

还有一些职业，如果你干得好的话，能让你的产出（以及收入）十倍、百倍地增长，同时你几乎或者完全不需要付出额外的努力。现在我很慵懒，而且把这看作一项优点。我无法忍受商业人士谈话的无趣，每天渴望释放尽可能多的时间用于冥想和阅读，于是我立即（但错误地）得出一个结论——我把脑力劳动者，也就是以某种交易或工作的形式出售某种智力产品的人，与出售体力劳动的体力劳动者区分开来。

如果你是一名脑力劳动者，你不必工作太卖力，只需要多想。你的产出为 100 和 1 000 时，你做的工作是一样的。在定量交易中，买 100 股股票与买 10 万股甚至 100 万股股票的工作量是一样的——要打同样的电话，做同样的计算，花费同样的脑细胞，对交易的正确性做同样的确认。而且，你还可以在你的浴缸里或者在罗马的某个酒吧里操作这些。你可以事半功倍！不过，对于股票交易我说错了一点——你是不能在浴缸里操作的，但如果做得好的话，你可以赢得大量自由的时间。

录音师和电影演员也是一样：他们会让电影院的音效工程师调好播放器，而不必在每一次播放电影时都出现。同样，一位作家吸引一名读者与吸引数亿读者需要付出的努力是一样的。《哈利 · 波特》的作者 J. K. 罗琳不必在每次有人想读这本书的时候都写一遍。但面包师做不到——他必须为每位新客户烤出面包。

于是，著名作家与面包师、投机者和医生之间的区别是一种看待行为世界的有用方式。它把那些不必多劳动就能十倍、百倍增加收入的职业，与那些需要增加工作量和时间（两者都是有限的）的职业（也就是局限性职业）区分开来。

## 当心突破性

为什么那个学生的建议是糟糕的建议？

就算事实上这一建议帮助我建立了一个关于不确定性和知识的思想分支，在职业选择上它也是错误的。它或许对我是有好处的，但只是因为我很走运，正好处在“正确的地点和正确的时间”。假如我必须给出建议的话，我会建议选择一个收入不具有突破性的职业！收入具有突破性的职业只有在你成功的时候才对你是有利的。这样的职业竞争更激烈，不平均性和不确定性更高，努力和回报之间的差异巨大，因为少数人获得蛋糕的大部分，其他人可能什么也得不到，而这怪不了别人。

一类职业受中庸、平均和中间路线影响。而在另一类职业中，要么是巨人，要么是侏儒，更精确地说，是非常少的巨人和大量的侏儒。

让我们看看是什么导致了出乎人们意料的巨人——黑天鹅的诞生。

## 突破性的降临

想一下 19 世纪末，录音技术发明之前歌剧演员吉阿克莫（Giaccomo）的命运。比如他在意大利中部某个偏远的小镇演出，因此免于与米兰斯卡拉歌剧院和其他大歌剧院的那些大牌竞争。这使他感到安全，因为他的演出在本地很受欢迎。他不可能把他的演唱传出去，那些大牌也不可能把他们的演唱传进来并威胁他在本地的生意。他无法记录他的演唱，因此他必须出席每次演出，就像如今每次理发都必须有理发师一样。于是，整块蛋糕是不均匀分配的，但只是非常有限的不均，就像你的卡路里消耗量一样。蛋糕被分为许多块，每个人都会分一块。大牌演员有更多观众，能比小演员获得更多邀请，然而这不值得人们太过担心。不平均是存在的，但我们称之为温和的不平均。此时收入还不具有可伸缩性，他们不可能在不唱第二次的情况下获得两倍的现场观众。

现在考虑一下录音技术的影响，这是一项造成大量不公平现象的发明。复制和重复播放的能力使我能够在我的笔记本电脑上数小时播放弗拉基米尔·霍洛维茨（现在已经去世了）演奏的拉赫玛尼诺夫的《前奏曲》，而不是去听移民到本地的沦落到以极低的报酬教基本上没有天分的小孩弹钢琴的某位俄罗斯音乐家（仍然在世）的演奏。霍洛维茨虽然已经去世，却让那个可怜人失业了。我宁愿花10.99美元的价格购买CD，听弗拉基米尔·霍洛维茨或亚瑟·鲁宾斯坦的演奏，也不愿意花9.99美元听朱利亚音乐学院或布拉格音乐学院某个不知名（但非常有天分）的毕业生演奏。如果你问为什么我选择霍洛维茨，我会回答是因为他演奏的状态、节奏或激情吸引了我。实际上，我从未听说也将永远无从听说的演奏者可能足有一个军团那么多，只因他们没能上台表演，但其实他们能演奏得同样出色。

有些人天真地以为，根据我前面的逻辑，这一不公平的过程应该是从留声机的发明开始的。我不同意这一看法。我非常确定的是，这一不公平的产生要早得多。我们的DNA记录了关于我们的信息，使我们通过基因的遗传重复祖先的行为。进化是具有突破性的：获得胜利的DNA（不论出于运气还是生存优势）会自我复制，就像畅销书或成功的音乐专辑一样，然后变得盛行。其他DNA会消失。想一下我们人类（除了金融、经济学家和商务人士以外）与地球上其他生物之间的区别。

而且，我认为社会生活的巨大转变不是始于留声机的发明，而是始于某个凭借伟大而不公平的思想发明字母表的人：字母表使我们能够存储并复制信息。另一个凭借更为危险而不公平的理念发明印刷机的人则加速了这一进程，使文字的跨国界传播成为可能，并引发了最终演变为赢家通吃的生态法则。那么，书籍的传播到底导致了多大的不公呢？字母使故事和思想能够被高保真地复制，而且复制的规模没有上限，作者无须花费任何额外的精力，甚至不需要仍然健在。通常，一位作者的去世对他的职业生涯会有极大的促进，这意味着那些由于某些原因开始获得注意的人能够迅速地获得比其他人更多的注意，并取代竞争者在书架上的位置。在游吟诗人和民谣歌手时代，每个人都有自己的观众。你的工作有保障，因为不会有某个远方的竞争者威胁你的领地。一个讲故事的人和面包师或者铜匠一样有自己的市场，而且确信不太可能有谁会从遥远的地方来把他赶出他的领地。而今天，少数人夺走了几乎一切，剩下的人几乎什么也得不到。

同样，电影的出现取代了本地剧院演员的演出，让那些小演员失业，但其中有一个差别。一些具有技术含量的职业，比如钢琴家或脑外科医生，很容易获得公认，主观评价起的作用很小。而当某个被认为比别人优秀一点的人拿走整块蛋糕时，不公平性便产生了。

在艺术领域，比如电影行业中，情况则糟糕得多。我们通常只是在人们取得成功后才称他们为“天才”。关于这个问题已经有大量研究，最引人关注的研究来自具有洞察力和原创力的思想家阿特·德凡尼，他致力于研究电影中的极度不确定性。他令人沮丧地指出，我们归功于技巧的大部分东西只是事后的解释。他说，电影造就了演员，而运气造就了电影。

电影的成功很大程度上依赖于“传染”。这种“传染”不仅影响电影，似乎还对相当多的文化产品都有影响。人们喜欢艺术作品，不仅仅是因为艺术品本身，还为了使自己感到属于某个群体。通过模仿，人们彼此靠近了，也就是说，靠近了其他模仿者，这能使人们远离孤独。

以上说明在一个成功如此集中的环境里预测结果的难度。所以，让我们记住，职业的分类可以用来理解随机变量的不同类型。让我们进一步来探讨知识问题，即对未知的推测以及对已知特性的归纳。

## 突破性与全球化

每当你听一个猥琐（而沮丧）的欧洲中等知识分子向你描述他眼中典型的美国人时，他总会使用“没教养”、“没知识”和“不懂数学”这样的词语，因为和其他人群不同，美国人不擅长解方程式，也不了解这名中等知识分子称为“高等文化”的东西，如歌德富有灵感（和重大意义）的意大利之旅，或者代尔夫特画派。但发表这种言论的人很可能对iPod着迷，穿牛仔裤，用微软的Word软件在个人电脑上记录自己的“文化”言论，其间不时地使用谷歌进行搜索。事情就是这样，美国人比这些经常去博物馆而且会解方程式的人更具创造力，他们对自下而上的改良和无序的反复尝试也更为包容。全球化使美国得以专门从事创造性活动，不断创造新的理念、思想及具有突破性的产品，并且通过输出工作机会的方式，逐渐把不那么具有突破性的部分分离出去，让那些喜欢按小时计酬的人去做。设计一双鞋比真正把它们做出来赚的钱要多得多——耐克、戴尔和波音只需要思考并组织和运用它们的专有技术就能赚钱，发展中国家的转包工厂则负责做那些枯燥的制造工作，而有文化和擅长数学的国家的工程师们则负责解决那些没有创造性的技术性小问题。美国经济极大地依赖思维创造，所以美国人即便失去制造业，其生活质量仍能不断提高。显然，思维创造获得大部分报酬的世界经济框架的缺陷，就是造成了更大的不公平并提高了机会和运气的重要性的原因。我把社会经济问题留在第三部分讨论，这里只讨论知识。

## 平均斯坦

这种突破性与非突破性的差异使我们能够在两类不确定性、两类随机性之间划分明确的界限。

我们来看下面这个想象实验。假设你从普通人群中随机挑选 1 000 人，让他们在一个体育馆里并排站着。

把你所能想到的体重最重的人加入样本。假设他的体重是平均体重的 3 倍，他在总体重中所占的比例仍微不足道（在这个实验中大约占 0.5%）。

你还可以更极端一点。即使你挑选了从生物学上说可能是地球上最重的人（但仍然能被称为人类），比如能占到总体重的 0.6%，增加的量也微乎其微。假如你挑选了 1 万人，那么他占的比重就几乎可以忽略不计了。

在理想的平均斯坦中，特定事件的单独影响很小，只有群体影响才大。可以这样总结平均斯坦的最高法则：当你的样本量足够大时，任何个例都不会对整体产生重大影响。最大的观察值虽然令人吃惊，但对整体而言最终微不足道。

另一个例子来自我的朋友布鲁斯·戈德堡，是关于我们卡路里摄入量的。看看我们每年摄入多少卡路里——人类应该接近80万卡路里。任何一天的卡路里摄入量，即使是在重大节日的摄入量，也不会占年摄入量的很大部分。即使你试图靠吃来自杀，那一天摄入的卡路里也不会对你的年摄入量产生重大影响。

现在，如果我说你有可能碰到某个体重几千吨或者身高几百米的人，你可能会送我去医院，或者建议我改写科幻小说。一个身高几百米的人在生物学上是不可能存在的，但用另一类数字，你就没那么容易排除极端值了。下面我们讨论这个问题。

## 奇异的极端斯坦

现在考虑一下体育馆里那1 000人的净资产。把世界上最富有的人加入他们中间，比如微软创始人比尔·盖茨。假设他的净资产接近800亿美元，而其余人大约几百万美元。他的净资产占总资产的多少？99.9%？实际上，所有其他人的净资产只不过是他净资产数字的零头而已，或者仅仅是他净资产在过去一秒内的变化值。如果某个人的体重要达到这样的比例，他需要5 000万磅的体重！

再来看一个例子，比如图书销量。挑选1 000名作家，看看他们的作品销量。然后加上J. K. 罗琳（目前在世的拥有读者最多的作家，她的《哈利·波特》系列的销量已达数亿册）。这将使余下的1 000名作家变成侏儒，他们的销量加在一起顶多也就几百万册。

再想想学术引用（在正式出版物中提及另一名学者的观点）、媒体报道、收入、公司规模等。让我们称它们为社会问题，因为它们都是人为的，而不是像腰围之类的物理问题。

在极端斯坦，不平均指个体能够对整体产生不成比例的影响。

因此，虽然体重、身高和卡路里摄入量来自平均斯坦，但财富不是。几乎所有社会问题都来自极端斯坦。换句话说，社会变量是信息化的，不是物理性的，你无法接触它们。银行账户里的钱是重要的东西，但显然不是物理性的。同样，它可以是任何数值，而不需要消耗能量。它只是一个数字！

请注意，在现代技术发展以前，战争曾经属于平均斯坦。如果你一次只能杀一个人，那么杀死许多人是很难的。但今天，有了大规模杀伤性武器，只需要一个按钮，一个疯子，或者一个小错误，就能够杀光地球上所有人。

看看黑天鹅事件的影响。极端斯坦能够制造并且已经制造了黑天鹅现象，因为少数事件已经对历史产生了巨大影响。这是本书的主要观点。

## 极端斯坦与知识

平均斯坦与极端斯坦的区别对社会公平和事件演变都有重大影响。现在让我们看看它对知识的意义吧，这是其大部分价值之所在。如果一个火星人来到地球测量这个快乐星球上居民的身高，那么他只需要测量 100 个人，就能够对平均身高有很好的了解。如果你假设自己生活在平均斯坦，那你可以坦然接受你的测量结果，前提是你确定这一结果来自平均斯坦。你还可以坦然接受从数据中获得的知识。其认识论上的结果就是，在平均斯坦的随机现象中，是不可能[1]获得黑天鹅这样的意外的，因此整体由一个观察结果决定。首先，最开始的 100 天能够告诉你对于这些数据你所需要知道的一切。其次，即使你发现了一个意外，比如那个体重最重的人，也没有什么影响。

如果你处理的是极端斯坦的数据，那么从任何样本求得平均值都是令人困扰的，因为它受某一单个观察值的影响非常大。这就是困难所在。在极端斯坦，个体能够轻易地以不成比例的方式影响整体。在这个世界里，你总是会对你从数据中获得的知识表示怀疑。这是能让你区别两类不同随机性的非常简单的测试方法。

你从平均斯坦的数据中获得的知识随着信息供给的增加而迅速增加。而你从极端斯坦数据中获得的知识增加得很慢，而且与数据的增加不成比例。

## 温和与狂野

按照我的突破性与非突破性的思路，就能够清楚地看到平均斯坦与极端斯坦之间的区别。我在这里再举几个例子。

属于平均斯坦的问题举例（受我们所说的第一类随机性影响）：高度，重量，卡路里摄入量，面包师、小餐馆老板和牙医的收入，赌博收入（假设在特殊的情况下，某人去赌场只赌固定的筹码），车祸，死亡率，智商（测出来的）。

属于极端斯坦的问题举例（受我们所说的第二类随机性影响）：财富、收入、单个作者图书销量、名人知名度、谷歌搜索量、城市人口、词汇表中某个单词的使用量、每种语言的使用人数、地震造成的损失、战争死亡

① 我着重强调“可能”，因为其可能性属于万亿分之一级别，接近不可能。

人数、恐怖事件死亡人数、行星大小、公司规模、股票持有量、物种之间的高度差异（比如大象和老鼠）、金融市场（你的投资经理是不知道这一点的）、商品价格、通货膨胀率、经济数据。极端斯坦的清单比平均斯坦的长得多。

## 意外事件的统治

关于平均斯坦与极端斯坦之间的差别还有另一种说法：在平均斯坦，我们受到集体事件、常规事件、已知事件和已预测到的事件的统治；在极端斯坦，我们受到单个事件、意外事件、未知事件和未预测到的事件的统治。不论多么努力，你也不可能在一天内减轻许多体重，这需要许多天、许多周甚至许多月的累积。同样，如果你是一名牙医，你永远不可能在一天内变富，但经过 30 年积极、勤奋、小心和日复一日的钻牙操作，你会逐渐变得富有。然而，假如你从事极端斯坦中的投机行业，那么你可以在一分钟之内赚取或赔掉大笔财富。

表 3–1 总结了平均斯坦与极端斯坦的差别，我会在本书余下的部分提到它们。把左右两栏混淆将导致可怕（或极端走运）的结果。

**表 3–1 平均斯坦与极端斯坦间的差异**

| 平均斯坦 | 极端斯坦 |
| --- | --- |
| 不具突破性 | 具有突破性 |
| 温和的第一类随机性 | 疯狂的（甚至超级疯狂的）第二类随机性 |
| 最典型的成员为中庸成员 | 最“典型”的成员要么是巨人，要么是侏儒，即没有典型成员 |
| 赢者获得整块蛋糕的一小部分 | 赢家通吃 |
| 举例：留声机发明之前某个歌剧演员的观众数量 | 举例：今天某位艺术家的观众数量 |

（续表）

| 平均斯坦 | 极端斯坦 |
|---|---|
| 更可能存在于古代环境 | 更可能存在于现代环境 |
| 不受黑天鹅现象的影响 | 受黑天鹅现象的影响 |
| 数量有限制 | 数量上没有物理限制 |
| （主要）与物理量相关，比如高度 | 与数字相关，比如财富 |
| 达到现实所能提供的乌托邦式公平 | 受赢家通吃效应的极端不公平统治 |
| 整体不取决于个例或单个观察结果 | 整体取决于少数极端事件 |
| 观察一段时间就能够了解情况 | 需要花很长时间了解情况 |
| 集体事件占统治地位 | 意外事件占统治地位 |
| 容易通过观察到的东西做出预测并推广至没有观察到的部分 | 很难通过过去的信息做出预测 |
| 历史缓慢发展 | 历史跳跃发展 |
| 事件分布[①]符合高斯“钟形曲线”（智力大骗局）或其变体的规律 | 事件分布要么是曼德尔布罗特[②]式的“灰”天鹅（尚可用科学方法解释），要么是完全不可解释的黑天鹅 |

这一框架表明，黑天鹅现象通常发生在极端斯坦，其只是粗略的近似概括，请不要将其过度简化。

极端斯坦并不全是黑天鹅现象。有些事件很少发生，很有影响，但某种程度上是可预测的，尤其对那些有准备并且有办法去理解它们的人（而不是听从统计学家、经济学家和各种钟形曲线理论鼓吹者）。它们是黑天鹅的近亲，在某种程度上是可以用科学方法理解的，了解它们的发生频率

① 我在本书所说的概率分布指的是用来计算不同事件发生的概率及其分布的模型。当我说事件分布符合“钟形曲线”的规律时，我所指的是高斯钟形曲线［以C. F. 高斯（C. F. Gauss）命名，关于他在后面有更多的讲述］，它能够描述事件的不同结果发生的可能性。

② 曼德尔布罗特（Mandelbrot），分形几何创始人。分形几何引入分数维度，用来研究“不连续”但“自相似”的现象，也被应用于资本市场。——译者注

会降低你的惊奇感：这些事件很少见，却在预测范围内。我把它们称为“灰”天鹅曼德尔布罗特随机现象。

在平均斯坦也会有严重的黑天鹅现象，虽然十分少见。为什么如此呢？你可能忘了某事件具有随机性，以为它是确定的，然后却大吃一惊。或者你可能由于缺乏想象力而过滤并忽略了某个不确定性的来源，不管是温和的还是疯狂的，大部分黑天鹅现象来自一种“过滤性”缺陷，这点我将在第九章中讨论。

以上是对本书讨论的核心差别的文字性概括，目的是教你区分分别属于平均斯坦和极端斯坦的事物。我说过，本书第三部分将进行更为深入的探讨，因此让我们先着重讨论认识论，看一看这一差别对知识的影响。

第四章

# 1 001天——如何避免成为失败者

某件事情前 1 000 天的历史不会告诉你第 1 001 天的任何信息。

## 回到最原本的黑天鹅问题

想象一个有权威和地位的人，他所工作的地方很重要，比如政府机构或大公司。他可能是你在健身俱乐部时不得不看的（你无法不看电视屏幕）福克斯新闻频道的唠叨个没完的政治评论员、谈论着“光明未来”的某公司的董事会主席、某个完全反对使用母乳的柏拉图式的医生（因为他看不出母乳中有任何特别的东西），或者对你的玩笑没反应的哈佛商学院教授。他把他知道的那点儿东西太当回事了。

假如有一天，一个顽皮的家伙在休息的时候偷偷地把一片轻柔的羽毛划过他的鼻子。他高高在上的虚荣心在这次意外之后会有怎样的遭遇？与他充满威严的行为形成对比的，是被一个完全没有预料到的东西袭击时的震惊。在他恢复正常之前，你会在他脸上看到一丝惊慌。

我承认我在第一次外宿夏令营期间对这类恶作剧就有无可救药的爱

好。把羽毛探进睡着的营员的鼻孔里会立即引起恐惧。我孩童时代的一部分时间就花在变着花样儿地搞这类恶作剧上：除了羽毛之外，你还可以把一张纸巾卷起来，卷得又细又长。我拿我的弟弟试了几次。效果不逊于此的另一项恶作剧，是在最出乎意料的时候把冰块放到某个人后脖领里，比如在一次正式晚宴上。当然，随着年龄的增大，我不得不放弃这些恶作剧，但我仍会不自觉地想起这些画面，那通常是在我同一些表情严肃的商业人士（穿着深色西服，有着程式化的思维）开会而感到无聊时，他们套话连篇，喋喋不休，在谈论随机事件时大量使用“因为”这个词。我以他们中的一个人为目标，想象冰块沿着他的后背下滑的情景。如果你放的是一只活耗子，虽然场面会不那么得体，却更有戏剧效果，尤其当那个人怕痒，而他戴着的领带阻挡了耗子的逃脱路线的时候。[①]

有时候，恶作剧也会出自同情心。记得在我当交易员的早期，钱开始来得很容易。我平时坐出租车，如果司机说着蹩脚的英语，并且看起来非常窘迫，我就会给他一张百元大钞（当作小费），这让他感到有点儿震惊和意外。你会看到他展开钞票，以某种惊慌失措的表情看着它。（100 万美元肯定有更好的效果，但我办不到。）这也是一种简单的快乐实验：只花 100 美元就让别人有快乐一天的感觉，非常令人飘飘然。后来我不这样做了，因为当我们的财富增加并且我们开始看重钱时，我们都变得吝啬和斤斤计较起来。

我不需要命运的帮助就获得了更大的快乐：现实以很高的频率促成了这种被迫的信念转变。许多转变非常有刺激性。实际上，整个追求知识的过程都基于先接受传统智慧、科学信仰，再用新的反直觉证据把它们打碎的模式，不论是微观层面（所有科学发现的目标都是发现微观黑天鹅现象），还是宏观层面（比如爱因斯坦的相对论）。或许科学家所做的事就是嘲笑他们的前辈，但大部分人都没有意识到某个人在不久的未来也会嘲笑

① 我是安全的，因为我从不戴领带（除非是参加葬礼）。

他们的信念。就我而言，我的读者和我在嘲笑社会知识的当前状态。这些大人物没有看到即将到来的明天对他们的颠覆，这意味着你通常可以肯定他们会遭遇某种意外的感受。

## 如何学习火鸡

大哲学家罗素在阐述他同行所谓的归纳问题或归纳性知识问题时（这显然是一切问题之母），举了一个绝妙的关于意外的例子。我们如何在逻辑上从特定的个例走向概括性的结论？我们是如何知道我们已经知道的？我们是如何知道我们通过已知事物与事件便足以推断出它们的其他特性的？从观察中获得的任何知识中都有陷阱。

想象一只每天有人喂食的火鸡。每次喂食都使它更加相信生命的一般法则就是每天得到"为它的最大利益着想"（政客们都这么说）的友善人类的喂食。感恩节前的星期三下午，一件意料之外的事情将发生在它身上，从而导致一次信念的转变。①

本章余下的部分将以原本的形式概括黑天鹅问题：如何通过过去的知识预测未来，或更为概括地说，如何从（有限的）已知推测（无限的）未知。再想想喂食的例子：一只火鸡如何通过对昨天的观察预测明天喂给它的饲料有多少？可能很多，但肯定比它想象的少一点儿，但就是那"少一点儿"会使事情完全不同。

火鸡问题可以推广到所有"喂你的那只手也可能是拧断你脖子的那只手"的情况。

我们再进一步探讨归纳法最令人不安的一面：反向学习。假设火鸡的

---

① 罗素的原例中用的是一只鸡，这是北美升级改编版。

经验并不是没有价值，而是具有负价值。它从观察中学习，正如我们都被建议的那样（毕竟这是人们相信的科学方法）。随着友好喂食次数的增加，它的信心也提升了，虽然被屠杀的危险越来越近，它却感到越来越安全。想一想，当危险最大时，安全感却达到最大值！但真正的问题比这更具有普遍性，它直指经验知识本身：某种东西在过去一直起作用，直到它出乎意料地不再起作用。而我们从过去获得的知识实际上顶多是无关痛痒或虚假的知识，甚至是危险的误导。

图 4–1 提供了真实生活中归纳问题的原型。你对一个假设变量观察了 1 000 天。它可以是任何事物（可以有一些不大的变化）：图书销量、血压、犯罪率、你的个人收入、某一股票或贷款利率。然后你仅仅通过过去的数据便得出关于其变化趋势特征的某些结论，并预测未来 1 000 天甚至 5 000 天的趋势。在第 1 001 天——砰！一个毫无征兆的巨大变化发生了！

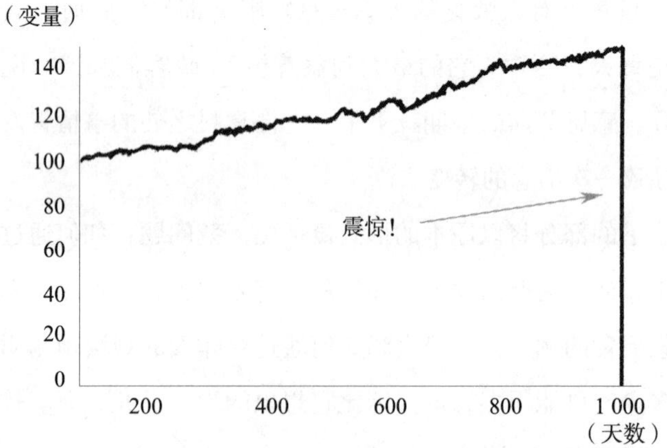


**图 4–1　历史的 1 001 天**

想想第一次世界大战给我们带来的惊讶。在拿破仑引发的那些战争之后，世界经历了一段和平，这使所有观察者都相信具有严重毁灭性的战争停止了。但是，意外发生了，“一战”成为截至当时人类历史上最惨烈的战争。

注意，这一事件过后，你开始预测再出现意外的可能性，也就是说仅仅在你遭遇意外事件的领域中考虑意外事件，而不在别的领域考虑。1987年的股市崩盘后，美国一半的股票交易员在每年10月都为类似的行情做好准备，他们没有想到在第一次之前是没有再前一次的。我们担心得太晚了，而且是在事后。错误地把对过去的一次天真观察当成某种确定的东西或者代表未来的东西，是我们无法把握黑天鹅现象的唯一原因。

喜欢引用他人观点的业余分子（在文章中摆满某个死去权威的言论的作者或学者）会认为，如英国哲学家托马斯·霍布斯所说，有怎样的前因就有怎样的后果。那些无条件相信过去经验的人应该看一看一位著名的船长对这一观点的表述：

> 根据我所有的经验，我没有遇到任何……值得一提的事故。我在整个海上生涯中只见过一次遇险的船只。我从未见过失事船只，从未处于失事的危险中，也从未陷入任何有可能演化为灾难的险境。
>
> ——E. J. 史密斯，泰坦尼克号船长，1907年

史密斯船长的船于1912年沉没，这次事故也成为历史上被提起次数最多的沉船事故。①

---

① 史密斯船长式的言论太普遍了，以至于一点儿都不好笑。2006年9月，一家名叫“不凋花”的基金公司不得不关闭，因为它在几天内就损失了近70亿美元、创造了证券交易历史上最令人叹为观止的亏损（还有一个讽刺的地方：我与那些交易员共用办公区域）。损失发生几天前，该公司还发表了一篇声明，让投资者不要担心，因为他们有12名风险管理经理（用过去的模型对这类损失发生的概率进行风险测算的人）。即使他们有112名风险管理经理，也没什么有意义的区别，他们还是会搞砸。很明显，你不可能从过去能够提供的信息中制造更多的信息；即使你买了100份《纽约时报》，我也不能肯定它能帮助你增加多少对未来的知识。我们不会知道过去究竟蕴藏了多少信息。

## 被训练成乏味之人

同样，想象一下一名在过去很长一段时间内都稳定赢利的银行董事会主席，他在一次财富的逆转中损失了一切。通常，从事贷款行业的银行家们都是梨形身材，胡子刮得干干净净的，穿着打扮是最得体而又令人感到乏味的——黑西服、白衬衫、红领带。实际上，在贷款业务方面，银行聘用的都是乏味的人，还会把他们训练得更乏味，但这只是做做样子。他们看上去很保守，因为他们的贷款只在很少的情况下才会成为坏账。在一天、一周、一个月或者甚至一个世纪的时间里观察他们的贷款行为，是无法评价贷款的有效性的！1982 年夏天，美国大银行几乎损失了它们过去所有的（累积）盈利，损失了美国银行业有史以来的全部盈利——全部。它们一直向南美洲和中美洲国家提供贷款，而这些国家在同一时间违约了，这是“具有意外性的事件”。所以，只需要一个夏天，人们就可以明白这是一个失败的行业，所有盈利都来自高风险的赌博。一直以来，那些银行家让所有人（包括他们自己）相信他们是“保守的”。但他们实际上不保守，他们只是善于自欺，并把发生毁灭性损失的可能性隐藏了起来。实际上，这类表演在 10 年后又上演了。在 20 世纪 90 年代初房地产崩盘之后，现在已经不复存在的储蓄贷款业需要由纳税人承担超过 5 000 亿美元的救援资金，那些“具有风险意识”的大银行再一次面临财务压力，许多濒临破产。美联储保护了它们，花的却是纳税人的钱：当“保守的”银行家赢利时，他们拿走利益；当他们受伤时，纳税人支付成本。

从沃顿商学院毕业后，我最初在银行家信托公司（Bankers Trust，现已倒闭）工作。这家公司的董事会很快就忘记了 1982 年的故事，每季度的盈利预测都在说他们有多么聪明、保守和具有赢利能力。很明显，他们的利润只不过是从命运之神那里借来的现金，任何时候都有可能偿还。我对承担风险没什么意见，只是请不要声称自己保守，并且表现得比那些不那么受黑天鹅事件影响的行业更具优越性。

另一个事件是1998年一家叫作长期资本管理公司的金融投资公司（对冲基金）几乎瞬间发生了破产。该公司使用的是两名被称为“天才”的诺贝尔奖获得者的方法和风险管理技术，但实际上他们不过是运用骗人的钟形曲线一类的数学模型欺骗自己，他们把数学模型当成了了不起的科学，同时愚弄了整个金融界。历史上最大的一笔交易损失发生在眨眼之间，没有任何预警信号（更多情况在第十七章讲述）。[①]

## 黑天鹅现象与知识有关

从火鸡的角度看，第1 001天没有喂食是黑天鹅事件，从屠宰者的角度看却不是，因为这不是意料之外的。由此你可以看到，黑天鹅现象是笨人的问题。换句话说，它与你的预期有关。你应当认识到，你可以通过科学或者通过开放思想消除黑天鹅现象（如果可以的话）。当然，和长期资本管理公司的人一样，你可以运用科学制造黑天鹅现象，也就是让人们相信黑天鹅现象不可能发生，于是科学就把普通公民变成了笨人。

注意这些事件不一定是瞬间的意外。我在第一章提到的一些历史性变迁持续了数十年，比如，计算机为社会带来了巨大影响，而它对我们日常生活的渗透过程却没那么明显。有些黑天鹅现象产生于同一方向变化的积累，比如在数年间销售了许多册但从未出现在畅销书榜上的书。同样，20世纪90年代末的纳斯达克股票花了数年时间成长，但如果你把这一成长

---

① 具有重大影响力和低发生概率的事件造成悲剧的主要原因是，人们决定不赌稀发事件不发生所带来的回报具有延迟性。人们总有冲动去赌它不发生，或者同整个系统博弈，因为他们能够获得反映他们年度表现的奖金，而实际上他们只是在制造赢利的假象，这些盈利终有一天会还回去。实际上，资本主义的悲剧在于，由于回报的质量是过去数据无法体现的，所以公司所有者，比如股东，能够搭乘制造回报和赢利假象的经理们的顺风车，但实际上承担着隐藏的风险。

放入更长的历史趋势中看，它会显得剧烈得多。应该以相对而不是绝对的时间尺度衡量：地震持续几分钟，“9·11”恐怖袭击事件持续了几小时，而历史变化和技术发展是可能持续数十年的黑天鹅现象。总之，正面的黑天鹅事件需要时间来显现它们的影响，而负面的黑天鹅事件则发生得非常迅速——毁灭比缔造要容易和迅速得多。

## 黑天鹅问题简史

火鸡问题（也就是归纳问题）是一个非常古老的问题，但出于某种原因，它很可能被你的哲学教授称为休谟问题。

人们以为我们这些怀疑主义者和经验主义者性格怪僻，有妄想症，私人生活悲惨，这大概恰恰与历史记录（以及我的个人经验）相反。与我接触的许多怀疑主义者一样，休谟天性快乐活泼，渴望成名，喜欢参加沙龙和进行愉快的交谈。他的生活并不缺乏逸事。他曾经在爱丁堡的房子附近陷入沼泽。由于他在当地是出名的无神论者，一名女子拒绝把他拉出来，除非他朗诵出主祷文和信经，他很务实，照做了。但在这之前，他与她讨论了基督徒是否有义务帮助敌人的问题。“他有一种博学之士若有所思的深邃眼神，而这会给缺乏洞察力的人留下深刻印象。”一位传记作家写道。

奇怪的是，休谟在世时，不是因为今天给他带来声誉的著作而出名，而是因为写了一本关于英国历史的畅销书致富和成名。具有讽刺意味的是，休谟活着时，他的哲学著作“被媒体扼杀了”，虽然我们今天给予它们很高的评价，而他当时的成名著作在今天则很难找到了。休谟的著作如此明晰，令所有当代思想家汗颜，也毫无疑问令整个德国研究生教程汗颜。与康德、费希特、叔本华以及黑格尔不同，提及休谟著作的人有时是理解休谟的。

我经常听到人们把“休谟问题”与归纳问题一同提起，但归纳问题很古老，比有趣的苏格兰人更古老，或许还和哲学本身一样古老。让我们回到过去，因为古人也为我们提供了精确的记录。

## 经验主义者恩披里克

经验主义者塞克斯都·恩披里克（Sextus Empiricus）是一位强烈反对学术的作家、一个反教条的积极分子。在休谟之前，他的影响持续了近1 500年，他极为精确地提出了火鸡问题。我们对他所知甚少。我们不知道他是一名哲学家，还是只是抄袭了我们今天不知道的哲学家的著作的家伙。我们猜测他在公元2世纪生活在亚历山大。他属于“经验”医学派，该学派的医学从业者对理论和因果关系持怀疑态度，在治疗病人时依赖过去的经验，虽然对此他们也不太相信。而且，他们也不相信解剖能够解释人体机能。经验医学派最著名的支持者美诺多托（Menodotus）将经验主义与哲学怀疑主义结合在一起，据说他一直把医学当作“艺术”，而不是“科学”，并拒绝按照科学的教条行医。经验医学实践说明了为什么塞克斯都·恩披里克的名字总和“经验主义者”联系在一起 。

恩披里克代表和记录了皮罗怀疑主义学派的思想，后者转而开始了对某种智力疗法的寻找。你是否面临可能发生的逆境呢？别担心，也许它实际上对你有好处，谁知道呢。对某种事实带来的后果持怀疑态度会让你变得意志坚定。皮罗怀疑主义者是非常恭顺的公民，在一切可能的情况下遵守习俗和传统，但他们教自己从整体上对一切表示怀疑，从而获得一种宁静。虽然行为习惯上很保守，但他们在与教条做斗争时表现得非常疯狂。

恩披里克遗留下来的著作中，有一篇有着美妙题目的檄文《反对数学》（*Adversos Mathematicos*），它有时被翻译为《反对教授》（*Against the Professors*），其中大部分内容简直像是在上个星期三晚上写出来的！

在我看来，恩披里克最有意思的地方在于他在实践中少有地把哲学与决策结合起来。他是一个行动者，所以传统学者对他没有什么好评。经验医学的方法依赖于看上去毫无目的的反复尝试，但这成了我计划和预测如何让黑天鹅事件为我所用的思想的核心。

1998 年自立门户时，我把我的研究室和证券交易公司取名为 Empirica[①]并不是出于同样反教条主义的原因，而是作为一种令人沮丧的提醒。那就是，在经验医学派的著作出现 14 个世纪之后，医学才发生变化，并最终变得非教条化、对理论化持怀疑态度、保持深度怀疑精神并且以证据为基础。其教训是什么？认识到一个问题并不意味着什么，尤其当你有特殊利益以及当你正在运作为你服务的机构的时候。

## 阿-伽扎里

研究这一问题的第三位思想家是 11 世纪的阿拉伯语言怀疑主义者阿-伽扎里（Al-Ghazali），拉丁语中他的名字为 Algazel。他把教条主义学者称为“ghabi”，也就是“蠢人”，这是阿拉伯语中比“白痴”更有趣、比“蒙昧主义者”更有表达力的一个词。伽扎里写了他自己的《反对教授》：一篇叫作“Tahafut al falasifa”的檄文，我把它翻译为“哲学的无能”。它直指一个叫作 falasifah 的学派，这是阿拉伯的一个学术派系，是经典哲学学派的嫡系，并且成功地通过理论论述与伊斯兰教融合起来。

伽扎里对“科学”知识的攻击引发了与阿威罗伊（Averroes）的一场争论，阿威罗伊是最具影响力（对犹太人和基督徒而言，而不是对穆斯林）的中世纪思想家。伽扎里和阿威罗伊之间论战的最终结果是双赢，这有些令人遗憾。之后，许多阿拉伯宗教思想家引入并夸大了伽扎里对科学

① 指 Empiricus 由英文 empirical（意为“经验主义的”）演变。——译者注

方法的怀疑，认为他是把因果关系问题留给了上帝（实际上这是对伽扎里思想的扭曲）。西方拥抱了阿威罗伊的理性主义，而这一理性主义传承自亚里士多德，并经历了阿奎那（Aquinas）及自称为阿威罗伊派的犹太哲学家。许多思想家指责阿拉伯在伽扎里的巨大影响下抛弃了科学方法。他最后甚至促成了苏菲派神秘主义的形成，该派的崇拜者试图与神交谈，斩断与世俗的一切联系。所有这一切都来源于黑天鹅问题。

## 怀疑主义，宗教的朋友

这种依赖信仰而非理智的思想被称为信仰主义。所以，早就存在黑天鹅怀疑主义者，他们在宗教中找到了安慰，其最佳代表是皮埃尔·拜耳（Pierre Bayle），一个讲法语的博学的新教徒、哲学家及神学家，被流放至波兰，建立了与皮罗怀疑主义相连的庞大哲学体系。拜耳的著作对休谟产生了巨大影响，把休谟引入了古代怀疑主义的大门，甚至使其到了全盘接受拜耳思想的程度。拜耳的《历史批判词典》（*Dictionnaire Historique et Critique*）是人们阅读最多的18世纪学术著作，但与我的许多法国主人公一样（比如弗雷德里克·巴斯夏），拜耳不属于法国学术教程的一部分，其著作的法语原版几乎找不到。14世纪伽扎里派的尼古拉（Nicolas of Autrecourt）也是一样的情况。

实际上，直到最近，人们才知道最完整地呈现怀疑主义思想的著作出自一位富有权力的天主教主教，他是一位令人敬畏的法兰西学院成员。皮埃尔–丹尼尔·休特（Pierre-Daniel Huet）1690年撰写了《人类思维缺陷的哲学论述》（*Philosophical Treatise on the Weaknesses of the Human Mind*）一书，这是一本对教条进行猛烈抨击、对人类思维提出质疑的了不起的书。休特提出了反对因果关系论的有力论据，比如他指出，任何事件都可能有无数种的原因。

休特和拜耳都非常博学，他们毕生都在读书。休特一直活到90多岁，他让一名仆人跟着自己，在他吃饭和休息时为他大声读书，以免浪费时间。休特被当时的人看作最有学问的人。我坚持认为博览群书对我而言非常重要，这表明一个人在思想上是真正具有好奇心的，也说明你具有开放的思维并且渴望探寻其他人的思想。最重要的是，一个博览群书的人对自己的知识是不满意的，这种不满意是柏拉图化、成为5分钟经理或者过度专业化的无聊学者的绝佳防护墙。实际上，不读书的学者就是一场灾难。

## 我不想成为火鸡

古代怀疑主义者把提倡学术上的无知作为真诚追求真理的第一步，后来的中世纪怀疑主义者既有穆斯林也有基督徒，他们则把怀疑主义当作避免接受我们今天称为科学的东西的工具。相信黑天鹅问题的重要性，对归纳法的担忧，加上怀疑主义，可以让某些宗教论点更好听，即使是以赤裸裸的、反教权的、无神论的形式，但推广哲学怀疑主义并非本书的使命。也许你认为对黑天鹅问题的认识会把我们引入极端怀疑主义，但我认为恰恰相反。我对行动和真正的经验主义感兴趣。所以，本书不是出自古代或中世纪的怀疑主义者之手，也不是出自哲学意义上的怀疑主义者之手，而是出自一个实践者之手，他的主要目的就是避免在重要的事情上成为蠢人。

休谟在哲学领域是极端怀疑主义者，但在日常生活中他抛弃了这些思想，因为他无法运用它们。我要在这里做截然相反的事：我在对日常生活有影响的事情上保持怀疑主义。从某个角度讲，我所关心的只是在做决策的时候不要成为一只火鸡。

许多人在过去20年里问我："塔勒布，鉴于你的极端风险意识，你怎么过马路呢？"有人更傻地说："你在叫我们不要冒任何风险。"我当然不是希望大家患上风险恐惧症（你会看到我更喜欢激进地冒险），我要在这本书里告诉你的是如何避免闭着眼睛过马路。

## 我们不是生活在平均斯坦里

我刚刚以历史的形式展现了黑天鹅问题：把现有信息一般化的困难，或者说从过去、已知和已观察到的东西中学习的困难。我也列出了那些我认为在这一问题上最有影响力的历史人物。

你可以看到，假设我们生活在平均斯坦会让生活很轻松。为什么？因为这可以让你不必考虑黑天鹅事件发生的意外！如果你生活在平均斯坦，那么黑天鹅问题要么不存在，要么只有极小的影响力！

这种假设神奇地避免了归纳问题（而这一问题一直困扰着人们的思维），统计学家可以远离认识论。

这只是愿望而已！我们不是生活在平均斯坦，所以黑天鹅现象要求人们换一种思考方式。我们不能把问题藏起来，我们应当对其进行更深入的挖掘。这并不是终极困难，我们甚至还能从中受益。

现在，从我们对黑天鹅事件的无知中又产生了其他问题：

1. 我们只关注从已观察到的事物中预先挑选出来的那部分，并从它推及未观察到的部分：证实谬误。
2. 我们用那些符合我们对明显模式的偏好的故事欺骗自己：叙述谬误。
3. 我们假装黑天鹅现象不存在：人类的本性不习惯黑天鹅现象。
4. 我们所看到的并不一定是全部。历史把黑天鹅现象隐藏起来，使我们对这些事件发生的概率产生错误的观念：沉默的证据造成的认知扭曲。

5. 我们“犯过滤性错误”：我们只关注一些有明确定义的不确定性现象，即一些特定的黑天鹅现象（而不关注那些不太容易想到的）。

我会在接下来的第五章逐一讨论以上5个问题。然后，在第一部分的结尾，我会向你们展示它们其实是同一个问题。

第五章

# 不能只靠过去的经验来判断

我们的环境比我们意识到的更为复杂。为什么？现代世界是极端斯坦，它被不经常发生及很少发生的事件所左右。它会在无数白天鹅之后抛出一只黑天鹅。

虽然证明行为在我们的习惯和传统智慧中根深蒂固，但它是一种危险的错误。

假设我告诉你，我有证据证明球星辛普森（20 世纪 90 年代被控杀害妻子）不是罪犯。瞧，那天我和他一起吃早餐，他谁也没杀。我是认真的，我没有看到他杀任何人。这能够证明他的无辜吗？如果我这么说，你一定会叫来救护车甚至警察，因为你可能会想，我在交易室度过了太多的时间，或者我在咖啡馆坐得太久了、一直想这个黑天鹅问题，我的逻辑可能会立刻给社会带来危险，所以应该将我立即关起来。

如果我告诉你，我有一天在纽约的一处铁轨上打了个盹儿却没有被轧死，你可能会有同样的反应。我会说，嗨，看看我，我还活着，这就证明躺在铁轨上是没有危险的。但想一想，再看一下第四章的图 4–1。某个人观察了火鸡前 1 000 天的生活（但没有看到第 1 001 天令人震惊的事件），他会理所当然地对你说，没有证据表明会发生大事，即黑天鹅事件。但是，你会把这一说法理解为有证据表明黑天鹅事件不会发生，尤其是在你不仔细考虑的时候。这两种说法之间的逻辑差距实际上是非常大的，但这种差距在你的思维中却显得很小，所以二者可以相互替代。从现在起 10 天后，即使你还记得第一种说法，你也一定会倾向于第二种说法（不确切的说法），即证据表明黑天鹅现象不会发生。我把这种混淆称为回路错误（round-trip fallacy），因为两种说法是不可互换的。

把这两种说法相混淆犯了一个很小很小（但至关重要）的逻辑错误，然而我们对微小的逻辑错误是没有免疫力的，教授和思想家也好不了多少（复杂的方程式似乎无法与清晰的思维和谐共存）。除非我们的注意力非常集中，否则我们很可能会在无意识中将问题简化，因为我们的思维在我们无意识的情况下习惯这么做。

这个问题值得我们更深入地探讨。

“我从未想说保守主义者通常很愚蠢，我想说的是愚蠢的人通常很保守。”约翰 · 斯图亚特 · 米尔（John Stuart Mill）曾抱怨说。这个问题由来已久：如果你告诉人们成功的秘诀并不总在于技能，他们会以为你在说成功不是靠技能，而是靠运气。

我们在日常生活中运用的推理机制不适用于复杂的环境，当一句话的措辞稍有改动后，其语义会发生很大变化。想一想，在原始环境里，“大部分杀手是野生动物”与“大部分野生动物是杀手”这两种说法之间的差异是没什么影响的。虽然混淆二者是一个错误，但几乎没什么影响。我们的统计直觉还没有发展出认为二者差异很大的思维习惯。

## 领域特殊性

所有的白马都是马。你看见过马。那匹是白马吗？不一定，因为并非所有的马都是白马；在联考中错误回答这种问题的人在大学或许不会犯这样的错误。但有人可能在联考中获得很高的分数，却仍然在某个从城市受歧视区域来的人走进电梯时感到害怕。这种无法自动把知识从一种情况转化为另一种情况，或者从理论转化为实际的状态，是人类本性中令人困扰的特性。让我们称它为行为反应的“领域特殊性”。领域特殊性的意思是，我们的行为反应、思维模式和直觉取决于事物的背景，进化心理学家称之为事物或事件的“领域”。教室是一种领域，生活也是。我们对一则信息的反应不是根据它的逻辑特性，而是根据它的环境，以及它在我们的社会情绪系统中的位置。在教室中以某种角度理解的逻辑问题在日常生活中可能受到不同的对待。实际上，它们在日常生活中确实受到了不同对待。

知识即使是准确的，也不会总产生适当的行为，因为我们习惯忘记我们所知道的，或者忘记如何正确对待知识，即使我们是专家。读者已经看到了，统计学家习惯把脑子留在教室里，一旦他们来到大街上，就会犯最微小的推断错误。1971 年，心理学家丹尼尔 · 卡尼曼（Daniel Kahneman）和阿莫斯 · 特韦尔斯基（Amos Tversky）不断向统计学教授提出不像统计学问题的统计学问题。其中有一个类似下面的问题（为了表述清楚，我改变了原题）。假设你生活的城市有两家医院，一家大，一家小。某一天，其中一家医院出生的婴儿中 60% 是男孩。这有可能是哪家医院？许多统计学家（在闲谈中）都犯了选择大医院的错误，而实际上，统计学的基础是大样本更为稳定、其对长期平均值（在这个例子里是每种性别各 50% 的比例）的偏离比小样本更小。这些统计学家连自己专业的考试都无法通过。在我做数理专家的日子里，我遇见过数百次忘记自己是统计学家的统计学家犯过这类严重错误。

再看一个我们在日常生活中犯可笑的领域特殊性错误的例子。让我们来到豪华的纽约锐步体育俱乐部，看一看多少人乘手扶电梯上了几层楼之后，径直奔往台阶式健身器。

我们在推断和行为反应上的领域特殊性表现是双向的：有些问题我们

能够在实际应用中理解，却不能在课本中理解；有些问题我们更容易在课本中理解，却不能在实际应用中理解。人们能够不费力地在社会环境下解决一个问题，但在它以抽象的逻辑问题形式出现时，却往往不知所措。我们习惯在不同的情况下使用不同的思维机制，或者模块：我们的大脑缺少一台能对所有可能的情况制定和应用同样逻辑规则的全能中央计算机。

我已经说过，我们可能在现实中而不是在教室中犯逻辑错误。这种不对称在对癌症的诊断中得到了最好的体现。我们看一看那些为病人检查癌症症状的医生，一般情况下，病人在想知道他们是已痊愈还是会复发的时候会做检查。（实际上，复发是一种错误的说法，它只是表明治疗并没有杀死全部癌细胞，而那些未被发现的坏细胞开始以失控的方式增长。）在现有技术条件下，不可能对病人的每一个细胞进行检查来确定它们是否都正常，所以医生通过尽量精确地扫描病人的身体来选取样本，然后对没有检查的部分做出假设。在一次常规癌症检查之后，医生对我说："别担心，我们有证据表明你已经痊愈了。"这让我大吃一惊。"为什么？"我问。回答是："证据显示没有癌症。""你怎么知道？"我问。他回答："扫描的结果是阴性。"他居然到处说自己是医生！

医学上有一个首字母缩写词语NED（No Evidence of Disease），意思是没有证据表明存在疾病，但并不存在一个END缩写（Evidence of No Disease），即证明没有疾病的证据。我与许多医生讨论这一问题的经验证明，即使是那些发表研究论文的医生中，也有许多犯了回路错误。

20世纪60年代，傲慢的医生把母乳看作某种低级的东西，似乎他们能够在实验室里复制，但他们没有认识到母乳可能包含超过他们科学理解能力的有用成分，他们只不过是混淆了"无证据表明母乳的优势"与"证据表明母乳无优势"。（这是又一种柏拉图化的行为：当我们能够使用奶瓶时，采用母乳喂养是"毫无道理的"。）许多人为这种无知的推理付出了代价：那些婴儿时期没有得到母乳喂养的人面临更高的健康风险，包括更可能罹患某些癌症，因为在母乳中一定还有一些我们没有找到的营养成分。而且，采用母乳喂养的母亲们获得的好处也被忽视了，比如降低了患乳腺癌的风险。

扁桃体问题也是一样：切除扁桃体可能导致更高的喉癌风险，但数十年来，医生们从未想过这一“无用”的器官可能有着他们没有发现的功能。还有水果和蔬菜中发现的膳食纤维，20 世纪 60 年代的医生认为这些膳食纤维是没有用处的，因为他们没有发现食用这种纤维的必要性，而这导致了一代人的营养不良。最后人们发现，纤维能够延缓糖类在血液中的吸收，还能清扫肠道癌症前期细胞。实际上，正是由于这类简单的推理混淆错误，医学在历史上造成了大量灾难。

我并不是说医生不应该有他们的信念，只是他们应该避免某些固定的、封闭的信念。医学在进步，但许多其他类型的知识没有改善。

## 证据

由于一种我称为无知经验主义的思维方式，我们天生习惯于寻找能够证明我们的理论以及我们对世界的理解的例子，这些例子总是很容易找到。唉，有了工具和傻子，任何东西都是容易找到的。你可以把能证实你的理论的过去的事例当作证据。例如，一名外交官会向你展示他的“成就”，而不是他没能做到的事。数学家会努力让你相信他们的学科对社会有用，方法是指出那些起作用的事例，而不是白费时间的事例，或者更糟的情况——那些因高雅的数学理论的非经验特性而给社会造成严重成本浪费的数不清的数学应用事例。

即使在检验一项假设时，我们也习惯于寻找证明假设正确的事例。当然，我们很容易找到证据——我们只需要去找，或者让研究者为我们找。我可以为任何事情找到证据，正如富有经验的伦敦出租车司机能够找到拥堵的路段以增加车费一样。

有人更进一步地给了我一些我们成功预测事件的例子。确实有一些，比如登陆月球和 21 世纪的经济增长率。人们还能够找到本书观点的许多“反证据”，最好的例子就是报纸非常擅长预测电影和剧院的演出时间表。瞧，我昨天预测太阳今天会升起，而它真的升起了！

## 消极经验主义

不过，有办法解决这种无知的经验主义。我的意思是，一系列证实性事实未必是证据。看见白天鹅不能证明黑天鹅不存在。但有一个例外：我知道什么论点是错的，但不一定知道什么论点是正确的。如果我看见一只黑天鹅，我可以确定并非所有天鹅都是白的！如果我看见有人杀人，我可以非常肯定他是罪犯。如果我没有看见他杀人，我不能肯定他是无辜的。同样的道理适用于癌症检查：发现一处恶性肿瘤证明你有癌症，但没有发现肿瘤不能让你得出没有癌症的确定结论。

我们可以通过负面例子而不是正面证据接近真相！对观察到的事实制定通用法则是具有误导性的。与传统智慧相反，我们并不能通过一系列证实性的观察结果积累知识，就像火鸡的例子一样。但对一些事情我持怀疑态度，对另一些事情我却可以确定。这使得观察结果具有非对称性。实际情况并不比这更复杂。

这种非对称性具有很强的实际性。它告诉我们不必成为彻底的怀疑主义者，只需要成为半怀疑主义者。实际生活的微妙之处在于，在决策时，你只需要对事情的一个方面感兴趣：如果你需要确定病人是否有癌症，而不是他是否健康，你可以满足于否定性推理，因为它能够向你提供你所需要的确定信息。所以，我们能够从数据中获得许多信息，但不像我们期望的那样多。有时大量信息会变得毫无意义，而少量信息却具有非凡的意义。确实，1 000 天并不能证明你是正确的，但 1 天就能证明你是错误的。

提出这种单边半怀疑主义观点的是卡尔·波普尔（Karl Popper）。在我写作这段文字时，他的一幅黑白照片就挂在我书房的墙上。这是我在慕尼黑时从散文家约亨·韦格纳（Jochen Wegner）那里得到的礼物，同我一样，韦格纳也认为波普尔是现代哲学家中“集大成”的人物——嗯，几乎是这样的。他的著作是为我们写的，而不是为其他哲学家写的。“我们”是指现实决策者，这些人相信自己受不确定性制约，并且认为弄懂如何在不完全信息条件下采取行动是人类最高和最紧迫的追求。

波普尔针对这种非对称性提出了一项重大理论，其基础是一种叫作“证伪”的方法（证明某事错误），旨在区分科学与伪科学。人们立即开始针对这种方法争论不休，尽管它并不是波普尔思想中最有趣和最具原创性的部分。这种关于知识非对称性的思想非常受实践者的喜爱，因为他们对它的感受很明显，它就体现在他们的工作方法中。像某些艺术家一样，哲学家查尔斯·桑德斯·皮尔斯（Charles Sanders Peirce）在其死后才获得敬重。在波普尔还在用尿布的时候，皮尔斯就想出了类似黑天鹅问题的解决办法，有人甚至称之为皮尔斯-波普尔方法。波普尔更为强大和更具创新意义的思想是“开放”社会,它以怀疑主义为基础，拒绝和抵制确定真理。波普尔指责柏拉图切断了我们的思维，理由正是我在序言里表述的论点。但波普尔最大的思想是关于世界根源的、无可挽回的、严格的不可预测性，这一点我将在有关预测的章节详细讨论。①

当然，“证伪”，也就是确定地指出某事是错的没那么容易。测试方法的缺陷可能导致错误的“错误”结论。发现癌细胞的医生可能使用了有缺

---

① 皮尔斯和波普尔都不是最先提出这一非对称性的人。哲学家维克托·布罗沙尔（Victor Brochard）在 1878 年提出消极经验主义的重要性，似乎经验主义者相信其有助于经商——古人默默地掌握了这个道理。没有印出来的书会给人们带来大量惊喜。

陷的仪器，从而产生了视觉错误，或者他可能是一个伪装成医生的使用钟形曲线的经济学家。目击犯罪的证人可能是喝醉了。但事实仍然是，你知道某事是错的比你知道某事是正确的更鼓舞人心。并非所有信息都有同等的重要性。

波普尔引入了猜想和反驳的方法，具体是这样的：提出一个（大胆的）猜想，并开始寻找证明猜想错误的事例。这是寻找证实性事例之外的另一种方法。如果你觉得这很容易，你会失望，只有很少的人天生有能力这样做。我承认我不属于此列，我并非天生有这种能力。

## 数到3

有见识的科学家已经研究了我们寻找证据的天性，他们把这种易于犯证明错误的倾向称为“证实偏差”。你可以直接检验某个规律，着眼于该规律奏效的事例，也可以间接证明，着眼于它不奏效的地方。正如我们已经看到的，令人不安的事例在确定真相方面有力得多，但我们通常并不知道这一点。

我所知道的针对这一现象的第一个实验是心理学家P. C. 沃森（P. C. Wason）实施的。他把“2、4、6”这个数字序列放在受试者面前，请他们猜出背后的规律。猜测的方法是受试者举出别的由三个数字组成的序列，实验者根据新序列是否符合同样的规律回答“是”或“否”。一旦从实验者的答案中获得确信，受试者就可以写出规律。（请注意这一实验与第一章讨论的历史规律问题的相似性：假设历史是符合某种逻辑的，我们只看到了事件，却从来看不到规律，但必须对它做出猜测。）正确的规律是“按升序排列的数字”，仅此而已。很少受试者发现了这一规律，因为要想找到规律，他们必须举出降序的数字序列（好让实验者的回答为“否”）。沃森注意到，受试者头脑中有一个规律，他们举出旨在证明它的例子，而不会尝试举出与他们的假设不一致的例子。受试者顽固地试图证明他们编造的规律。

这一实验启发了许多类似实验。再举一例：受试者被要求说出为了发现一个人是否外向应该问哪些问题，据说这是另一类实验。结果发现，受试者提供的大部分问题都属于肯定回答能够支持假设的问题。

但也有例外。比如，象棋大师考虑的是在什么情况下投机性的一步会导致弱势，新手则寻找确认性的走法，而不是证伪性的走法。（但请不要通过玩象棋来练习怀疑主义思维。）科学家认为，寻找自身缺点使他们变成象棋高手，而不是练习下棋把他们变成怀疑主义者。同样，投机家乔治 · 索罗斯在进行金融赌博时会不断寻找证明他最初看法错误的事例。这大概才是真正的自信：冷眼看世界而不需要找理由满足自我膨胀的欲望。[①]

不幸的是，证明的意识根植于我们的思维习惯和陈述习惯中。看看这段作家兼批评家约翰 · 厄普代克（John Updike）写的评论："当朱利安 · 杰恩斯（Julian Jaynes）……猜测直到公元前 2 世纪末人类都没有意识，而只是自动听从神的声音时，我们感到震惊，但却强迫自己在全部证实性证据下相信这一惊人的论点。"杰恩斯的理论或许是正确的，但厄普代克先生知识的核心问题（以及这一章的观点）不存在一种叫作证实性证据的东西。

## 看见另一辆红色迷你Cooper

下面的观点进一步显示了证实的荒谬性。如果你认为多看见一只白天

---

① 这种证明问题在我们的现代生活中很普遍，因为大部分冲突从根源上有如下的思维偏差：当阿拉伯人和以色列人看新闻时，他们会从同样的事件中看出不同的故事。同样，对相同的数据，民主党与共和党会侧重看不同的部分，并且永远不会达成一致。一旦你的思维被某种世界观占据，你会习惯于只关注证明你正确的事例。矛盾的是，你拥有越多的信息，你就越认为自己正确。

鹅就能进一步证明没有黑天鹅，那你应该会同意，在纯粹的逻辑基础上，看见一辆红色的迷你Cooper也会进一步证明没有黑天鹅。

为什么？只要想一想“所有天鹅都是白色的”这一论述意味着所有“非白色的事物都不是天鹅”，那么证明后一论述的事例就能证明前一论述。所以，看见不是天鹅的非白色物体就能产生这种确信。这一观点是由我的朋友、（会思考的）数学家布鲁诺·迪皮尔（Bruno Dupire）在我们在伦敦的一次散步时发现的——在深度冥想中散步时，我们甚至没有注意到当时在下雨。他指着一辆红色迷你Cooper大喊：“看，纳西姆，看！没有黑天鹅！”

## 不是一切

我们没有天真到因为没有看到某人死去就相信他能够永生，或者因为没有看到某人杀人就相信他没有犯谋杀罪。无知的一般化问题并不总在困扰着我们。但归纳怀疑主义讨论的问题经常涉及我们在自然环境中碰到的问题，也就是使我们学会避免一般化的问题。

例如，当小孩看到一群人中某个人的照片并被要求猜出这群人中其他人的特点时，他有能力选择把哪些特点一般化。拿一张过度肥胖的人的照片给一个小孩，并告诉他这个人是某个部落的人，如果让他描述这个部落的其他人，他（很有可能）不会草率地得出这个部落的所有人都有体重问题的结论，但他可能会对肤色做出一般化描述。如果你给他看深色皮肤的人的照片，让他描述与这个人同部落的其他人，那么他会猜测他们都是深色皮肤。

所以，看上去我们与生俱来的特别而微妙的归纳直觉会引导我们。休谟及英国传统经验主义者认为信念来自习惯，因为他们认为我们从体验和经验观察中学会了一般化，然而与之相反的是，对婴儿行为的研究表明，我们的思维模式使我们对经验进行选择性的一般化。（也就是说，在某些领域进行选择性的归纳学习，而在其他领域保持怀疑态度。）如此一来，我们不仅仅从 1 000 天的经历中学习，还通过进化从我们祖先的学习中获益——生物学研究的正是这种现象。

## 回到平均斯坦

我们也可能从祖先那里学到错误的东西。我要在此指出，我们或许继承了人类在起源地生存的足够本能，但这些本能显然不适应当前全新的、复杂的、高度信息化的环境。

实际上，我们的环境比我们（以及我们的本能）意识到的更为复杂。为什么？现代世界是极端斯坦，它被不经常发生及很少发生的事件左右。它会在无数白天鹅之后抛出一只黑天鹅，因此我们要在比我们所习惯的更长的时间里暂不下结论。我在第三章说过，我们不可能遇到身高几百米的人，于是我们的本能排除了这类事件。但图书销量或者社会事件的影响力不会遵守这类限制。断定一名作家没有天分、市场不会崩盘、战争不会发生、一项计划无可挽回、一家公司不会破产、一家证券公司的证券分析师不是在吹牛或者邻居不会袭击我们，需要比 1 000 天长得多的时间。在遥远的过去，人类能够做出准确和迅速得多的推理。

并且，如今黑天鹅来源的增加已经超出人们的预测。[①]在原始环境里，黑天鹅的来源只包括新遇到的野生动物、新的竞争对手和天气突变。这些

① 显然，与天气和大地测量学相关的事件（比如飓风和地震）在过去 1 000 年没有发生什么变化，但它们的社会经济影响改变了。与过去相比，今天的地震和飓风造成的经济影响越来越严重，因为经济实体之间存在互相交织的关系，而且我们将在第三部分讨论的“网络效应”也在不断加强。曾经只造成微弱影响的事件现在会带来强烈冲击。东京 1923 年的地震导致日本 GNP（国民生产总值）下降了大约 1/3。从 1994 年发生在神户的惨剧推测，在东京发生的同样的地震将比前一次造成更多损失。

事件反复出现得太多了，使我们对它们有一种与生俱来的惧怕。这种进行快速推理的本能，以及犯“过滤性错误”（只关注不确定性的少部分来源，即已知的黑天鹅现象的来源）的习惯，仍然深植于我们的天性中。简言之，这种本能是我们的困境所在。

# 第六章
# 叙述谬误

我们习惯于在一个黑天鹅现象发生之后，立即忘记所有黑天鹅现象的存在，因为它们太抽象了，相反，我们只注意到容易进入我们思维的精确而生动的具体事件。

## 我拒绝原因的原因

2004 年秋天，我在罗马参加了一个关于美学与科学的会议。罗马大概是举办这种会议的最佳地点，因为那里无处不弥漫着美学的气息，包括人们的举止和声调。午餐时，意大利南部一所大学的一位著名教授非常热情地跟我打招呼。那天早上我听了他饱含激情的演讲。他如此具有感染力，如此自信，又如此有说服力，虽然我听不太懂他的演讲，但我完全同意他讲的一切。他在演讲的时候，甚至一度被怒气涨红了脸，这使我（以及所有听众）确信他完全是正确的。

午餐时，他祝贺我指出了那些更多存在于人类头脑而不是现实中的因果关系链条的实际作用。他着重谈到我的前一本关于随机性的书，那本书描述了愤怒的交易员对人们无视生活和市场中的运气的反应。我很幸运，我的翻译者对这个问题似乎比我知道的还多，这本书在意大利学者中获得了小小的追捧。“我对你的观点很着迷。那些观点实际上也是我的观点，你写了一本我（几乎）打算写的书。”他说，“你很幸运。你的写作方式很全面，你描述了不确定性对社会的影响，以及人们对因果关系的过度信任。你指出了我们习惯上的解释行为是多么愚蠢。”

他停了一会儿，接着又以一种更为平静的语调说：“但是，亲爱的朋友，让我再告诉你一件小事：假如你生长在一个新教徒社会，在那里，人们的信念是回报与努力相联系，并且强调个人责任，那你就永远不会用这种方式看待世界。你之所以能够看到运气产生的原因和结果，是因为你生长在地中海东正教的环境中。”他说得如此确定，有一分钟我甚至同意了他的解释。

我们喜欢故事，喜欢总结，喜欢简化（也就是减少事情的影响因素）。我们在本书的这一部分首先要讨论的人类本性问题（如上所述的问题），我称之为“叙述谬误”。（实际上是一种欺骗，但为了礼貌起见，我称之为谬误。）之所以出现这种谬误，是因为我们习惯于过度解释，偏好简洁的故事，而不是原始真相。它严重扭曲了我们对世界的思维反应，在稀有事件上尤为严重。

请注意，我博学的意大利学者朋友非常赞同我对过度解释和过度相信事物的原因的反对，但对于我和我的工作，他却无法不找出一个解释、一个原因。他必须编造一个原因。而且，他没有意识到自己陷入了因果圈套，我自己也没有立即意识到。

叙述谬误指的是我们无法在不编造理由或者强加一种逻辑关系的情况下观察一系列事实。对事实的解释会与事实混在一起，使事实变得更容易被记住、更符合道理。这种倾向的坏处在于它使我们以为对事物有了更好的理解。

与前一章一样，本章只讨论一个问题，但这是一个看上去属于不同领域的问题。虽然叙述问题的某个方面已经被心理学家研究得非常多了，但并不是只与“心理学”有关。学科的划分隐藏了一个事实，那就是叙述问题是一个更为一般化的信息问题。叙述行为来自一种根深蒂固的降低事物复杂性的生物需要，机器人也会有同样的简化过程。信息需要简化。

为了帮助读者找到问题所在，在前一章讨论归纳问题时，我们研究了从已知信息中推测出的未观察到的事物，即在我们的信息集以外的事物。现在，我们讨论已观察到的事物，即在我们的信息集以内的事物，并探讨信息处理过程中的扭曲。对于这个问题，有很多方面可说，我选取的角度是我们反映世界时的叙述简化问题，以及它对我们对于黑天鹅现象和极端不确定性的理解的影响。

## 裂脑

找出反逻辑是一件令人愉快的事。你会在几个月的时间里体验一种让你兴奋不已的感觉，因为你进入了一个新的世界。之后，新奇感逐渐消失，你的思考又回到日常事务中。世界又变得无聊，直到你找到另一个值得兴奋的课题（或者把另一个成功人士逼入完全愤怒的状态）。

对我而言，一个反逻辑问题来自这样的发现，这要感谢那些关于人类认知的文献，而且这个发现与所有人认为的不理论化行为相反，它认为在没有主动行为（“默认”选择）的情况下人们也会进行理论化。看到事实（并记住它们）却不做判断并抵制解释是需要花费很大努力的。但这种理论化疾病却几乎不受我们控制：它在很大程度上与我们的肌体构成有关，是我们生物性的一部分，所以与它做斗争等于与自己做斗争。因此那些认为应该推迟判断的古代怀疑主义者是反对我们的天性的。空谈没有意义，我们将在第十三章讨论关于提建议的哲学问题。

试着对你自己的解释行为保持真正的怀疑主义态度，你会很快筋疲力尽。拒绝理论化也会使你感到挫败。（有一些达到真正的怀疑主义的诀窍，但你必须采取迂回路线而不是正面攻击你自己。）即使从解剖的角度看，你的大脑也不可能在不进行解释行为的情况下观察任何原始形态的东西。我们甚至不一定总能意识到大脑的解释行为。

还有事后合理化。在一次实验中，心理学家请一些女性从12双尼龙袜中挑选出她们最喜欢的。研究者然后问这些女性做出实际选择的原因。质地、“感觉”和颜色是最主要的原因，但所有那些尼龙袜其实是完全一样的。那些女性提供的是事后解释。这是否意味着我们更擅长解释而不是理解？我们现在来看看。

一系列对裂脑病人进行的著名实验为我们提供了充分的关于解释行为自发性的物理学（不是生物学）证据。我们体内似乎有一个负责解释的器官，虽然我们难以把它清楚地放大。让我们看一看它是如何被发现的。

裂脑病人的左脑与右脑之间是没有联系的，这使两个脑半球无法共享信息。这类病人对研究者来说是宝贵、稀少而无价的。实际上，一个裂脑病人相当于两个不同的人，你可以同他们分别谈话；两个人之间的差别使你能够分辨出两个脑半球分别专门负责什么。这种分裂通常是为了治愈更为严重的疾病所做手术的结果，比如严重的癫痫病；不，西方（而不是东方）国家的科学家再也不被允许把人脑切成两半，即使是为了追求真理和智慧。

那么，假设你诱使这样一个病人从事某种行为，比如抬起手指、笑或者抓住一个铁铲，来观察他如何为他的行为找一个原因（而实际上你知道根本没有原因，是你诱使他做的）。如果你要右脑做这个动作（它现在与左脑是分离的），然后问左脑为什么这样做，病人一定会提供某种解释：“我手指着天花板是为了……”“我在墙上看到了有意思的东西。”或者，假如你问的是我，我会提供我的常用答案——“因为我来自黎巴嫩北部信奉希腊东正教的阿米昂村”，如此等等。

现在，如果你反过来，让一个习惯用右手的人的左脑做一个动作，再问右脑原因，他会干脆告诉你：“不知道。”注意，左脑通常掌管语言和演绎。我要警告那些对“科学”很有兴趣的读者不要试着去想神经中枢图，我只是想指出这种努力寻找因果关系的习惯的生物学基础，而不是它的精确位置。我们有理由怀疑这种“右脑/左脑”的分割以及随之而来的对性格的一般化分析。实际上，左脑掌管语言的观点不一定准确，左脑更有可能是掌管模式辨认的区域，它可能只是因为语言有一种模式辨认的特性而掌管语言。左右脑的区别还在于右脑掌管新奇感，它倾向于看到系列事实（具体事实，或者说看到“树”），而左脑看到模式，看到格式塔（一般事物，或者说看到“森林”）。

为了演示我们对理论的生物学依赖，看一看下面这个实验。首先，读下面的词句：

二鸟在林
不如一鸟在
在手

看到什么不正常了吗？再来一次。①

悉尼的大脑学家艾伦·斯奈德（说话有费城口音）发现了如下事实。如果你抑制一个习惯使用右手的人的左脑（更专业的说法是，把低频磁脉冲导入左额颞部凸起），他阅读上面词句的错误率会降低。我们寻找语义和概念的习惯阻止了我们对组成这些概念的细节的辨认。但是，如果你刺激一个人的左脑，他就会变得更为现实，他的绘画技能会变得更好，画的

① “在”字写了两次。

画会更逼真。他的大脑变得更善于看到物体本身，而忽略理论、叙述和偏见。

为什么难以不去解释呢？关键在于，正如我们在意大利学者身上看到的，大脑机能通常是在我们的意识以外运行的。大脑的解释行为大约和你的其他自动而不为意识控制的行为一样多，比如呼吸。

为什么不理论化比理论化更耗费精力呢？首先，理论化行为是不可测知的。我说过，大部分解释行为是在我们意识以外发生的：除非你一直保持警惕状态，因为如果你压根没发现自己的解释行为，你如何阻止自己呢？如果你不得不一直保持警惕，这难道不会令你筋疲力尽吗？试一个下午你就知道了。

## 再来一点多巴胺

除了左脑的解释行为以外，随着我们对神经传递素（一种负责在大脑的不同部分之间传送信号的化学物质）了解的增多，我们还有更多的可以证明我们内在的模式辨认习惯的心理学例子。随着化学物质多巴胺在大脑中的聚集，大脑的模式辨认能力似乎增强了。多巴胺还能平复情绪，在大脑中提供一种内部补偿机制（毫不奇怪，在习惯使用右手的人的左脑中发现的多巴胺比右脑中的多）。更高的多巴胺聚集量似乎能够减轻人的怀疑态度，使他更容易出现模式辨认行为；注射左旋多巴（一种用于治疗帕金森病的药物）似乎能够增强模式辨认行为、降低人们对信念的怀疑。接受注射的人变得易于接受各种各样的风潮，比如占星术、迷信、经济学和塔罗纸牌。

实际上，就在我写下这些内容的时候，我听到了关于一场未决法律诉讼的新闻，一位病人向医生索赔 20 万美元，他声称在赌博时输了这么多钱。病人提出医生对他的帕金森氏症的治疗导致他疯狂赌博。事实证明，左旋多巴的一个副作用就是让少量但足够引起注意的病人变成强迫性赌徒。因为在赌博时，他们感觉在随机数字中看到了他们认为有确定模式的东西，这表明了知识与随机性之间的关系。这还让我们看到我们称为“知识”（我称为叙述）的东西在某些方面是有缺陷的。

再一次提醒读者，我并不是说多巴胺是过度解释行为的原因；我要说的是，这种行为有物质和神经上的原因，我们的思维在很大程度上是我们的物质机体的受害者。思维就像身体里的一个居住者，受到生物性的拘禁，除非我们找到聪明的逃脱办法。我强调的是我们对解释行为缺乏控制。明天，某个人可能会发现我们模式辨认行为的另一种化学或器官基础，或者揭示另一个更为复杂的生命结构，来推翻我对左脑的说法；但这无法推翻寻找因果关系的行为具有生物学基础这一观点。

## 柯尔莫哥洛夫的理论

我们的叙述谬误还有一个更为深刻的原因，而且它不是心理学上的。它与信息在系统中的存储和提取的顺序有关，鉴于我对概率和信息理论核心问题的考虑，它很值得在这里探讨。

第一个问题是信息的获得是有代价的。

第二个问题是信息的储存也是有代价的，就像纽约的房地产一样。文字或符号表述得越有条理，越不具随机性，越符合一定模式，这种表述就越容易被大脑储存或者被写进一本书里，好让你的后人在某一天读到。

第三个问题是信息的处理和提取是有代价的。

人有许多脑细胞——1 000 亿个，因此处理和提取信息的困难大概不在于存储空间受到限制，而在于索引。你的意识（或者说被调动的记忆），负责阅读这些文字并弄明白其含义的那一部分大脑，只占很小的一部分。想象一下，你被调动的记忆甚至难以记住一个多于 7 位数的电话号码。换一种比喻，假想你的意识是国会图书馆里的一张桌子，不论图书馆里有多少你可以调阅的书，桌子的大小都限制了调阅的能力。压缩对意识的正常工作至关重要。

我们来看一下一本由一堆文字构成的500页的书。如果这些文字完全是随机的，是以一种完全难以预料的方式从字典里挑选的，你就不可能在不损失这本书的某些重要部分的情况下总结或提炼这本书的内容。要想传递一条由随机的10万字组成的信息，你还是需要10万字。现在假设相反的情况，有一本每页重复10遍下面这个句子的500页的书："某公司董事会主席是一个幸运的家伙，他恰好在正确的时间处于正确的位置，他声称对公司的成功做出了贡献，却绝口不提运气。"我们可以精确地把整本书（从10万字）压缩为上述这句话，从而完全不失真地提炼这本书的思想。由于找到了模式，找到了一系列事物的逻辑，你再也不需要记住所有事情。你只需要保存这一模式。而且我们可以看到，模式明显比原始信息简洁得多。你读这本书，就可以发现一条规律。根据这一逻辑，伟大的概率论大师安德烈·尼古拉耶维奇·柯尔莫哥洛夫（Andrey Nikolayevich Kolmogorov）定义了随机性的程度，这被称为"柯尔莫哥洛夫复杂性"。

作为灵长类中的人类，我们十分渴求规律，因为我们需要把事物简化，好让它们进入我们的头脑，或者说好让我们将它们塞进自己的头脑。信息越具有随机性，事物就越复杂，因而越难以概括。你越概括，让事物越有条理，随机性就越低。因此，正是我们的简化行为使我们以为世界的随机性比实际上小。

而黑天鹅现象是我们不去简化的事物。

艺术与科学都是我们通过简化使之具有条理的事物。想一想你周围的世界：它承载着上万亿的细节。试着描述它，你会发现自己正试图把某种条理注入所描述的事物中。小说、故事、神话、传说都有同样的功能，它们使我们远离世界的复杂和变化无常。神话在无秩序的人类认知和人类认识到的“混乱经验”中植入了秩序。[①]

实际上，许多严重的心理失常都伴随着对环境失控的感觉，即无法为环境找到合理的原因。

柏拉图化再一次影响了我们。有趣的是，科学中也同样存在对秩序的追求，只不过与艺术不同，科学（声称）的目的是找到真理，而不是让你感到有秩序或情绪好转。我们习惯把知识当作一种疗法。

## 死去的更好方式

为了了解叙述的力量，读一读这句话——“国王死了，王后也死了”，将它同“国王死了，接着王后死于悲伤”比较一下。小说家E. M. 福斯特（E. M. Forster）所做的这个练习说明了信息的简单罗列与情节的差别。但请注意一个关键：虽然我们在第二句话中增加了信息，但实际上降低了整体复杂性。第二句话读起来更为轻松和易于记住，因为我们只剩下一条信息，而不是两条。由于我们能够更不费力地记住它，也就可以把它告诉别人，或者说，把它作为一则打包的信息卖出去。简言之，这就是叙述的定义和功能。

叙述能够导致对可能性的错误估计，为了看清这一点，我们可以做下面这个实验。让一个人看一部写得很好的侦探小说，比如阿加莎·克里斯蒂的小说，其小说里有许多人物，他们看上去都可能有罪。现在问你的受试者每个人物是凶手的可能性。除非受试者写下每个人以百分比表示的可能性并进行精确计算，否则所有人的百分比加起来很有可能超过 100%（如果是一部好的小说，甚至超过 200%）。侦探小说的作者越高明，加总数字越大。

---

① 巴黎小说家乔治·佩雷克（Georges Perec）试图脱离概括性叙述写一本同真实世界一样复杂的书。他不得不对 1974 年 10 月 18 日到 20 日发生在圣舒尔皮斯教堂广场上的一切做详细记录。即使这样，他的记录仍然不够详细，最后他不得不采用概括性叙述。

## 对尚未完全过去的事情的记忆

我们试图强制性地理解事物的习惯——叙述和寻找因果关系是同一种疾病的特征——谋求降低复杂性。而且，与寻找因果关系一样，叙述是时间性的，这导致人们对时间流逝产生认知。因果关系使时间单向流逝，叙述也是一样。

但记忆与时间的方向可能会被混淆。叙述可能对关于过去事件的记忆造成如下不利影响：我们会更容易记住那些符合某种叙述的过去事实，而忽略那些看上去在该叙述中不扮演因果关系角色的部分。想一想，我们在记忆中回忆事件的同时，总会知道接下来发生了什么。在解决一个问题的时候，人们不可能忽视后出现的信息。因此，不去记住事件的真正顺序，却对事件顺序重新整合，会使历史事后看上去比实际上更可解释——现在也是如此。

传统智慧认为，记忆是像计算机磁盘一样的序列存储器。实际上，记忆是动态而非静态的，就像一张纸，新的文字（或同一段文字的新版本）被不断记录在这张纸上，这正是后出现信息的强大之处。记忆更像是一台自动进行动态更新的机器：你记住的是你最后一次回忆的事件，并且是在毫无意识的情况下，每次重新回忆就会改写一次故事。

可见，我们让记忆也符合因果关系，并在不自觉和无意识的情况下改写它们。我们不断根据事件发生之后我们觉得有道理的逻辑重新叙述过去的事件。

在回顾过去的过程中，记忆对大脑在某个区域活动的加强做出反应，这种活动越强烈，记忆就越深刻。我们以为记忆是固定不变而且有联系的，但事实却远不是这样的。对于那些通过后来的信息而变得有道理的部分，我们记得更为清楚。

## 疯子的叙述

为了自己的利益，我们有太多方式解释过去的事件。

想一想疯子的行为。我有幸与一些精神失常的同事一起工作，他们的失常是潜藏的，只是偶尔表现出来。如果这个人非常聪明，那么你会惊讶于他能够为最无关痛痒的话找到最牵强但完全合理的解释。如果我表达对世界的不满时说："我害怕……"他会按字面的意思理解，认为我正在经历真正的恐惧，从而引发自己的恐惧。一个精神失常的人会罗列最微小的细节以编造一个关于为什么他正遭遇阴谋暗算的精彩而符合逻辑的故事。如果有 10 个疯子同时处于错觉状态下，这 10 个人将对事件提供 10 个完全不同但合理的解释。

在我大约 7 岁的时候，我的老师给我们看了一幅上面画着一群中世纪法国穷人的画，他们在参加一个由他们的捐助者举办的宴会，我记得这个捐助者好像是某个好心的国王。他们捧着汤碗放在嘴边。老师问我，为什么他们的鼻子在碗里，我回答："因为他们没有教养。"她说："错了，因为他们饿了。"我为自己没有想到这一点而感到愚蠢，但我无法理解为什么一种解释比另一种更合理，或者为什么不是我们都错了（当时没有，或者几乎没有银器，这看样子是最合理的解释）。

在我们的扭曲认知之外，还有一个与逻辑本身有关的问题。为什么一个人在没有任何线索的情况下，还能够有一套听起来完美而合理、与观察结果相符并符合全部逻辑的观点？两个人对于完全相同的数据可能有完全不相容的观点。这是否意味着存在众多解释，每种解释都同样完美？当然不是。人们或许有 100 万种解释，但真正的解释只有一个，不论我们是否能找到它。

逻辑学家 W. O. 奎因（W. O. Quine）在一个著名论点中指出，对于特定的事实，存在逻辑上一致的多种解释和理论。这一观点警告我们，某件事不显得不合理或许并不足以证明它合理。

奎因的问题来自在不同的语言之间进行翻译的困难，因为你可以用无数种方式理解一个句子。（请注意，好吹毛求疵的人可以在奎因的写作中发现一种自相抵消的特点。我很奇怪他怎么知道我们对这个观点的理解不是无穷种。）

这并不意味着我们不能讨论因果关系，我们是有办法摆脱叙述谬误的。怎么摆脱？通过提出假设和进行检验，也就是我们将在第二部分讨论的可检验的预测。[①]我在这里讨论的心理学实验是选择一个总体并进行检验，结果在田纳西州、中国和法国一样适用。

## 叙述谬误及其疗法

如果叙述谬误导致我们认为过去的事件更具可预测性、更易被预期、比实际更不具有随机性，那么我们应该能够运用它减轻随机性带来的某些痛苦。

如果发生了某种不愉快事件，比如令你感到有间接责任的车祸使你不断受到回忆的困扰。一个想法折磨着你，即你对你的乘客造成了伤害，你总是觉得你本来可以避免这次车祸。你的心里一直在上演与真实情况大相径庭的场景：如果你不是比平时晚起了3分钟，你本来可以避免这次车祸。伤害你的乘客不是你的本意，但你的大脑摆脱不了后悔和自责。从事具有高度随机性职业的人（比如证券业从业者）遭受的反省式痛苦更为严重：我本应该在最高点卖掉我的股票；如果我在几年前花上几分钱买那只股票，现在我就能开上一辆红色敞篷车了，等等。如果你是专业人士，

---

① 这种检验可以避免叙述谬误和大部分证实偏差，因为测试者必须同时考虑实验的成功和失败的结果。

在你没有为你的投资者增加收益时，你会感到你“犯了一个错误”，或者“犯了多个错误”，并感到有必要为你“鲁莽”的投资策略（事后看起来鲁莽）道歉。

你如何摆脱这种持续的痛苦呢？不要试图刻意不去想它——这几乎一定会带来反作用。更合适的解决办法是更多地看到事件不可避免的部分。嗨，事情一定会发生的，老放不下是无济于事的。如何做到这一点呢？运用叙述。病人每天花 15 分钟写下白天的烦恼真的会感觉好得多。你对于没能避免一些事情的内疚感会减轻，因为事情看上去不可避免。

如果你在一个充满随机性的行业工作，你很可能经常因一些不好的结果痛苦地对过去的行为不断地复盘。在这种情况下，最起码你可以写日记。

## 无限精确的错误

我们极为讨厌抽象的东西。

2003 年 12 月的一天，萨达姆·侯赛因被捕，彭博新闻社在 13 点 01 分打出了这样的头条:《美国国债价格上涨；萨达姆被捕可能不会抑制恐怖主义》。

每当市场有所变动，新闻媒体总感到有义务给出“原因”。一个半小时后，他们不得不打出一个新的头条，因为美国国债价格下跌了。（美国国债价格是全天不断波动的，所以这根本没什么特别的。）彭博新闻社重新为价格下跌找到原因：萨达姆被捕（同一个萨达姆）。在 13 点 31 分，他们发布了如下快报:《美国国债价格下跌；萨达姆被捕激发了风险资产的吸引力》。

同一被捕事件（原因）被同时用来解释一件事及其相反事件，这显然是错误的，后两件事之间不可能有共同点。

这些媒体记者们是不是每天早上去护士那里接受多巴胺注射，从而使自己能够更好地进行叙述？（请注意，兴奋剂，即运动员为了提高成绩而服用的各类非法药物与多巴胺有同样的词根。[①]）

这种情况总在发生：人们提出一个原因，好让你接受一则新闻，同时让事情看上去更具体。某个候选人在竞选失败后，你会获得这样的“解释”：选民不高兴。只要你想得出来，任何原因都行。媒体则通过他们的事实检验军团把这个过程变得“彻底”，似乎他们是在犯追求无限精确的错误（而不是接受正确的近似，就像寓言作家那样）。

请注意，在没有关于你遇到的某个人的其他信息的情况下，你习惯于把国籍和背景当作他的突出特性（就像那位意大利学者对我所做的那样）。我怎么知道这种依赖背景的判断是不正确的呢？我亲自做了一个实证检验，我查看了在26个和我有相同背景并经历了同一场战争的人中，有几个交易商变成了怀疑经验主义者，结果一个也没有。国籍可以帮助你编造一个不错的故事，满足你寻找原因的胃口。它就像一个垃圾堆放点，所有解释都能放到那里去，直到人们找出一个更为明显的原因（比如某种“合理”的进化论论点）。实际上，人们习惯于用“国家身份”的理由自欺，《科学》杂志上的一篇由65名作者撰写的突破性论文则显示这种理由完全是假想的。（“国家特性”对电影来说或许是不错的，尤其是战争题材，但它们是柏拉图化的观念，没有任何经验价值，而英国人和非英国人都错误地相信英国人具有“英国气质”。）从经验主义的角度讲，性别、社会阶层和职业对人们行为的影响比国籍更明显。（一名瑞典男性与一名多哥男性的相似性高于一名瑞典男性与一名瑞典女性的相似性，一名秘鲁哲学家与一名苏格兰哲学家的相似性高于一名秘鲁哲学家与一名秘鲁看门人的相似

---

① 兴奋剂与多巴胺的英文分别为dope和dopamine。

性，诸如此类。）

过度寻找原因的问题不在于记者，而在于大众。没有人会花 1 美元购买某个无聊的大学讲座的抽象统计学讲义。我们喜欢听故事，而这并没有什么错，只不过我们应该更彻底地审视故事是否严重扭曲了事实。有没有可能虚构作品揭示了真相，而非虚构作品是撒谎者的港湾呢？有没有可能寓言和故事比美国广播公司经过彻底核实的新闻更接近事实呢？想一想，报纸努力发现完美的事实，但用一种试图表现出因果关系（以及知识）的方式叙述。有人负责核实事实，却没有人负责核实真理。

但我们没有理由只说记者。研究叙述问题的学者们也在做同样的事，只是他们用正式的语言把它粉饰起来了，我们会在第十章（关于预测）谈到他们。

在叙述和寻找原因之外，记者和大众中的智者丝毫没有让世界变得更简单。相反，他们几乎总是使它看上去比实际更复杂。下一次有人要你谈论世界大事时，请说你不知道，并使用我在这一章提出的对所谓直接原因表示怀疑的观点。人们会说“你分析过头了”，或者“你太复杂了”。你需要说的只是你不知道！

## 冷静的科学

假如你认为科学是不受情感和认知扭曲影响的抽象学科，那么我有一些不同的看法。经验主义研究者已经证明，科学家也容易犯叙述谬误，他们看重文章标题和引人注意的“漂亮”词句胜过更为重要的东西。他们也是人，也会受情绪的影响。这个问题的解决办法就是对科学研究进行后续分析：由一位资深研究者详细阅读全部文献，包括不那么热门的文章，然后进行综合分析。

## 情感与黑天鹅

让我们看一看叙述谬误是如何影响我们对黑天鹅事件的理解的。叙述谬误及其突出情感事实的特点会扰乱我们对事件概率的预测。看一看卡尼曼和特韦尔斯基的实验：受试者是从事预测的专业人员，他们被要求想象下面的场景并预测事件概率：

1. 美国某处发生大洪水，1 000 多人死亡。
2. 加利福尼亚发生地震，并引发大洪水，1 000 多人死亡。

受试者估计第一个情景的发生概率低于第二个情景。加利福尼亚的地震是一个想象中的原因，这极大地提高了洪水发生的假想可能性，也就是估计的发生概率。

同样，如果我问你美国有可能产生多少例肺癌，你会提供一个数字，比如 50 万。现在，假如我问的是多少例肺癌是“由于”吸烟产生的，你很可能给我一个大得多的数字（我猜要高出一倍多）。加上“由于”一词使问题变得容易理解，也更有可能发生。吸烟导致的癌症比毫无理由的癌症似乎更容易发生——没有指明原因相当于没有原因。

我回到前面提到的E. M. 福斯特的例子，但这次是从概率的角度来考虑。下面哪种情况看起来更容易发生？

1. 乔伊似乎快乐地结婚了。他杀了他的妻子。
2. 乔伊似乎快乐地结婚了。他为了得到妻子的遗产而杀了她。

显然乍看上去第二种情形更有可能发生，而这是完全的逻辑错误，因为第一种情形更宽泛，有更多种可能的原因，比如他杀死他的妻子是因为他疯了，因为她与邮差或滑雪教练通奸，或者因为他产生某种错觉而把她当成了金融预测师。

所有这些都会导致我们决策的错误。如何导致的呢？

如保罗·斯洛维克（Paul Slovic）与他的合作者发现的，人们更有可能购买恐怖袭击保险而不是一般保险，而实际上，一般保险对恐怖事件是承保的。

我们想象、谈论和担心的那些黑天鹅事件并不是真正的黑天鹅事件。我们的担忧是针对错误的“不可能”事件，我们将在下面讨论这一点。

## 黑天鹅盲点

关于对黑天鹅现象的认识矛盾，一个问题是：为什么我们的大脑过度担心某些黑天鹅现象，而本书的主题却是我们通常忽视黑天鹅现象？

答案是有两种稀有事件：1. 叙述中的黑天鹅现象，即那些现在被人们谈到并且很可能从电视上听到的黑天鹅现象；2. 无人提及的黑天鹅现象，因为它们不符合任何模式，在公共场合谈论它们会让你觉得羞愧，因为它们看上去不合理。我可以非常肯定地说，第一种黑天鹅现象的发生概率被高估了，而第二种的被严重低估了，这是完全符合人的心理的。

实际上，彩票购买者高估了赢钱的可能性，因为他们想象了一个可观的报酬。他们对概率是如此无知，以至于他们对待千分之一与百万分之一概率的方式几乎完全一样。

大部分实证检验证明了这种对不同黑天鹅现象概率的高估和低估。卡尼曼和特韦尔斯基最先指出，当你同人们谈论某一事件，使他们了解它的时候，他们对发生概率低的结果会做出过度反应。例如，如果你问一个人：“人死于飞机失事的概率是多大？”他很有可能高估这个概率。然而，斯洛维克和他的同事在人们的保险行为中发现，人们购买保险时忽视了这种高度不可能事件。他们指出人们“对可能发生的小损失有进行保险的偏好”，却容易忽视那些不那么可能发生但影响大得多的损失。

最后，多年来我一直在寻找关于我们对抽象事物的蔑视的经验检验，终于在以色列发现了这种实验。格雷格·巴伦（Greg Barron）和伊多·伊雷夫（Ido Erev）用实验证明，当受试者参加一系列实验时，如果他们在实验中自己发现而不是被告知事件概率，他们会低估小概率结果的概率。如果你从一个装着很少红球和很多黑球的盒子里拿球，并且你不知道二者的比例，你很可能低估红球的数量。只有在你知道它们的比例——比如3%的球是红球的情况下，你才会在决策中高估取出红球的可能性。

我很长时间都在奇怪，为什么我们如此短视，却能够在一个不完全属于平均斯坦的环境下生存。一天，我看到自己的灰白胡子，它使我看上去比实际年龄老10岁，当我想到我从这抹胡子中得到的乐趣时，我有了如下认识：在许多社会中，对老年人的尊重或许正是对我们短期记忆的补偿。“参议院”[①]一词来源于senatus，拉丁语中是“年老的”意思；阿拉伯语中的“酋长”一词同时有最高统治集团成员和“年长”的意思。老年人是复杂的归纳性知识的宝库，而这些知识就包括关于稀发事件的信息。老年人可以讲出令我们吃惊的故事，这就是为什么当我们想到某个具体的黑天鹅事件时会过度兴奋的原因。我兴奋地发现在动物王国也是如此：《科学》上的一篇文章指出，大象中的雌性首领会在稀发事件中充当超级顾问的角色。

我们从重复中学习，但忽略了从未发生过的事件。不可重复的事件在发生之前无人了解，在发生之后则被过度考虑（只是一时）。某个黑天鹅事件（比如2001年9月11日的恐怖袭击事件）发生后，人们会预期它将再次发生，而实际上其再发生的概率已经降低了。我们喜欢考虑具体和已

① 英文为senate。

知的黑天鹅现象，但实际上随机性的本质在于其抽象性。

经济学家海曼·明斯基（Hyman Minsky）发现经济中的冒险行为符合如下特征：稳定、没有危机以及自大，其减弱了人们对可能发生的问题的认识。然后危机发生了，使人们感到震惊并害怕投资。奇怪的是，明斯基和他的学派（被称为后凯恩斯学派）以及他的反对者——自由主义的奥地利经济学家——进行了同样的分析。不同的是，前者建议政府干预，以解决这一问题，后者则认为政府不应该受托处理这样的事务。虽然看上去两派互相反对，但他们都强调本质上的不确定性，立于主流经济学之外（虽然他们在商业人士和非学术人士中间有大量追随者）。毫无疑问，这种对根本的不确定性的强调使习惯柏拉图化的人感到不安。

我在本章讨论的所有实验都很重要，它们显示出我们如何被黑天鹅事件的稀有性，而不是它们的总体影响愚弄。在一项初步研究中，心理学家丹·戈尔茨坦（Dan Goldstein）和我向伦敦商学院的学生提供了分别来自平均斯坦和极端斯坦的例子。我们选择了高度、重量和每个网站的网络点击量。受试者很容易猜出平均斯坦环境下稀有事件的影响。但对于平均斯坦以外的变量，他们的直觉失灵了，这表明我们实际上不擅长用直觉判断低概率事件的影响，比如一鸣惊人的作者的图书销量。在一次实验中，他们大大低估了一个稀有事件的影响力。

接下来，让我们看一看对抽象事物缺乏理解会对我们产生什么影响。

## 情感的力量

实际上，抽象的统计信息对我们的影响还不如奇闻逸事，不论提供信息的人是怎样的资深人士。我来举几个例子。

**蹒跚学步的意大利小孩。**20 世纪 70 年代，意大利一个蹒跚学步的小孩掉入了一口井中。救援队无法把他救上来，这个孩子就在井底无助地哭。很容易理解，整个意大利都关注着他的命运，整个国家都关心不断更新的新闻。小孩的哭声给无计可施的救援队员和记者们造成了强烈的负罪感。他的大幅照片被刊登在杂志和报纸上，你几乎不可能走在米兰市中心而注意不到他目前的状况。

同时，黎巴嫩的内战愈演愈烈，偶尔才有战事稍歇的时候。虽然自身处于一片混乱之中，黎巴嫩人的注意力也被这个孩子的命运吸引。这是个意大利小孩。在 5 英里以外，人们正死于战争，市民受到汽车炸弹的威胁，但这个意大利小孩的命运牵动着这群贝鲁特基督徒的心弦。“瞧瞧，可怜的小家伙多可爱呀。”人们这样说。他最后获救时，整个城市都舒了一口气。

一个人的死亡是悲剧，100 万人的死亡只是统计学意义上的说法。统计学默默地存在于我们之间。

恐怖主义使人死亡，而最大的杀手仍然是环境，环境每年造成近 1 300 万人死亡。但恐怖主义引起人们的愤怒，这使我们高估了恐怖袭击的可能性，当发生恐怖袭击时，人们的这种倾向更为强烈。人为的毁灭比自然的毁灭更能使人们感到痛苦。

**中央公园。**你坐在飞机上，打算去纽约度周末。你旁边坐着一名保险推销员，由于其职业，他喋喋不休。对他而言，闭嘴不说话是需要努力的。他对你说，他的表亲在律师事务所工作，而他表亲的一个同事的姐夫的商业伙伴的双胞胎兄弟在中央公园被袭击和杀害了。那是在 1989 年，假如他记得没错的话。可怜的被害人只有 38 岁，他有妻子和 3 个孩子，其中一个孩子先天不足，需要在康奈尔医学中心接受特别看护。

那么，你可能会在纽约逗留期间避免走进中央公园。你知道你能够从网络或某本小册子上得到犯罪统计数字，而不是通过一个喋喋不休的推销员讲述的逸事。但你没有办法，有一段时间，中央公园的名字会在你脑海中唤起那个可怜的、不该死去的人躺在被血染红的草地上的画面。你需要很多统计信息才能战胜你的犹豫。

**骑摩托车。**同样，一个死于骑摩托车的亲戚比大量统计分析更能影响你对摩托车的态度。你可以毫不费力地在网络上查看事故统计数据，但它们进入你的大脑并不容易。我在城里总是骑着我的红色小摩托车，因为我周围没有人在最近遭遇事故，虽然我在逻辑上了解这个问题，但我没办法根据逻辑行事。

我并不反对通过叙述获得别人的注意。实际上，我们的意识可能有编造关于我们自己故事的能力，但是编造性叙述用在错误的场合时会导致致命的结果。

## 捷径

接下来我要更进一步，我将讨论在我们严重的肤浅性背后的思维和推理行为更为一般化的特点。有一个叫做判断与决策学会的学派（这是我加入的唯一学术和专业学会），它提出了一项具有影响力的研究成果，对推理行为的不足进行了分类和研究。该学会与丹尼尔·卡尼曼和阿莫斯·特韦尔斯基等发起的研究学派有关联。学会主要成员是经验心理学家和研究人类认知的科学家，他们的研究方法严格坚持对人实施精确而有控制性的实验（类似物理学的），并记录人们的反应，把理论化程度降到最低。他们寻找规律。注意，经验心理学家使用钟形曲线衡量实验方法中的错误，但如我们将在第十五章看到的，鉴于实验的性质，这种做法是钟形曲线在社会科学中少有的一种成功应用。我们在之前已经见过这类实验，比如加利福尼亚的洪水，以及第五章中对证实偏差的发现。这些研究者把我们的推理行为（大致）归为两种思维模式，它们分别称为“系统 1”和“系统 2”，或者“经验模式”和“认知模式”。二者的差别是显而易见的。

**系统 1　经验模式，**是不费力的、自动的、快速的、模糊的（我们不知道我们在使用它）、平行的、易出错的。它就是所谓的“直觉”，它以很快的速度发挥着强大的作用。系统 1 是高度情绪化的，因为它反应迅速。它制造捷径，人们称之为“启发学”，它使我们能够快速有效地采取行动。丹 · 戈尔茨坦称这些启发性方案“快速而朴素”，其他人更喜欢称它们“快而粗糙”。毫无疑问，这些捷径是有效的，因为它们快，但有时它们会导致我们犯严重的错误。这一主要观点产生了一个完整的研究领域，叫作启发和偏差法（heuristics and biases approach，启发对应对捷径的研究，偏差则代表错误）。

**系统 2　认知模式，**就是我们通常所称的思考。你经常在教室里使用它，因为它是费力的、有条理的、缓慢的、有逻辑的、连续的、渐进的、有自我意识的（你可以觉察推理的推进）。它诱发的错误比经验模式少，因为你知道结果是如何得来的，你能够返回你的思考步骤，对它们进行适应性修正。

我们的大部分推理错误来自当我们以为自己在使用系统 2，而实际上却在使用系统 1 时。为什么？因为我们的反应是不经过思考和反省的，而系统 1 的主要特点就是我们对它的使用是无意识的！

回忆一下回路错误，我们习惯于把“无法证明有黑天鹅”与“证明没有黑天鹅”混淆。这表明系统 1 在工作。你必须努力（使用系统 2）才能克服第一反应。显然，自然的力量让你使用快速反应的系统 1 应付麻烦，所以你不会坐在那里思考是真的有老虎要袭击你，还是你仅仅受到视觉上的错觉干扰。在“意识”到老虎出现之前，你已经逃跑了。

人们假设情绪是系统 1 在指导并迫使我们迅速反应时使用的武器，它比我们的认知系统更有效地控制着我们的风险回避行为。实际上，研究情绪系统的神经生物学家发现，情绪对危险的反应比意识对危险的反应早得多，我们在意识到面前有一条蛇之前几毫秒就感到了恐惧，并开始做出反应。

人性的许多麻烦在于我们无法充分使用系统2，或者无法在不去海滨度长假的情况下长时间使用它。而且，我们经常甚至忘记使用它。

### 了解大脑

神经生物学家对系统1和系统2做了类似的区分，只不过他们是按解剖学区分的。按照不同部位，他们把大脑划分为大脑皮层以及快速反应脑边缘。大脑皮层是我们用来思考的部位，它使我们与其他动物区分开来；快速反应脑边缘是情绪中心，它是我们与其他哺乳动物都拥有的。

作为怀疑经验主义者，我不愿意成为那只火鸡，所以我不想只讨论大脑的具体组成部分，因为我们并不能很好地观察大脑的功能。有人试图辨别出决策的神经关联，或者更具野心地想探明记忆的神经"低层"。大脑可能比我们认为的复杂得多，过去对它的解剖结果反复愚弄着我们。但是，我们可以通过对人们在特定情况下的反应实施精确而彻底的实验，从而评估什么是正常状态，并把我们的观察结果记录下来。

让我们看一个鸟类智能的例子，它说明我们对无条件依赖神经生物学保持怀疑态度是正确的，也证明了经验医学派的观点是正确的。我不断在各种文章中读到，大脑皮层是动物进行"思考"的部位，拥有最大的大脑皮层的生物具有最高的智慧，人类拥有最大的大脑皮层，其次是海豚和我们的近亲类人猿。其实，有些鸟类，比如鹦鹉有较高水平的智能，相当于海豚的水平，但鸟类的智能与大脑另一个部位的大小相关，该部位叫作上纹状体。所以，具有"硬科学"特点的神经生物学有时（并非总是）也可能诱使你相信某个柏拉图化的简化论点。我非常高兴地看到怀疑解剖学与人体机能之间联系的"经验主义者"有这样的洞察力，难怪他们的学派在学术史上的地位微不足道。作为怀疑经验主义者，我更喜欢经验心理学实验，而不太喜欢神经生物学家所做的所谓有理论依据的磁共振扫描，尽管前者对大众而言不那么“科学”。

## 如何避免叙述谬误

最后，我要说我们对黑天鹅现象的误解，大部分归因于我们对系统 1（叙述）以及情感（包括情绪）的运用，这使我们对事件发生的可能性产生了错误的判断。就每天而言，我们反省得不够，无法认识到我们对事态的理解没有达到客观观察所能达到的程度。我们还习惯于在一个黑天鹅现象发生之后立即忘记所有黑天鹅现象的存在，因为它们太抽象了，相反，我们只注意到容易进入我们思维的精确而生动的具体事件。我们确实担心黑天鹅现象，但弄错了担心的对象。

在平均斯坦，叙述是有用的，对过去的调查是有意义的。但在极端斯坦，事情是不会重复发生的，你必须对不易捉摸的过去保持怀疑，避免进行简单和直白的叙述。

鉴于我的生活几乎与信息隔绝，我经常感到居住在一个与别人不同的星球上，这有时令人感到非常痛苦。似乎有一种病毒控制了人们的大脑，使他们无法看到即将发生的事——即将到来的黑天鹅事件。

避免叙述谬误的办法就是强调实验而非讲故事，强调体验而非历史，强调客观知识而非理论。显然，报纸无法做实验，但它会选择报道什么，毕竟我们有足够多的实证检验值得人们从中学习，正如我在本书中所做的。成为经验主义者并不意味着需要在你的地下室开一个实验室：它只是一种喜欢某一类知识胜过其他知识的思维方式。我并不禁止自己使用“原因”这个词，但我所讨论的原因要么是大胆的猜测，要么是实验结果，而不是故事。

另一个方法是预测并记录预测的结果。

最后，我们有可能利用叙述，但要用于好的方面。只有钻石能够切割钻石。我们可以在一个传递正确信息的故事上运用我们的说服能力，那些讲故事的人似乎正是这么做的。

目前我们已经讨论了忽视黑天鹅现象的两种内在机制：证实谬误和叙述谬误。接下来的章节将讨论外在机制：我们接收和解释事件信息的方式存在的缺陷，以及我们对信息做出反应的方式存在的缺陷。

# 第七章
# 活在希望的小屋里

世界上有两类人，有的人就像火鸡，面临巨大的灾难却不知情；有的人正好相反，他们等待着让别人大吃一惊的黑天鹅事件发生。

假设与叶夫根尼娅一样，你的职业取决于一个黑天鹅式的意外，也就是说，你的情况与火鸡相反。智力、科学和艺术行为属于极端斯坦，在这里成功是高度集中的，少量赢家得到蛋糕的大部分。这似乎适用于我认为不无聊而且“有意思”的所有职业（我仍然在寻找反例，即一个不无聊但属于平均斯坦的职业）。

认识到成功的集中性并做出相应的反应导致我们受到双倍的惩罚：社会的奖励机制是基于正常情况的假象，激素的奖励机制也需要我们提供可见和稳定的成绩。这些奖励机制也认为世界是稳定和规矩的，因而陷入了证实偏差的错误。相对于我们的基因构成，世界变化得太快了，我们则被环境异化了。

## 同辈的残酷

每天早上你离开曼哈顿的狭小公寓，来到洛克菲勒大学的实验室。你每天很晚才回家，你的社会关系网络中的人们问你一天是否过得好，只是出于礼貌。在实验室里，人们圆滑得多。当然你过得不好：你没有什么新发现。你不是钟表修理匠。没有新发现是非常有价值的，因为它是发现过程的一部分，而且让你知道不去看什么。其他研究者知道你的结果后，将避免做你的那个实验，前提是某本足够睿智的杂志把你的“没有新发现”当作有用的信息发表了。

你妻子的妹夫是华尔街某家证券公司的推销员，他不断获得大笔佣金——大笔稳定的佣金。“他干得非常不错。”人们这样说，你的岳父也是，并且他在说完后会略有所思地沉默，这使你意识到他刚刚做了一个对比。这是无意识的，但他确实这样做了。

假日有时是可怕的。你在家庭聚会上碰到这个妹夫，并且毫不意外地在你妻子脸上发现了失望的痕迹。在记起你的职业特点之前，你的妻子有一小会儿怀疑自己嫁给了一个失败者。但她不得不与她的第一反应做斗争。她的妹妹会不断谈论他们的装修、他们的新壁纸。你妻子在回家的路上会比平时沉默。如果你开的车是租来的（因为你在曼哈顿停不起车），妻子的愠怒会稍稍严重一点。你该怎么办？搬到澳大利亚，从而少参加家庭聚会，或者娶一个没有“成功”妹夫的女人？

或者你是否应该穿得像个嬉皮士，并且变得目中无人？对于艺术家来说，这样可能不错，但这对科学家或者商务人士来说并不容易。你陷入了困境。

你从事一个不会立即或稳定地取得成果的项目，而你周围的人在从事能够立即或稳定地取得成果的项目。你遇到了麻烦。就这样，许多科学家、艺术家和研究者没有选择住在一个同业人士聚居地，而是迷失在社会中。

在数不清的行业中普遍存在成功过于集中的情况，我们要么获得大笔奖励，要么什么也得不到，这其中包括具有使命性质的行业，比如（在一个充满异味的实验室里）顽强地寻找治疗癌症的神秘方法，写一本将改变人们世界观的书（同时过着入不敷出的生活），创作音乐作品，或者在地铁上画小型图标，把它当作更高形式的艺术，而不顾过气“学者”哈罗德·布鲁姆（Harold Bloom）的苛评。

如果你是一名研究者，你就不得不在“权威”刊物上发表毫无意义的文章，这样当你出席会议时，别人才会不时跟你打招呼。

如果你经营着一家上市公司，在你有股东之前情况对你是美妙的，公司所有者是你和你的合伙人，以及明白经济生活不平均本质的风险资本家。但现在，曼哈顿一家证券公司的一名30岁、思维迟钝的证券分析师“评判”着你的经营业绩，并且过于详细地分析它。他喜欢正常的业绩，而你最不可能实现的就是正常的业绩。

许多人在生活中忙忙碌碌，相信自己在做正确的事，但很长时间都无法拿出实实在在的成绩。他们需要一种不时获得满足感的能力，才能在不断受到周围人残酷打击的情况下保持勇气。在他们的亲戚和周围人眼里，他们好像白痴，他们需要勇气才能继续自己的事业。没人给予他们肯定、承认，没有学生来奉承他们，没有诺贝尔奖，也没有其他奖。“今年过得怎么样”这样的问候会让他们在内心深处感到一阵小小的痛苦，因为对于一个从外部观察他们生活的人而言，他们过去的那些年几乎都被浪费了。然后，突如其来的成功降临了，随之而来的是对他们巨大的肯定。或者，这一天永远不会到来。

## 情感发挥作用的地方

我们的直觉是无法做出非线性反应的。想象原始环境下的生活，过程与结果是紧密相关的。你渴了，喝水会给你带来足够的满足感。或者在一个不那么原始的环境里，当你建造一座桥或一间石房子时，更多的工作能够带来更多的可见成果，因此你的情绪能获得持续的可见反馈的支撑。

在原始环境中，情感会起作用。这一点也适用于知识。当我们试图收集关于周围世界的信息时，我们倾向于受生物性的指引，我们的注意力很容易流向情感部分，而不是那些影响力不如情感的部分。从某种意义上讲，这一指引系统在我们生活环境的演化过程中出了差错，在现在的世界里，重要的东西往往乏味而无情。

而且，我们以为，如果两个变量是具有因果关系的，那么对一个变量的稳定投入总会对另一个变量的产出产生影响。我们的情感功能是为线性因果关系设计的。例如，如果你每天学习，那么你会预期学到与你的学习行为成比例的东西。如果你感到什么进展也没有，你的情感就会使你丧失士气。但在现实中，我们很少获得令人满意的、线性的正面进展。你可能花一年思考一个问题，却什么收获也没有。然而，只要你不对这种徒劳无功的状况感到失望而放弃，某种成果总有一天会突然冒出来。

研究者对满足的状态进行了一定的研究，神经学向我们揭示了我们面对即刻回报与延时回报时的斗争。你希望在今天做一次按摩，还是在下周做两次？答案是我们思维的逻辑部分，那个“更高级”的、让我们区别于动物的部分，能够让我们克服希望立即享受的动物本能。因此不管怎样，我们比动物稍稍好一点，但可能只是好一点而已，而且并不总是如此。

## 非线性情形

情况还能变得更奇妙，世界比我们想象的更加非线性，也比科学家们的意愿更加非线性。

线性情形下，变量之间的关系是明确、清晰而固定的，因此很容易用单个句子表述，比如“银行存款增加 10% 能够使利息收入增加 10%”。如果你有更多银行存款，你就会有更多利息收入。非线性关系则是不断变化的，或许对其最好的描述就是它们是无法用公认的方式描述的。以喝水和愉快程度的关系为例。如果你非常渴，那么一瓶水能够极大地提高你的满足程度，水越多满足程度越高。但我要是给你一池子水呢？显然你的满足程度很快就对多余的水变得不敏感了。实际上，如果我让你在一瓶水和一池子水之间做选择，你会选一瓶水，也就是说，你的满足程度随着多余水量的增加而降低了。

这种非线性关系在生活中比比皆是。线性关系实际上是特殊情况，我们只在教室和课本里谈论它们，因为它们易于理解。有一天下午我试图重新审视我的周围，我想找出我看到的东西中哪些是线性的。但我什么也没找到，就像一个在热带雨林里寻找正方形和三角形图案的人会失败一样，或者说，如我们将在第三部分看到的，就像一个在社会经济现象里寻找钟形曲线随机现象的人会失败一样。

你每天打网球都没什么进步，突然，你能够打败职业选手了。

你的小孩看上去没有学习障碍，但他似乎不想说话。校长敦促你考虑“其他办法”，比如治疗。你徒劳地与她争论（她被认为是“专家”）。然后，孩子突然开始写出漂亮的句子，或许对他的年龄而言是太漂亮了。我再次说明，线性进展是柏拉图化的观点，并非常规现实。

## 过程比结果更重要

我们喜欢情感和极为显而易见的东西，这影响了我们评价英雄的方式。我们的意识中几乎没有留给那些没有可见成就的英雄的空间，也就是那些关心过程而非结果的英雄。

但是，那些声称注重过程而非结果的人并没有完全讲真话，当然，前提是他们是人类。我们经常听到这样的半谎话，例如作家不为名声写作；艺术家只为了艺术而创作，因为创作本身就是“奖赏”。确实，这些职业能够产生一种持续的自我满足感。但这并不意味着艺术家不渴望某种形式的关注，或者出名不会改善他们的境况；也不意味着作家们在星期六的早上醒来不会去看《纽约时报书评》是否提到了他们的书（尽管被提及的希望很渺茫），或者他们不会不断查看《纽约客》是否给他们寄来了等待已久的回信。即使像休谟那样的哲学家，在他的大作（他在其中提出了他的黑天鹅问题，后来广为人知）被某个没有头脑的编辑（休谟知道他是错的，他完全没有理解休谟的观点）抛弃之后，也卧病在床几个星期。

痛苦在于看到你鄙视的某人奔赴斯德哥尔摩领他的诺贝尔奖。

大部分人从事我称为“成功集中行业”的职业，他们把大部分时间花在等待重大日子到来的那一天，而这一天（通常）永远也不会来。

确实，考虑更有意义、更美好的事物会让你不去想生活的琐碎——咖啡太烫还是太凉，服务员太迟钝还是太机灵，食物太辣还是不够辣，酒店房间价格太高而且与广告照片不一致。但这并不意味着从现实中逃离的人能够避免其他痛苦，比如受到轻蔑。黑天鹅事件的等待者经常因为努力而感到或被迫感到羞耻。“你辜负了那些对你有很高期望的人。”他们听到这样的话后负罪感更重了。奖励向少数人集中的问题不在于大部分人得不到奖励，而在于它造成的等级问题、体面的丧失和靠近底层的羞耻感。

我非常希望在有一天能看到科学家和决策者重新发现古人都一直明白的一个道理，即我们最大的财富是别人的尊敬。

即使从经济的角度讲，等待黑天鹅的人也不会是赚大钱的人。研究者托马斯·阿斯特布罗（Thomas Astebro）发现，独立发明（包括已经死去的人的发明）获得的回报远远低于风险资本的回报。你需要对正面黑天鹅现象发生的概率视而不见，才能获得创业的成功。风险投资人才是真正赚钱的人。经济学家威廉·鲍莫尔（William Baumol）把这评论为“有点疯狂”。这实际上对所有成功集中的行业都是事实：看一看经验记录，你会发现风险投资人比创业家赚钱，出版商比作者赚钱，艺术经纪人比艺术家赚钱，科学比科学家成功（大约50%的科学和学术论文或许花费了科学家几个月甚至几年的努力，却从来没有被人真正读过）。参与这种赌博的人获得了另一种非物质报酬：希望。

## 人性、幸福和大笔报酬

让我提炼一下研究者所谓享乐主义幸福的主要思想。

某一年赚 100 万美元，但在之前 9 年一分钱也不赚，与在相同的时间里平均地获得相同的总收入，即 10 年内每年获得 10 万美元的收入，带来的幸福感是不同的。反过来，第一年大赚一笔，但在余下的时间一分钱也不赚，也是一样的。出于某种原因，你的幸福系统将很快饱和，就像一笔退税带来的幸福感是不会持续很久的。实际上，你的幸福感更多地取决于正面情绪出现的次数（心理学家称之为“积极影响”），而不是某次正面情绪的强度。也就是说，好消息最重要的是要让人愉悦，究竟有多好并不重要。因此，要过快乐的生活，你应该尽可能平均分配这些小的“积极影响”。大量一般的好消息比一个非常好的消息更令人感到幸福。

不幸的是，你赚了 1 000 万美元，然后损失了 900 万美元：这情形比根本没有赚钱还糟！诚然，你最后还有 100 万美元（而不是分文没有），但还不如什么也没有。（当然，前提是你非常在意经济报酬。）

因此，从一种狭义的算术角度（我称之为“幸福微积分”）努力获得一次超级成功是没什么好处的。造物主让我们从一系列稳定的、小而频繁的奖励中获得快乐。我说过，奖励不需要很大，只要频繁就行，今天获得一点奖励，明天获得一点奖励。想一想，几千年来我们的满足感主要来自食物和水（以及某种更为私密的东西），而且，虽然我们总是需要它们，但我们很快就会感到满足。

当然，问题就在于，在我们生活的环境中我们无法稳定地获得物资，黑天鹅现象主宰了大部分人类历史。不过，针对当前环境的正确策略不一定能带来内在奖励和正面反馈。

我们的不幸感则符合相反的情形。在一个短暂的时期里经历全部痛苦胜过在很长的时间里慢慢体会这些痛苦。

但有人能够超越痛苦与快乐的不对称，摆脱幸福感不足的状态，将自己置身事外，而靠希望活着。我们接下来会看到，还是有好消息的。

## 希望的小屋

对叶夫根尼娅而言，一个人可能只喜欢一本书，最多几本，超过这个数目就是滥读了。把书当成商品的人不可能真正喜欢书，就像交友过多的人对友情的理解是肤浅的一样。一本你喜欢的小说就像一个朋友：你读了再读，对它越来越了解。就像对待朋友一样，你按照它本来的样子接受它，而不会评判它。有人问蒙田“为什么”他与作家埃蒂安·德拉博埃蒂（Etienne de la Boétie）会成为朋友。蒙田通常会回答：“因为他是他，因为我是我。”同样，叶夫根尼娅说她喜欢某一本书，“因为它是它，因为我是我”。叶夫根尼娅有一次离一位老师而去，因为他分析了那本书，这冒犯了她的原则。她是非常固执的学生，是不会坐在那里听任别人对自己的朋友指手画脚的。

她当作朋友的那本书是《鞑靼人的沙漠》（*Il deserto dei tartari*），作者是迪诺·布扎蒂（Dino Buzzati），这是一本她孩童时代在意大利和法国非常有名的小说。但奇怪的是，她在美国认识的人中没有一个听说过它。它的英语书名被错误地翻译为“鞑靼人的草原”，而不是“鞑靼人的沙漠”。

叶夫根尼娅13岁时读了《鞑靼人的沙漠》。那时她在父母的周末乡村别墅，别墅位于一个离巴黎200公里的小村子，没有巴黎公寓的拥挤，别墅里堆满了用俄语和法语写的书。她在乡下感到非常无聊，甚至无法阅读。一天下午，她偶然打开这本书，被深深吸引了。

## 被希望灌醉

乔瓦尼·德罗戈（Giovanni Drogo）有大好的前途。他刚刚从军事院校毕业，得到初级军官军衔，可以大显身手的生活刚刚开始。但事情并不按照计划发展：他最开始的 4 年被派到一个偏远的军事基地巴夏尼要塞去保卫国家，防止可能从沙漠边境入侵的鞑靼人的侵犯。沙漠并不是一个宜人的地方。从城市到要塞骑马需要几天的时间。要塞周围一片荒芜，没有任何他这个年纪的人向往的繁华。德罗戈想，他在这个哨所的服务只是暂时的，在没有更好的职位以前，他暂且在这里待着。以后，当他穿着熨烫得无可挑剔的制服，以运动员的身材回到城里时，几乎所有的姑娘都会被他迷住的。

德罗戈在要塞该干什么呢？他找到了一个门路，仅仅 4 个月之后他就可以调职。他决定采用这个办法。

然而，就在最后一刻，德罗戈透过医务室的窗子看了一眼沙漠，这使他决定继续待下去。要塞墙壁和寂静的风景中的某种东西吸引住了他。渐渐地，要塞的美丽、对入侵者的等待、和鞑靼人来一场大战成为他生存的唯一理由。要塞里的整个气氛充满了期待。他一直盯着地平线，等待发生敌人袭击这样的大事。他如此专注，以至于偶尔错把沙漠边缘出现的哪怕最小的动物当作来袭的敌人。

毫不意外地，德罗戈在此后一直在等待中守卫着要塞，并一再推迟开始新的城市生活。35 年的纯粹期待，只为了一个想法，那就是某一天袭击者最终会翻越无人曾翻过的遥远山峰，出现在这里，使他一战成名。

在小说的结尾，我们看到，在德罗戈一生都在苦苦等待的事情终于发生时，他却在一个路边的酒馆里垂死。他错过了。

## 期待的甜蜜陷阱

叶夫根尼娅把《鞑靼人的沙漠》读了无数遍，她甚至学习意大利语（也许还嫁给了意大利人），好读它的原文版，但她从没有勇气再读那痛苦的结尾。

我认为黑天鹅事件是意外事件，即不被预期发生的重大事件。但想一想相反的情形：你认为不可能发生的事，却是你非常希望发生的事。德罗戈被一件不太可能发生的事迷惑了，因此变得盲目，那微弱的可能性就是他活着的理由。叶夫根尼娅在13岁时看到这本书，当时她丝毫没有认识到她的一生也将扮演希望小屋中的乔瓦尼·德罗戈：等待大事件的发生，为之做出牺牲，拒绝中庸道路，拒绝安慰奖。

她不介意陷入期待的甜蜜陷阱。对她而言，这种生活是值得的，为一个简单的单一目标而生活是值得的。她在成功突然降临之前，或许更加快乐。

黑天鹅现象的一个特点是影响的非对称性，结果要么好，要么坏。对德罗戈而言，结果是花费35年在希望小屋中等待几小时不确定的荣耀，而他还错过了。

## 何时需要巴夏尼要塞

请注意，在德罗戈的社会关系中不存在妹夫。他很幸运地拥有任务伙伴，他是守卫沙漠大门、监视地平线的集体中的一员。德罗戈有幸与有相同目的的人在一起，而不受外部社会关系的干扰。我们是活动在一定范围内的动物，我们只对近邻感兴趣，而不管远离我们的人是否把我们当白痴。那些智者是抽象而遥远的，我们对他们毫不关心，因为我们不会在电梯里遇到他们，也不会与他们有眼神交流。我们的肤浅有时候对我们有好处。

显然，出于许多原因，我们需要别人，但我们对他们的需要远远超出我们的想象，尤其是对尊严和尊重的需要。实际上，历史上几乎没有人在没有同代人承认的情况下取得任何了不起的成就，但我们有选择伙伴的自由。如果看一看思想史，我们会看到一些思想学派在偶然间形成，并取得了在该学派以外无人知晓的非凡成就。人们听说过斯多葛学派（Stoics）、学院怀疑主义（Academic Skeptics）、犬儒主义（Cynics）、皮罗怀疑主义（Pyrrhonian Skeptics）、艾赛尼派（Essenes）、超现实主义（Surrealists）、达达主义（Dadaists）、无政府主义者（anarchists）、嬉皮士（hippies），等等。学派使一个有着很难从中获益的非凡思想的人能够找到同伴，并为他们创造一个与外界隔绝的小环境。这群人可以共同自我放逐，这胜过被孤身放逐。

如果你从事一个依赖于黑天鹅事件的职业，那么加入一个群体是更好的选择。

## 鞑靼人的沙漠

叶夫根尼娅在威尼斯丹涅利酒店的大堂里遇见了尼罗。他是证券交易商，经常往返于伦敦和纽约。当时，在淡季期间，伦敦的证券交易商会在星期五中午去威尼斯与别的交易商（也是伦敦来的）商谈。

就在叶夫根尼娅和尼罗站着轻松谈话时，她发现她的丈夫正不安地从酒吧那边看着他们，试图装作注意听他一个儿时朋友武断的言论。而叶夫根尼娅还想更多地了解尼罗。

他们在纽约再次见面，起初是偷偷摸摸的。她丈夫是哲学家，有大把的时间，于是他开始密切注意她的行程，而且开始缠着她。他缠得越紧，叶夫根尼娅越感到压抑，这又使他缠得更紧。她把他甩了，打电话给律师，后者早就料到会有这一天，于是她可以光明正大地去见尼罗了。

尼罗步态僵硬，因为他不久前遭遇了一次直升机事故，正在康复中。他在一系列成功之后变得太过自大了，开始玩一些危险的运动，达到了疯狂的地步，尽管他在财务上仍然非常保守。他在伦敦一家医院一动不动地待了几个月，几乎不能读书写字，他尽量不看电视，同时与护士调笑，等待康复。他能够凭记忆画出天花板上的14条裂缝，以及街对面白色破房子需要专业清洗的63扇窗户。

尼罗声称在意大利喝酒时非常惬意，于是叶夫根尼娅给了他一本《鞑靼人的沙漠》。尼罗不看小说。“写小说才有意思，而不是读小说。”他说。于是他把这本书丢在床边好一阵子。

尼罗和叶夫根尼娅从某种意义上讲就像白天和黑夜。叶夫根尼娅在黎明睡觉，在夜晚写作。尼罗在黎明起床，与大多数证券商一样，即使在周末也是如此。他每天花一个小时写他的作品《概率专论》，然后再也不去碰它一下。他已经写了10年，只有在生命受到威胁的时候才会有想要尽快完成它的冲动。叶夫根尼娅抽烟；尼罗很在意自己的健康，每天至少花一个小时上健身房或去游泳。叶夫根尼娅与学者和波希米亚人打交道；尼罗与熟悉街头智慧的交易商和商人在一起时感到很舒服，这些人往往没上过大学，而且操着浓重的布鲁克林口音。叶夫根尼娅从来不明白为什么一个像尼罗这样精通古典主义文化和多种语言的人能够与那些人交朋友。更糟糕的是，她身上有着法兰西第五共和国对钱的那种公然蔑视，除非那些家伙披上学术或文化的外衣，否则她受不了这些手指上长满浓密毛发、银行账户有巨额存款的布鲁克林人。尼罗的朋友们则觉得她傲慢。（经济繁荣的一个结果就是有着街头智慧的布鲁克林人持续进入斯塔岛和新泽西。）

尼罗也是精英人士，毫无疑问，但他属于另一种精英。他把那些能够融会贯通的人（不论是否来自布鲁克林）与那些做不到这一点的人（不论多么有学问）区分开来。

过了几个月，在与叶夫根尼娅分手（这带来相当大的放松感）之后，他翻开《鞑靼人的沙漠》，并被吸引了。叶夫根尼娅预见到，和她一样，尼罗会认同《鞑靼人的沙漠》的主人公乔瓦尼·德罗戈的选择。确实是这样。

接着，尼罗买了几箱这本书的英文版，送给每一个礼貌地与他打招呼的人，包括他在纽约的几乎不会说英语，更不要说阅读英文书的看门人。尼罗在讲这个故事的时候热情洋溢，终于打动了看门人，于是尼罗不得不为他购买了西班牙语版。

## 流血还是惨败

让我们把世界上的人分为两类。有的人就像火鸡，面临巨大的灾难却不知情；有的人正好相反，他们等待着让别人大吃一惊的黑天鹅事件发生。在一些策略和生活境况下，你用几美元连续赌赢了好几次几美分，你看上去一直在赢。在另一些情况下，你冒着输好几次几美分的风险去赢几美元。也就是说，你不是赌黑天鹅事件将要发生，就是赌它永远不会发生，这两种策略需要完全不同的思维方式。

我们已经看到，我们（人类）更喜欢一次只赚一点。回想一下第四章的例子，1982 年夏天，美国大银行的损失比有史以来盈利的总和还多。

所以，有些属于极端斯坦的东西是极端危险的，但在事前显现不出这一点，因为它们隐藏和推迟了这些风险，从而使笨人以为自己是“安全”的。其实，风险在短期内显得比实际要小正是极端斯坦的一个特点。

证券交易商尼罗把这种面临巨大损失的可能性的行业称为可疑行业，他不相信任何计算损失概率的方法。回想第四章的情形，衡量公司业绩的会计周期太短了，不足以揭示这些公司的真实表现。而且，由于我们直觉的肤浅性，我们过于仓促地形成了对风险的判断。

我可以很快介绍一下尼罗的观点。他的逻辑的前提是下面这个不起眼的观点：在一些商业赌博中，人们可能获得大笔但次数很少的回报，不过要遭受小而经常的损失，这种赌博是值得参与的，只要其他人在这种赌博中容易受骗，并且你具备一定的魄力。你还得有耐力。你得应付周围对你进行各种侮辱的人，他们的侮辱通常声音很大。人们通常可以接受只有很小成功机会的金融策略，只要成功所带来的回报大到足以弥补一切。但是，由于许多心理方面的原因，人们很难实施这种策略，因为它需要信念，需要人们推迟获得满足感，并且愿意接受客户的口水。而且，一旦人们不论由于什么原因赔了钱，就会变得像条犯错的狗，并招致来自周围的更多轻蔑。

鉴于许多灾难隐藏在经验技能的外衣下，尼罗采取了一种他称为“流血”的策略。你在很长一段时间里每天损失一点点，直到某个事件发生，使你获得不成比例的高回报。没有哪个单独的事件能够使你惨败，另一方面，某些变化却能够为你带来足以弥补几年、几十年甚至几百年的小损失的巨大回报。

在尼罗的圈子里，尼罗是本性上最不适合这种策略的。他的大脑与身体严重不协调，这使他处于一种持续的矛盾中。他的身体出了问题，由于整天都面临这种小而持续的损失——一种类似中国古代水刑的折磨，他的神经生物系统受到长期影响，从而导致身体脆弱。尼罗发现，这些小损失进入了大脑的情感部分，绕过了更为高级的大脑组织，缓慢地影响他的海马状突起，侵蚀着他的记忆力。海马状突起是掌管记忆的组织，是大脑最敏感的部分，据说也正是这一部分负责吸收反复出现的打击造成的损害，比如每天持续出现的轻微不良情绪产生的长期压力。长期压力会对海马状突起造成严重损伤，使之发生不可逆转的萎缩。与人们的普遍看法相反，那些看上去无害的紧张性刺激并不会使你变得坚强，反而会使你部分丧失自我。

暴露在大量信息中侵害了尼罗的生活。假如他只是每周而不是每分钟看一次业绩数据，他就还能在痛苦中撑下去。由于情感偏好，他对自己的投资组合比对客户的更费心力，因为他没有义务时刻监视客户的情况。

如果他的神经生物系统是证实偏差的受害者，即会对短期和可见的结果做出反应，他就能够通过只关注长期的大变化使大脑逃脱其不良影响。他拒绝看自己任何短于10年的绩效报告。在1987年的大崩盘中，他从小投资中获取了巨大的收益。这件事对他的经验整体而言永远显得有价值。在近20年的交易生涯中，尼罗只有4年业绩是好的。但对他而言，只要1年好就足够了。他只需要100年当中有1年好就足够了。

投资者对他不是问题：客户需要他可靠的交易服务，并会向他支付可观的费用。他只需要对他们表现出温和的轻视就可以了，这对他来说不费什么力，而且不用刻意去做：尼罗不需要去构思，他只需要让他的身体语言自由发挥，同时保持一种不那么时髦的高度礼貌。他要确保在长期损失之后，他们不认为他应该道歉，而可笑的是，他们会变得更加支持他的策略。人们会相信你说的话，只要你不表现出一丝动摇。和动物一样，他们能够在你说出口之前察觉你自信中最微小的裂缝。你得用尽量自然的方式使用这种伎俩。在你表现得极为礼貌和友好的时候，传递出自信要容易得多。你可以在人们毫无察觉的情况下控制他们。尼罗认识到，商务人士的问题在于，如果你表现得像个失败者，他们就把你当失败者，标准由你自己决定。好与坏没有绝对的标准。关键不在于你对人们说什么，而在于你怎样说。

但你必须在他人面前保持低调和超然的冷静。

在一家投资银行做交易员时，尼罗不得不填写那种典型的员工评估表。评估表据说可以追踪员工“业绩”，以检查他们是否有所懈怠。尼罗觉得评估很荒谬，因为它不对交易员的业绩质量进行评定，而更多是在鼓励他们谋求短期利润，放弃可能的大收益，就像银行信贷员为了下季度的业绩评估而发放的几乎不可能有大收益的愚蠢的贷款。于是，在早期职业生涯的一天，尼罗静静听他的“上级”对他做出评估，并在接过评估表后当着他的面把它撕得粉碎。他撕得很慢，使这一举动的性质与他的镇静形成鲜明对比。上级看他毫无惧意，眼珠子几乎瞪了出来。尼罗专心于他平淡无奇的慢动作，为这种捍卫信念的感觉和付诸现实的行动感到兴奋。高尚与尊严加在一起是很令人愉快的。他知道，他要么被解雇，要么不再被管束。他自由了。

第八章

# 永不消失的运气——沉默的证据

进化是一系列侥幸的成功，有好的，但许多是不好的。你只看到了好的，然而在短期内，那些真正对你好的并不明显，当你处在会产生黑天鹅现象的极端斯坦环境下时尤其如此。

我们理解事情的方式中还存在另一个缺陷——沉默的证据。历史既向我们隐藏了黑天鹅现象，又隐藏了它制造黑天鹅现象的能力。

## 淹死的拜神者的故事

2 000 多年前，罗马雄辩家、文学家、思想家、禁欲主义者、阴谋政治家及高贵绅士西塞罗讲了下面这个故事。有人把一幅画给一个无神论者看，画上画着一群正在祈祷的拜神者，他们在随后的沉船事故中幸存了下来。其寓意在于说明祈祷能保护人们不被淹死。无神论者问："那些祈祷后被淹死的人的画像在哪儿？"

淹死的拜神者已经死了，所以很难从海底爬出来到处宣传他们的经历。这能够欺骗那些粗心大意的人相信奇迹。

我们把这种情况叫作沉默的证据问题。其道理很简单，但影响巨大而且普遍存在。大部分思想家试图让他们之前的人感到羞愧，西塞罗却几乎让他之后的所有经验主义思想家感到羞愧。

后来，我的英雄中的英雄——散文家蒙田和经验主义者培根都在他们的著作中提到了这个观点，并用它解释假信仰的形成。“这是一切迷信形成的方式，不论是占星术、解梦、预言、占卜或是别的什么。”培根在《新工具》中写道。很明显，问题在于这些伟大的发现很快会被遗忘，除非它们被系统化地灌输给我们，或者融入我们的思维方式。

沉默的证据遍及与历史概念有关的一切。我说的历史不仅仅是关于历史的、资料丰富而无聊的书（封面印着文艺复兴时期的画以吸引购买者）。历史是具有事后影响的全部事件。

这种偏差延伸到人们对思想胜利的解释，对许多职业所需技能的错误认识，人们在艺术领域的成功，先天与后天培养的争论，法庭使用证据的错误，以及对历史“逻辑”的错误认识，当然，最严重的是我们对极端事件性质的理解。

你坐在教室里听某个自以为是、骄傲自大的人装腔作势地讲了两个小时的历史理论。无聊让你头脑麻木，根本不明白他在说什么，但你听到了大人物的名字：黑格尔、费希特、柏拉图、希罗多德……他看上去很深奥博学，你却发现他说的大部分内容都与实际不符！这并不奇怪：他太精于此道了，假如你质疑他的方法，他就会向你抛出更多的名词。

我们太容易在编造历史理论时忘记已经死去的人，但这个问题不仅存在于历史中，还存在于我们在所有领域打造样本并搜集证据的方式中。我把这种扭曲称为偏差，也就是你所看到的事物与真正存在的事物之间的差异。“偏差”是指一种系统性错误，它导致人们总是对事件的影响做出更为积极或者更为消极的判断，就像一台总是显示你比实际重几磅或轻几磅的秤，或者一台让你的腰围增大的摄像机。20世纪，人们不断在各种学科中发现这种偏差，但它们大都被很快忘记了（就像西塞罗的观点一样）。淹死的拜神者不会写下关于他们经历的历史（要想写历史，还是活着更容易一点），历史上的失败者也是如此——不论人物还是思想。令人吃惊的是，最需要理解沉默的证据的历史学家和其他文科学者没有谁真正做到了这一点（我十分努力地查过）。至于记者，算了吧，他们正是大肆扭曲事实的人。

“偏差”一词还表明相关情况可量化的特点：你可以通过同时考虑死去和活着的人，而不单是活着的人，来评估扭曲的程度并进行修正。

沉默的证据掩藏了事件的随机性，尤其是黑天鹅类型事件的随机性。

培根从许多方面看都是一个有趣而可爱的人。

他具有一种深刻的、怀疑主义的、非学术的、反教条的、极端经验主义的天性，这种天性是几乎不可能在思想界找到的品质。（任何人都可能是怀疑主义者，任何科学家都可能是过度经验主义者，难得的是怀疑主义与经验主义的结合。）问题是，他的经验主义希望我们证实，而不是证伪，于是他提出了证实问题，即导致黑天鹅现象的证实行为。

## 字母的坟墓

人们总是提醒我们，腓尼基人没有写下任何东西，尽管据说是他们发明了字母表。由于没有留下书面遗产，人们说他们庸俗。评论者断定，出于种族或文化的原因，他们对商业比对文艺更感兴趣。因此，腓尼基人发明字母表是为了低级的商业记录，而不是为了高尚的文学创作。但是，现在看来，腓尼基人写过很多东西，但使用的是一种难以经受长时间生物降解反应的易腐烂的纸。在 2 世纪或 3 世纪，人们开始使用羊皮纸之前，人类的手稿有很高的损毁率。没有得到复制的手稿就这样消失了。

我们在进行天分比较时，经常忽略沉默的证据，在那些受赢家通吃效应影响的行业更是如此。我们也许很喜欢那些成功故事，但太把它们当回事是不应该的，因为我们并没有看到全部事实。

回想在第三章讨论的赢家通吃效应：注意那些自称作家的人却（只是“暂时”）在星巴克操作擦得闪闪发亮的咖啡机。写作界的不公平现象比医学界还严重，因为我们是很少看到医生卖汉堡包的。因此我可以推断，我能够仅从我看到的样本去评价后一种职业的总体情况。同样，管道工、出租车司机和不受超级明星效应影响的其他职业也是如此。让我们在第三章对极端斯坦和平均斯坦的讨论的基础上更进一步。超级明星效应造成的结果是，我们称为“文学遗产”或“文学宝藏”的东西只占累积文学产出的很小部分。这只是第一点。从中我们可以立即看出对所谓天分的辨识是无效的：比如，你把19世纪小说家巴尔扎克的成功归功于他的“现实主义”“洞察力”“敏感性”“人物塑造”“抓住读者注意力的能力”等。当且仅当那些缺乏所谓天分的人不具备这些品质时，它们才是能够带来超级成功的“超级品质”。但假如恰好有十几种可与之媲美的大作因为手稿腐烂而未能流传下来呢？根据这一逻辑，假如真的有许多有相同特点的手稿腐烂掉了，那么，我只能遗憾地说，你的偶像巴尔扎克只不过比他同时代的人运气更好。而且，由于你对他的喜爱，你不公平地对待了其他人。

我要重申，我并不是说巴尔扎克没有天分，只是他不像我们想的那样独特。想一想被人们彻底遗忘的成千上万的作者，甚至没人分析过他们的作品。成堆被退回的手稿，由于它们没有被发表，因而永远不为人知。《纽约客》每天就要退回近100份手稿，所以你可以想象我们可能永远不会听说的天才的数量。在法国这种写书人多于读书人的国家，大文学出版商只会接受新作家作品的千分之一。想想有多少演员从未通过试镜，但假如他们有足以改变生活的运气，他们本来能够演得很好。

下一次你拜访某位举止从容的法国人时，很可能会发现他收藏着《七星诗社文库》(*Bibliothéque de la Pléiade*)，但几乎永远也不会去读，其主要原因是这些书太大太重了。作品被收入《七星诗社文库》意味着作者成了文学最高殿堂中的一员。这些大部头的书非常昂贵，散发着一种极薄的印度纸张的独特气息，这种纸让一本 1 500 页的书只有药店记事簿那么厚。据说它能帮你增加巴黎每平方英尺①容纳的大师级作品的数量。出版商伽利马（Gallimard）在挑选进入《七星诗社文库》的作者时非常挑剔，只有很少的作者能在在世时入选，如美学家及冒险家安德鲁·马尔罗（André Malraux）。入选者有狄更斯、陀思妥耶夫斯基、雨果、司汤达，还有马拉梅（Mallarmé）、萨特、加缪以及……巴尔扎克。但如果你接受巴尔扎克本人的思想（我在后面会谈到），你会认为编纂这种官方文集是没什么根据的。

巴尔扎克在小说《幻灭》中完整地概括了沉默的证据。吕西安·德·鲁本普莱（主人公吕西安·沙尔东②的化名）是一名贫穷的外省天才，他满怀憧憬来到巴黎开始自己的文学生涯。据说他很有才华，实际上，是昂古莱姆半贵族的环境让他相信自己是天才。但人们很难知道这到底是因为他帅气的外表，还是因为他作品的文学质量（我不确定是否谈得上文学质量），还是，如巴尔扎克本人所怀疑的，到底是否与任何事情有关。成功的降临具有讽刺意味，它是阴谋与推销的产物，或者是某种完全不相干的原因突然带来的运气的产物。吕西安发现了一座巨大的坟墓，其埋葬者被巴尔扎克称为“夜莺”。

吕西安得知，书店称那些被埋藏在书架深处的书为“夜莺”。

当吕西安的手稿被一个根本没读过它的出版商退回时，巴尔扎克向我们展示了当代文学的悲惨状况。后来，当吕西安逐渐变得有名气时，同一份手稿又被另一个根本没读过它的出版商接受了！作品本身对于成功来说

① 1 英尺 =0.304 8 米。——编者注
② 巴尔扎克小说《幻灭》中的主人公。——译者注

变成了次要因素。

作为沉默的证据的又一个例子，书中的人物不断哀叹，事情与“从前”再也不一样了，“从前”暗指早些年文学得到公正对待的日子——就好像以前不曾存在这样的坟墓。他们没有考虑到古代作品中的夜莺！请注意，近两个世纪以前的人们对他们的过去抱着理想化的观念，正如今天我们对过去抱着理想化的观念一样。

我之前提过，要想理解成功并分析其原因，我们需要了解失败的特点。下面我们来讨论关于这个观点的一般化情况。

## 10 步成为百万富翁

无数旨在找出成功秘诀的针对百万富翁的研究都采用下面的方法：选定一群成功人士（那些拥有漂亮头衔和令人羡慕的职务的人），然后研究他们的特点。这些研究寻找他们的共同点：勇敢、富有冒险精神、乐观等等，然后推断这些特点，尤其是冒险精神，能帮助你成功。当你阅读CEO（首席执行官）们由他人代写的自传或参加他们对MBA（工商管理硕士）学生做的演讲时，大概会获得同样的印象。

现在看一看失败者的情况。这很难，因为失败者似乎并不写回忆录，即使写，我所认识的商业出版商也不会考虑给他们回电话（至于回电子邮件，算了吧）。读者不会花 26.95 美元买一本失败者的故事，即使你让他们相信它包含着比成功者的故事更多的有用技巧[①]。自传的全部意义就在于武断地把某些品质与事件连成因果关系。现在来讨论失败者。躺在失败者坟墓里的人有如下共同点：勇敢、富有冒险精神、乐观等等，同那些百万

① 我所知道的不冒充内行的最好的金融书是《损失 100 万美元教会我什么》(*What I Learned Losing a Million Dollars*)，作者是D. 保罗（D. Paul）和B. 莫伊尼汉（B. Moynihan）。这两位作者不得不自己出版了这本书。

富翁一样。或许具体的技能不同，但真正使两者不同的最主要因素只有一个：运气，只是运气。

不需要多少经验主义思想就能想明白，只需要一个简单的想象实验。基金管理业人士声称他们中有人具有极为高超的能力，因为这些人年复一年在市场上处于不败之地。他们会宣传这些“天才”并让你相信他们的能力。我的方法是，用简单的计算机模拟，随机创造一群投资者，这样就可以看出这些天才不可能不是由纯粹的运气造就的。每年，你都会解雇那些失败者，只留下成功者，于是最后你只剩下成功者。由于你没有观察过那些失败的投资者，所以你会以为这是一家好公司，并且有些交易员比其他交易员好很多。当然，对于那些好运的幸存者，人们早已准备好他们成功的原因：“她工作到夜里，前几天我在晚上 8 点打电话到她办公室”，或者，“她天生很懒，像她那样懒的人能看清事物的本质”。通过一种事后决定论的机制，我们会找到“原因”，实际上，是我们需要原因。我把这种通常由计算机完成的对假设群体的模拟称为计算认识论引擎。你可以在计算机上完成想象实验。你可以模拟出另一个世界，一个完全随机的世界，并确保它与我们生活的世界是相似的。不出意外的话，这些实验中的亿万富翁都是靠运气发家的。①

回想一下第三章讨论的平均斯坦与极端斯坦的差别。我说从事“突破性”行业并不是好主意，因为在这些行业赢家太少。是的，这些行业产出了大量失败者：挨饿的演员比挨饿的会计师多，即使你假设他们的平均收入是一样的。

① 医生们对奇谈式的研究结果抱有正确而强烈的怀疑态度，在进行药效研究时会考虑沉默的证据。然而，同样一批医生在别的地方也会犯偏差性错误！什么地方？在他们的私人生活中，或者他们的投资行为中。尽管有重复之嫌，我还是要重申，我多么惊异于人类的本性让我们能够把最强烈的怀疑主义与最彻底的轻信主义结合在一起。

## 老鼠的健身俱乐部

接下来我们探讨有关沉默的证据问题的第二个方面。我 20 岁出头的时候还在读报纸，以为不断读报纸对我是有用的。那时我看到一篇文章，讲的是一个俄罗斯黑帮在美国的威胁越来越大，他们在布鲁克林的某个地方取代了原来的黑帮组织。文章认为他们的粗暴和残忍来自他们之前在劳改集中营的经历。该集中营位于西伯利亚，通常关押刑事犯及持不同政见者。在那里，许多被关押者最终没能活着出去。

来自劳改集中营的经历？这句突兀的话对我而言错得离谱（却又十分合理）。过了很长时间我才想明白它毫无道理的地方，因为它隐藏得很好。下面的想象实验能够说明问题。假设你能找到一大群老鼠：肥的、瘦的、病弱的、强壮的、不肥不瘦的等等。有了这几千只老鼠，你可以组成一个由不同个体组成的集合，它能够很好地代表纽约老鼠的总体。你把它们送到我在纽约东 59 街的实验室，我们把它们放到一个大桶里。我们让它们承受越来越高的辐射（由于这只是一个想象实验，所以过程并不残忍）。在每一个辐射水平，那些天生更强壮（这是关键）的老鼠会活下来，死去的则被剔除出样本。渐渐地，你的样本只剩下越来越强壮的老鼠。注意下面这个关键事实：每一只老鼠，包括强壮的老鼠，在接受辐射后身体都比原来衰弱。

一个在大学获得高分的具有分析能力的观察者或许会相信这样的论断：我的实验室的这种方法能够很好地替代健身俱乐部，能够适用于所有哺乳动物（想想它可能获得的商业成功吧）。他的逻辑如下：这些老鼠比其他老鼠更强壮。它们的共同点是什么？它们都来自那个鼓吹黑天鹅现象的塔勒布的实验室。不会有多少人对那些死去的老鼠有兴趣。

接下来我们对《纽约时报》实施一番这样的恶作剧：我们把这些活下来的老鼠放回纽约市内，然后将纽约老鼠界发生的这一具有新闻价值的阶层变化通知负责啮齿类动物的记者。然后，他会写一篇冗长（而具有分析性）的关于纽约老鼠界社会变迁的文章，其中包含如下的段落："这些老鼠现在是老鼠界中的暴徒，它们是实际上的控制者。它们的力量在孤僻（但友好）的统计学家、哲学家、交易商塔勒布博士的实验室里得到加强，因此它们……"

## 邪恶的偏差

这种偏差有一种邪恶的特点：在它造成的影响最大时，它隐藏得最好。那些死去的老鼠不在人们的视线内，所以风险越高，人们越看不到它们，因为严重受害的样本很可能已从证据中剔除了。实验对老鼠越具有伤害性，存活的老鼠与其他老鼠之间的差别就越大，你在所谓加强效应上所受的愚弄也越大。真正的影响（削弱性的）与观察到的影响（加强性的）之间的差别，产生于两个必备因素：1. 样本本身存在强壮程度的差异，也就是多样性；2. 实验过程中的不平均，也即多样性。多样性与实验过程中固有的不确定性程度有关。

## 更多的隐性应用

我们可以一直讨论这个问题。它是如此普遍，只要我们中了圈套，就不可能再用同样的眼光看待现实。显然，它剥夺了我们观察的客观性。我还要再举几个例子来说明我们的推理机制的缺陷。

**物种的稳定**。想一想我们现在以为的已经灭绝的物种数量。很长时间以来，科学家通过对现存化石的分析得出这一数字，不过它忽略了那些曾经存在又灭亡但没有在化石中留下踪迹的物种。我们所找到的化石只是全部出现过又消失了的物种的一部分，这意味着生物多样性比我们最初验证的程度更高。这导致的一个更令人担忧的结果是，物种灭绝率可能比我们认为的高得多——一部分科学家一直认为，在地球上出现过的99.5%的物种现在已经灭绝。生命比现实所允许的脆弱得多。但这并不意味着我们（人类）应该为我们周围发生的物种灭绝感到内疚，也不意味着我们应该采取行动制止它，在我们开始搅乱环境之前，物种就在诞生和灭绝。我们没有必要为所有濒危物种感到在道义上负有责任。

**犯罪是否有好处？**报纸报道的是那些被抓住的罪犯。《纽约时报》上没有专栏记录那些犯了罪但没被抓住的人的故事，比如逃税、政府受贿、团伙卖淫、毒杀有钱夫妇（用某种无名的不会被检测出来的物质）和贩毒。

而且，我们心目中罪犯的标准形象可能只抓住了某些人的特点，这些人因为不是特别聪明而被捕。

一旦我们逐渐接受沉默的证据，许多曾经隐藏在我们周围的东西就都开始浮出水面。我在这个问题上已经花费了20多年的时间，我非常确信（但无法证明）训练和教育能够帮助我们避免落入圈套。

## 游泳运动员身材的演变

“游泳运动员的身材”与“初学者的运气”这两种常用的表达方式之间有何共同之处？就历史而言，它们有什么共通的地方？

赌徒相信初学者几乎总是有好运。“后来运气慢慢变差，但刚开始赌的时候总是走运的”这一说法从经验的角度看实际上是对的：研究者证实赌徒确实在一开始有赌运（股市投机者也一样）。这是不是意味着我们都应该利用运气对初学者的眷顾当一段时间的赌徒，然后洗手不干呢？

答案是否定的。同样还是错觉：刚开始赌博的人要么走运，要么不走运（鉴于赌场处于优势地位，更多的人会不走运）。走运的那些，感到自己受到命运的垂青，会继续赌博；余下的感到失望，会停止赌博，因此不会出现在样本中。失败者可能会去看鸟、涂鸦、当海盗，或从事其他的消遣活动，这视他们的脾性而定。继续赌博的人会记得自己曾经是走运的初学者。放弃赌博的人，从定义上讲，将不再属于赌徒行列。这就解释了初学者的运气。

人们通常所说的“游泳运动员的身材”也是类似的情况，它让我在几年前犯了一个丢人的错误（虽然我专门研究这种偏差问题，但我还是没有意识到自己被愚弄了）。在我问别人不同运动员的身材有什么差别时，我得到的答案经常是跑步运动员很瘦，自行车运动员屁股有点大，举重运动员有点重心不稳且身体粗壮。我猜我应该在纽约大学游泳池花一段时间吸氯气来获得“拉长的肌肉”。现在先把因果解释放在一边。假设个人基因的差异使他具有特定的身材。那些天生有可能长成游泳运动员身材的人会成为更好的游泳运动员。他们就是你在游泳池里看到的大显身手的人。但假如他们去举重，他们的身材大概还是一样。事实上，不论你服用类固醇还是在健身房里练攀岩，某一块肌肉的生长方式都是一样的。

## 你看到的和你没有看到的

2005 年袭击新奥尔良的灾难性飓风卡特里娜让许多玩弄政治手腕的政客出现在电视上。这些立法者被灾难的画面以及无家可归的愤怒受害者的照片打动，许下“重建”的诺言。他们多么高尚，做出如此人道主义的事，超越了我们卑鄙的自私性。

他们是否许诺用他们自己的钱来重建呢？不是，是用公众的钱。假设这些钱来自别的某个地方，那么重建就成了“拆东墙补西墙”。那个别的地方就会不平衡，可能是私人出资的癌症研究基金，或者控制糖尿病的研究基金。似乎很少有人关注那些孤独地躺在那里、没有电视报道他们惨境的癌症患者。这些癌症病人不但不会进行选举投票（下一次投票时他们已经去世了），也不会出现在我们的情感系统中。他们中每天死去的人数超过被卡特里娜飓风夺去生命的人数。他们才是最需要我们的人，他们不光需要经济帮助，还需要关心和友善。而他们可能正是被拿走钱的人——间接地，甚至直接地。从研究机构（公共的或私人的）抽走的钱可能会杀死他们，这是一种沉默的犯罪。

这个问题还有另一种形式，它与我们面对多种可能性时的决策有关。我们能看到显而易见的结果，而看不到不可见的和不那么明显的结果。但那些我们没有看到的结果可能——不——是通常更有意义。

弗雷德里克·巴斯夏是19世纪一位奇异的人文主义者、少有的独立思想家，独立到在他自己的国家法国竟然无人认识他，因为他的思想与法国的政治传统相悖，但他在美国有大量追随者。

在题为“我们看到的和我们没有看到的”的文章当中，巴斯夏提出如下观点：我们能看到政府做了什么，因此歌颂它们，但我们没有看到别的。然而确实有别的东西存在，只是它们没那么明显，因此没有被看到。

回想一下证实偏差：政府非常擅长告诉你它们做了什么，而不是它们没做什么。实际上，它们可以被贴上伪“慈善”的标签：以一种明显而煽情的方式帮助别人，而不考虑那些不被人们看到的隐藏结果。巴斯夏反驳了那些显示政府好处的论点，启发了自由主义者，这种观点也广泛适用于左派和右派。

巴斯夏更进了一步。如果一个行为的积极和消极结果都降临在行为者身上，他会学习得很快。但通常一个行为的积极影响只惠及行为者，因为它们是可见的，而不可见的消极影响会降临到其他人身上，给社会造成净损失。想想职位保护措施：你注意到有些人的职位是有保障的，你把它归因于社会福利。你没有注意到有些人会因此找不到工作，因为这种保护降低了职位的公开性。在某些情况下，比如癌症病人由于卡特里娜飓风而可能遭到的损失，一个行为的积极结果会立即使政客和伪人道主义者受惠，而消极影响需要很久才会表现出来，人们可能永远不会注意它们。你甚至可以指责媒体把慈善捐赠导向了最不需要它们的人。

让我们对2001年“9·11”恐怖袭击事件做同样的分析。大约2 500人直接死于恐怖袭击在世贸中心双子塔造成的灾难。遇难者的家庭得到各种机构和慈善团体的捐赠。但是，根据研究的结果，在那一年余下的3个月，将近1 000人成为恐怖主义沉默的受害者。为什么？害怕坐飞机转而开车的人面临更高的死亡风险。有证据表明那段时间的公路死亡率上升，因为公路比航空更致命。这些家庭没有得到捐助，他们甚至不知道他们的亲人也是本·拉登的受害者。

除巴斯夏以外，我还喜欢拉尔夫·纳德（Ralph Nader，活动家和消费者保护主义者，显然不是政客和政治思想家）。通过曝光汽车公司的安全记录，他或许成为拯救生命最多的美国公民。但是，在几年前的政治活动中，就连他自己也忘记炫耀由他的安全带法拯救的成千上万人的生命。鼓吹“瞧，我为你做了什么”，比“瞧，我帮你避免了什么”容易得多。

回想一下序言里提到的假想议员的故事：他的行动本来可以阻止“9·11”恐怖袭击事件发生。有多少这样的人走在大街上？而且他们并不像那些伪英雄那样雄赳赳气昂昂。

下一次面对这种狡猾的人道主义时，想一想它所造成的沉默结果。

## 医生

我们对沉默的证据的忽视每天都在致人死亡。假设一种药物可以治愈许多人所患的一种危险的疾病，不过它有可能导致少数人死亡，但这对社会总体上是有益的，医生会开这种药物吗？他没有这样做的理由。被副作用伤害的病人的律师会像打狗一样缠着这名医生，而被救的病人或许从此再也看不见踪影。

救活一个人只是统计数字，伤害一个人则是奇闻逸事。统计结果常被人忽略，奇闻逸事则显而易见。同样，黑天鹅事件的风险常被人忽略。

## 特富龙涂层

沉默的证据问题能导致最严重的后果，其表现为稳定的假象。对沉默证据的认识偏差降低了我们对我们在过去招致的风险的认识，对于有幸躲过了那些风险的人尤其如此。你的生命曾遭受严重威胁，但你幸存了下来，于是你在事后会低估情况的实际危险性。

吉亚科莫·卡萨诺瓦是个冒险家、一个极端聪明的人、诱骗女性的高手，他似乎有一种即便黑手党大佬也会嫉妒的类似特富龙的品质：坏运气沾不了他的身。虽然他因诱骗女性而出名，但他却自诩为学者。他希望借共 12 卷的以糟糕的法语（糟糕得很有魅力）撰写的《我的一生》（*History of My Life*）博得文学名气。《我的一生》除了讲述极为有用的诱骗教程以外，还提供了大量扭转运势的例子。卡萨诺瓦感到，每次遇到麻烦时，他的幸运星就会助他摆脱困境。当他的境况变坏时，一只无形的手会让它变好，这使他相信摆脱逆境是他的一种本能，也是他遇见新机会的方式。他会在遭遇绝境时遇到某个帮他渡过财务难关的人、一个他之前没有背叛过的新的资助人，或者一个足够慷慨又健忘到忘记他之前的背叛行为的人。是命运选择卡萨诺瓦，让他每次都能从逆境中重生吗？

不一定。想一想，地球上形形色色的冒险家当中，许多人在偶尔的打击中失败，少数人一次次东山再起。只有那些幸存下来的人才会认为自己是不可摧毁的，才会有足够多的有趣经历写书。当然，直到……

图 8–1　吉亚科莫·卡萨诺瓦

注：有些读者可能觉得奇怪，这位诱骗女性的高手看上去并不像 007 那样富有魅力。

实际上，许多冒险家自以为是命运的宠儿，这只是因为冒险家很多，而我们没有听到那些背运的冒险家的故事。在我开始写这一章时，我想起一名女性曾向我提到她的未婚夫，此人通过几笔金融交易让自己过上了小说人物般的生活：他穿着手工制作的鞋子，吸着古巴雪茄，收集轿车等等。法语中有一个词形容这种人："flambeur"，这代表一个人过度讲究衣食、疯狂投机、喜好风险，同时保持着极为引人注目的个人魅力，在盎格鲁–撒克逊的文化里不太可能有这种词语。这位未婚夫花钱如流水，在我们讨论他的命运时（毕竟她打算嫁给他），她对我说，他的境况那时有些困难，但没必要担心，因为他总是能够回到比以前更好的境况。出于好奇，我刚刚打听了他的情况（有策略地）：他（目前）还没有从最近一次霉运中恢复，他在原来的生活圈中消失了。

这与历史有什么关系？想一想人们通常说的韧性十足的纽约。出于某些似乎超越现实的原因，每一次濒临灾难的边缘时，它都能成功地摆脱困境并东山再起。有人真的相信这是纽约的内在品质。下面这段话引自《纽约时报》的一篇文章：

> 纽约需要塞缪尔（Samuel M. E.）。塞缪尔是经济学家，今天年满77岁。塞缪尔研究了纽约半个世纪的兴衰……“我们在历史上经受住了多次困境，并且变得越来越强大。”他说。

现在从反面想一想：把城市当作小吉亚科莫·卡萨诺瓦，或者我实验室里的老鼠。正如我们把几千只老鼠置于非常危险的实验过程中一样，现在我们把下面这些城市放入历史模拟器：罗马、雅典、迦太基、拜占庭、提尔（Tyre）、沙塔尔·休于古城（Catal Hyuk，位于今天的土耳其，是已知的人类最早居住的地方之一）、耶利哥（Jericho）、皮奥里亚（Peoria），当然，还有纽约。有些城市会在模拟器中的严酷环境下幸存。至于其他的，我们知道历史是不会太仁慈的。我肯定，迦太基、提尔和耶利哥也有属于自己城市的口才毫不逊色的“塞缪尔”，他们会说：“我们的敌人多次试图毁灭我们，但我们总能重整旗鼓，而且变得比以前更强大。我们现在是不可战胜的。”

这种错误观点使幸存者成为历史进程的不合格目击者。感到不安吗？你的幸存会削弱你对幸存的理解，包括肤浅的“原因”。

上面那段话可以有很多种说法。把经济学家塞缪尔换成一个谈论他的公司从过去的困境中恢复的CEO，或者换成饱受奚落的“坚韧的金融系统”怎么样？或者打了胜仗的将军？

读者现在可以明白，为什么我用卡萨诺瓦永不消失的运气作为分析历史的一般框架了。我创造虚构的历史，其中有上百万的卡萨诺瓦，然后观察成功的卡萨诺瓦的特点（因为你创造了他们，所以你知道他们的特点），看看这些特点与事后观察到他们成功了的观察者总结的特点有什么差别。

从这个角度讲，当卡萨诺瓦不是一个好主意。

## “我是冒险者”

想一想在纽约这样充满竞争性的地方开餐馆。鉴于极高的风险以及做出任何成绩所需的骇人努力，还不算那些过分追求时髦的顾客，只有愚蠢透顶的人才会想去开餐馆。那些失败的餐馆非常沉默。走在曼哈顿中城，你会看到成功的餐馆里挤满了有钱人，豪华轿车停在外面等待里面的用餐者与他们的第二任配偶。餐馆老板非常劳累，但因为这些大人物的光顾而非常开心。这是否意味着在这样一个具有高度竞争性的地方开餐馆是理智的呢？当然不是。但人们出于愚蠢的冒险天性这样做了，它使我们贸然做出结果未知的冒险行为。

显然，我们与那些幸存的卡萨诺瓦有类似的地方，那就是同样拥有冒险基因，它使我们盲目地承担风险、对结果的多变性毫无意识。我们继承了对不经考虑的冒险的喜爱。我们应该鼓励这种行为吗？

实际上，经济增长正是来自这种冒险。但有些傻瓜可能会提出这样的观点：如果人们遵循塔勒布的逻辑，我们就不会获得过去惊人的增长。这就像一个玩俄罗斯轮盘赌的人认为这是一个不错的游戏，仅仅因为他赢了钱一样。

经常有人会说，人类具有乐观的天性，这种乐观对我们应该是有好处的。这一观点把从事冒险行为合理化为积极的进取心的体现，并且在当前的文化中颇受欢迎。

我们有足够的证据证明人类是非常幸运的物种，并且有冒险者的基因。确切地说，人类是愚蠢的冒险者。实际上，是那些幸存的卡萨诺瓦。

再次声明，我并非否定冒险，我自己也曾冒险。我只是反对鼓励模式化的冒险。大心理学家丹尼尔·卡尼曼已经向我们证明，我们冒险通常不是出于自信，而是出于无知和对不确定性的无视！接下来的几章，我们将更深入地讨论在预测未来时，我们多么容易忽视意外和不利结果。但我要坚持一点：我们碰巧幸存下来并不意味着我们应该继续冒同样的风险。我们足够成熟，能够认识到这一点，享受生活的赐予吧，你应该变得更加保守，珍惜通过运气获得的东西。我们一直在玩俄罗斯轮盘赌，现在让我们停下来，找一份真正的工作吧。

在这个问题上，我还有两个观点。首先，基于“运气让我们幸存下来”的理由而把过度乐观主义合理化的错误来自人性的一个更为严重的错误：认为我们天生能够理解自然和人性，我们的决策是并且一直是选择的结果。我强烈反对这种说法，其实我们受到了太多直觉的驱使。

其次，比第一点更令人担忧的是：人们一直鼓吹和夸大进化选择。人们越不了解黑天鹅现象产生的随机性，就越相信进化的最优选择。进化理论不考虑沉默的证据。进化是一系列侥幸的成功，有好的，也有不好的。你只看到了好的。但在短期内，难以判断哪些真正对你是好的，当你处在会产生黑天鹅现象的极端斯坦环境下时尤其如此。这就像看见钱包鼓鼓的赌徒走出赌场，声称尝尝赌博的滋味对物种是有好处的，因为它能够使你变富！实际上，冒险让许多物种走向灭绝！

有人认为我们已经幸存下来了，这是可能的最好的世界，这是进化的作用，这一观点在沉默的证据面前变得相当错误。傻瓜、卡萨诺瓦们以及盲目的冒险者通常只在短期内是胜者。更糟糕的是，在黑天鹅环境下，一桩稀有事件能够打破长期以来的“观察”结果，那些愚蠢的冒险者在长期也可能赢！我在第三部分会重新讨论这一点，并向读者展示极端斯坦如何加剧了沉默证据的效应。

但还有一个值得注意的问题。

## 我是黑天鹅：人类学偏差

我希望脚踏实地、尽量避免在讨论中使用形而上学或宇宙论的观点。在地球上已经有足够多的危险值得担心了，所以形而上学的问题可以推迟探讨。但稍稍看一眼（仅此而已）下面的人类学宇宙论观点是有好处的，因为它指出了我们对历史稳定性误解的严重性。

最近，一批哲学家和物理学家（以及二者的结合体）在研究一个“自我取样的假设”，它是将卡萨诺瓦偏差问题在我们的存在状态上的一般化。

考虑一下我们自己的命运。有人提出，我们每个人存在的概率是如此之低，所以它不可能是命运碰巧的结果。想一想导致我们存在的所有因素都恰好达到应有的状态的概率（任何对最佳状态的偏离都会导致我们的世界爆炸、坍塌或者根本不会形成）。人们经常说，世界似乎恰好被造成使我们的存在成为可能的样子。根据这种论点，世界不可能来自运气。

然而，我们本身被选为样本这一点完全破坏了对概率的计算。卡萨诺瓦的故事可以很简单地指出问题所在。再想一想所有那些追寻自己命运的小卡萨诺瓦可能面临的世界。（出于运气）幸存的卡萨诺瓦会感到，由于他不可能如此走运，一定有某种超然的力量指引着他、呵护着他的命运：“嗨，否则光靠运气就能活下来的概率太低了。”而对于观察到所有冒险者命运的人，发现一个卡萨诺瓦的概率一点也不低：有如此多的冒险者，肯定会有人中奖。

现在，宇宙和人类的问题在于，我们就是幸存的卡萨诺瓦。当你考虑许多冒险的卡萨诺瓦时，一定会有一个幸存者，而且如果你在谈论这个问题，那么很有可能你就是他。（注意“条件”：你幸存下来，因此能够谈论它。）所以我们不能再做天真的概率计算，而不考虑我们存在这一条件本身就限定了使我们幸存下来的过程只能是特定的过程。

假设历史情境要么很凄凉（不利），要么很温馨（有利）。凄凉的情境导致灭绝。显然，如果我在写这些文字，一定是因为历史为我提供了温馨的情境，使我幸存了下来。这种有利的情境还包括没有遭遇陨石撞击、没有核战争和其他大规模终极毁灭事件。但我不必考虑整个人类。每当我审视自己的人生时，都会惊叹我的生命如此脆弱。我 18 岁时曾经回到战时的黎巴嫩，虽然夏季炎热，我却感到极度虚弱和寒冷。我得了伤寒。假如不是短短几十年前抗生素被发现，我今天就不会在这儿了。后来我的另一项本可致命的严重疾病也被“治愈”，这多亏了由另一项新近的医学技术带来的治疗方法。能够生活在互联网时代，能够写作并获得读者，我同样是受益于社会带来的好运和我们对大规模战争的避免。而且，我还是人类崛起的结果，它本身也是一个偶然事件。

我的存在是低概率事件的重大结果，而我经常忘记这一点。

让我们回到在 10 步以内成为百万富翁的秘诀。一个成功的人会努力让你相信他的成就不可能是偶然的，正如在轮盘赌中接连赢了 7 次的赌徒会告诉你这种情况出现的概率是几百万分之一，所以你要么相信某种超然力量的控制，要么相信他选择幸运数字的能力和洞察力。但如果你考虑全部赌徒以及全部赌局的数量（总共数百万），很显然这种走运的情况必然会发生。假如你正在谈论这个问题，那么它们已经在你身上发生了。

参照观点如下：不要根据获胜的赌徒（或者走运的卡萨诺瓦、不断东山再起的纽约以及不可战胜的迦太基）的优势情况计算概率，而要根据所有一开始进入赌局的人计算。再一次考虑赌徒的例子。如果你知道全部赌徒的数量，那你几乎可以肯定其中的一个（但你无法预先知道是哪一个）将仅凭运气就赢得巨额奖金。所以，从全部赌徒的参照观点看，这不是什么了不起的事。但从胜者（不考虑输者，这是关键）的参照观点看，一连串胜利似乎太不寻常了，不可能仅用运气解释。注意，“历史”只是一系列时间上的数字。数字可以代表财富、健康、重量——任何事。

## 伪装的原因

这本身就极大地削弱了科学家们经常提出并被历史学家几乎永远误用的“原因”。我们必须接受我们所熟悉的“原因”的模糊性，不管这让我们感到多么不可靠（去掉因果关系的假象也让我们感到不可靠）。我再次强调，我们是寻找原因的动物，习惯于认为一切事情都有确定的原因，并且把最明显的那一个当作最终解释。但实际上可能并没有可见的原因，相反，很多情况下什么也没有，甚至没有任何可供选择的原因。沉默的证据掩盖了这一事实。每当涉及我们的幸存时，原因就被严重削弱了。幸存的条件消灭了所有可能的解释。亚里士多德的“因为”不是为了把两件事联系起来（如我们在第六章看到的），而是为了满足我们习惯寻找原因的潜藏弱点。

把这一逻辑运用于如下问题：为什么黑死病没有导致更多人死亡？人们会提供大量伪装的解释，引用关于黑死病严重性的理论以及流行病的“科学模型”。现在，看看我在本章刚刚强调的削弱因果关系的论点：假如黑死病导致更多人死亡，观察者（我们）就不可能在这里观察。所以这不一定是关于一个留下我们性命的疾病的特点的问题。只要涉及你的幸存，不要忙着寻找因果。我们可能根本无法了解我们从这种疾病中幸存下来的主要原因：我们活下来了，因为卡萨诺瓦式的温馨情境出现了，如果这看上去太难以理解，那是因为我们被因果观念洗脑了，而且我们认为给出原因比接受随机性看上去更聪明。

我认为教育系统的最大问题在于强迫学生把原因从相关问题中分离出来，让他们对不做判断和说“我不知道”感到羞耻。为什么“冷战”结束？为什么波斯人输掉了萨拉米斯战役？为什么汉尼拔后来被打败了？为什么卡萨诺瓦能从逆境中翻身？在每一个问题中，我们都设定了一个条件——幸存，然后寻找原因，而不是完整地说出问题，并指出在幸存的条件下，人们不可能从过程中读出那么多信息，而应该学会求助于随机性（随机性是我们不了解的东西，求助于随机性也就是承认无知）。你的坏习惯不仅培养自你的大学教授，我在第六章已经展示了报纸为何需要在文字中塞满因果关系才能让你愿意看。请非常谨慎地使用“所以”，努力只在通过实验而非事后分析得出结论时才使用这个词。

请注意，我并不是说因果关系不存在，不要以这个论点为借口而不去从历史中学习。我要说的只是因果关系没那么简单。请对“所以”保持怀疑态度，并小心对待它，尤其在你怀疑存在沉默的证据时。

我们已经讨论了沉默的证据的几个版本，它们扭曲了我们对经验现实的认知，使之看上去比实际更可解释（和稳定）。除了证实偏差和叙述谬误以外，各种沉默的证据进一步扭曲了黑天鹅现象的作用和重要性。实际上，它们有时导致总体高估（比如文学成功），有时导致低估（比如历史稳定性和人类物种的稳定性）。

我之前说过，我们的认知系统对于不出现在我们眼前或不引起我们情感注意的事物可能没有反应。我们天生肤浅，只注意我们看到的东西，不注意没给我们留下生动印象的东西。我们向沉默的证据发动了双重战争。潜意识的推理机制（确实存在这样的机制）忽视沉默的证据，即使我们知道需要考虑它。不进入视线则不进入大脑：我们对抽象的东西怀有天性上的甚至行动上的蔑视。

我们在下一章会进一步讨论这个问题。

第九章

# 游戏谬误
# ——愚人的不确定性

如果你是一个钟表修理匠、脑外科医生或棋手，注意力集中是一个好品质。但对待不确定性问题时，你最不需要做的就是“集中”（你应该让不确定性集中，而不是集中注意力）。

## 胖子托尼

胖子托尼是尼罗的一个朋友，叶夫根尼娅极为讨厌他。或许称他“发福的托尼”更为妥当，因为他客观上并不像他的绰号所说的那样过胖，只是他的身材使他无论穿什么都显得不合适。他只穿定做的西服，其中许多是在罗马做的，但看上去好像是他从网上订购的。他手掌肥厚，手指上毛发浓密，他戴着金手链，咀嚼大量气味浓重的甘草糖，以此取代吸烟。他通常不介意人们叫他胖子托尼，但更喜欢人们只叫他托尼。尼罗更礼貌地称他为“布鲁克林的托尼”，因为他的口音和思维都带有布鲁克林风格，尽管托尼是20年前就搬到新泽西的布鲁克林富人之一。

托尼是有着快乐天性的成功的聪明人，交友广泛。他唯一的问题似乎就是他的体重以及家人、远亲和朋友对他的唠叨，他们不断警告他小心早期心脏病。什么减肥方法对他都没用。托尼经常去亚利桑那的一个减肥中心，在那里不吃东西，减掉几磅体重，然后在回程的头等舱中几乎全部补回来。值得注意的是，无论他在其他时候如何令人钦佩地自我控制和自我约束，这对他的腰围都无法起什么作用。

20 世纪 80 年代初期，他开始在纽约一家银行做后台办公室文员，做一些文书工作和杂活。后来他开始从事小型商业贷款，并弄明白了如何从大银行获得融资、它们的部门是如何运行的，以及它们喜欢怎样的书面文件。在做职员的同时，他还开始从金融机构手里买购买破产清算的房产。他的理论是，把不属于自己的房子卖给他人的金融机构不会像房主那样在乎价钱。托尼很快学会了如何与他们谈话和耍伎俩。后来，他还学会了从小银行借钱买卖加油站。

托尼喜欢毫不费力的赚钱方式，这样做让他高兴，他不需要过度劳累，不需要待在办公室，不需要开会，他把所有生意融入了他的私人生活。托尼的座右铭是："看看谁是傻瓜。"显然，银行通常是傻瓜，因为"那些银行职员什么也不在乎"。找出这些傻瓜是他的第二天性。如果你和托尼一同散步，你会发现，只是跟他"闲聊"就能使你更加了解这个世界的构成方式。

托尼非常善于获得电话簿上没有的电话号码、不多花钱的头等舱位或者公家的轿车，他只需动用他的关系或者施展魅力。

## 来自布鲁克林以外的约翰

我在另一个人身上找到了完美的非布鲁克林品质，我叫他约翰博士。他以前是工程师，现在在一家保险公司做精算师。他很瘦，戴眼镜，穿深色西服。他住在新泽西，离托尼的住处不远，但显然他们很少碰面。托尼从来不坐火车，他开一辆凯迪拉克，有时开他妻子的意大利敞篷车，他开玩笑说他坐在车里让车都显得很“娇小”。约翰博士是时间的主人，他的行动像时钟一样精确。他在驶向曼哈顿的列车上安静而迅速地阅读报纸，然后把报纸整齐地折好，留到午餐时继续阅读。托尼帮助餐馆老板致富（当他们看见他来时会露出微笑，并与他寒暄着互相拥抱），约翰则在每天早上小心翼翼地包好他的三明治，把水果沙拉装进塑料餐盒。至于他的穿着，他的西服也像是从网上订购的。

约翰博士工作努力，富有理智，待人温和。他非常认真地对待工作，与托尼不同，你可以看到他的工作与闲暇之间的明显界限。他在得克萨斯大学奥斯汀分校获得了电子工程博士学位。由于他既懂计算机又懂统计学，所以受雇于保险公司做计算机模拟。他喜欢这一行。他所做的大部分工作是运行“风险管理”计算机程序。

我知道，胖子托尼与约翰博士很少能呼吸到同样的空气，更不要说去相同的酒吧，所以让我们把这当作一次想象实验。我会问他们一个问题，然后比较他们的答案。

NNT（就是我）：假设硬币是公平的，因为抛出硬币得到正面与反面的可能性是相同的。我把它抛出 99 次，每次都是正面向上。我下一次得到反面向上的概率是多大？

约翰博士：简单的问题。当然是 1/2，因为你假设每面出现的可能性是 50%。

NNT：你的答案呢，托尼？

胖子托尼：我认为不超过 1%，这是显然的。

NNT：为什么？我最初假定硬币是公平的，每面都有 50% 的概率。

胖子托尼：如果你相信所谓“50%”的说法，你要么是个草包，要么是个傻子。这枚硬币一定被做了手脚。这不可能是公平游戏。（也就是说，在硬币抛出99次，每次都正面向上的情况下，你对公平性的假定很可能是错误的。)

NNT：但约翰博士说是50%。

胖子托尼（在我耳边小声说）：我在银行的时候就知道这些傻瓜。他们的思维太迟钝了，你可以利用他们。

现在，这两个人你更希望谁当纽约市市长？约翰博士完全在条条框框里面思考——别人给他的条条框框，胖子托尼则几乎完全在条条框框以外思考。

为了表达明确，我所说的“愚人”不一定身材肥胖，缺乏美感，面色发黄，戴眼镜，并且随身带着便携式电脑，仿佛它是某种武器。愚人只是指按照条条框框思考的人。

你有没有奇怪过，为什么那么多在校成绩好的人最后一事无成，而那些学业落后的人却在赚大钱、买钻石，甚至获得某个真正学科（比如医学）的诺贝尔奖？这些现象中有些或许是出于运气，但学校知识的简化与反启蒙特性阻碍了人们对现实生活的理解。在智商测试以及任何学术考试（包括体育）中，约翰博士的成绩都会远胜胖子托尼。但胖子托尼会在任何其他原生态、现实生活的环境中打败约翰博士。实际上，胖子托尼虽然缺乏文化，却对现实以及自己要学的知识有着极大的好奇心。在我看来，从实际意义上讲，他比约翰博士更讲究科学性，虽然从社会意义上不一定。

我们会非常深入地探讨胖子托尼与约翰博士的答案之间的差别。这大概是我所知道的两类不同的知识（柏拉图式的知识与非柏拉图式的知识）之间最令人头痛的问题。约翰博士这样的人在平均斯坦之外会导致黑天鹅现象，因为他们的思维是封闭的。但这个问题非常普遍，我将它所造成的最危险的假象称为游戏谬误——我们在现实生活中面临的不确定性与我们在考试和游戏中遇到的简化情况之间几乎没有相同之处。

所以我用下面这个故事结束第一部分。

## 科莫湖畔的午餐

几年前春季的一天，我奇怪地受到一个美国国防部创建的智库的邀请，对方邀请我参加秋季在拉斯维加斯举行的一次关于风险的头脑风暴会议。邀请者在电话中还说“我们会在一个俯瞰科莫湖的露台上吃午餐”。这让我陷入极度的沮丧。拉斯维加斯（以及它的姐妹城市阿联酋的迪拜）大概是我今生永远不想去的地方，科莫湖的午餐将是一场折磨，但令我高兴的是我还是去了。

智库聚集了一群无政治背景的人，他们被称为行动家和学者（以及像我这样不接受任何分类的实践者），他们在各种学科中从事不确定性研究。他们还象征性地将一家大赌场选为开会地点。

讨论会就像一个封闭的大型宗教会议，而聚集在这里的人要不是因为开会，绝不会聚在一起。我感到惊奇的第一点是，那里军人的思想、举止和行为像哲学家，比我们将在第三部分看到的在每周的学术讨论会上吹毛求疵的哲学家像得多。他们在条条框框以外思考，像证券交易员一样，只不过他们做得更好，而且没有反省式的恐惧。我们中间有一位国防部助理秘书，但假如我不知道他的职业，我会把他当成怀疑经验主义实践者。就连一位检查过航天飞机爆炸原因的工程调查员也是博学而思维开放的。会议结束后，我意识到只有军人会以真正的、内省的诚实对待随机性，而不像学者和那些用别人钱的公司经理人。战争电影并没有表现出这一点，它们只把军人模式化为好战的独裁分子。我面前的这些人并不是发起战争的人。实际上，对许多人来讲，成功的国防政策是在不发动战争的情况下消除潜在危险。当我向坐在我旁边的另一位金融人士劳伦斯表达我的惊奇时，他告诉我，军界聚集的人才和风险思想家即使不比所有其他行业多，也比大部分行业多。国防人员想要了解风险认识论。

与会者中有一位管理着一群职业赌徒的绅士，他被大部分赌场拒之门外。他也来跟我们分享他的见识。他坐在一名无聊的政治学教授附近，后者骨瘦如柴，同典型的“大人物”一样，非常珍视自己的名誉，他没有发表任何条条框框以外的观点，没有笑一次。讨论过程中，我努力想象一只耗子从他后背滑下，使他惊慌地扭动身体的刺激场景。他或许善于编造所谓博弈论的柏拉图化模型，但当我和劳伦斯质问他的不当的金融比喻时，他丧失了全部自大。

现在，当你考虑赌场面临的主要风险时，你会想到赌博的环境。人们会想，对赌场而言，风险在于走运的赌徒在胜局中赢走大量的钱，以及作弊者通过欺骗手段拿走钱。不但普通公众是这样想的，赌场管理者也会这样想。因此，赌场配备高科技监视系统来监控作弊者、算牌者以及其他企图投机取巧的人。

每个与会者都做了发言并听取了他人发言。我来是为了讨论黑天鹅现象的，我要告诉他们我只知道一点，那就是我们对黑天鹅现象所知甚少，但其特点就在于它能够欺骗我们，而试图将其柏拉图化会导致更大的误解。军方人士能够理解这些，这一观点以“未知的未知”（与“已知的未知”相对）的说法刚刚在军界流行起来。我对讲话做了准备，我准备提出一个我为这种情况造的新词：游戏谬误。我要告诉他们，我不该在赌场发表谈话，因为它与不确定性没有关系。

## 愚人的不确定性

什么是游戏谬误？

我希望来自赌场的代表能在我之前发言，这样我就可以（礼貌地）向他们说明这次会议不应该选择赌场作为举办场地，因为赌场面临的风险在赌场之外是微不足道的，对它们的研究很难推广。我的观点是，赌博拥有的是被简化和驯养的不确定性。在赌场里，我们知道规则，能够计算概率，之后我们会看到，我们在这里遇到的不确定性是温和的，属于平均斯坦。我要提出的观点是：赌场是我所知道的概率已知且符合高斯分布（钟形曲线）、几乎可计算的人类的唯一冒险场所。你不能指望赌场付给你高于赌资几百万倍的奖金，或者突然在你身上改变规则。

在实际生活中你是不知道概率的。你需要去发现它们，而不确定性的来源是不确定的。不把非经济学家的发现当回事的经济学家，在人为地把奈特风险（可以计算的）与奈特不确定性（无法计算的）分割开来。奈特风险与奈特不确定性的名称来自一个叫弗兰克·奈特（Frank Knight）的人，他重新发现了未知不确定性的概念，对之做了大量思考，但他大概从不冒险，或者生活在赌场附近。假如他冒过经济或金融风险，他就会知道所谓“可计算的”风险在现实生活中基本上是不存在的！它们是实验室里的玩意儿！

但我们会自动自发地给这种柏拉图化的游戏赋予随机性。令我气愤的是，当人们一听说我专门研究随机性问题时，就立即跟我大谈起了骰子。两名为我一本书的平装版做插图的画家不经我同意就在封面及每一章下面加了骰子，这使我勃然大怒。我的编辑知道我的习惯，警告他们“不要犯游戏谬误的错误”，似乎这是一种人们熟知的思维错误。好笑的是，他们两人的反应都是“啊，对不起，我们不知道”。

那些花太长时间研究地图的人很可能把地图错当成了实际地点。去买一本概率和概率思想近代史，你会看到大量“概率思想家”全都把观点放在了这种简化的环境里。我最近看了一下大学生在概率课上都学了什么，结果令人恐惧——他们被游戏谬误和远离现实的钟形曲线洗脑了。在概率理论领域攻读博士学位的人也一样。我想起最近由博学的数学家埃米尔·阿克泽尔（Amir Aczel）写的书《概率》(*Chance*)。这或许是一本不错的书，但与所有其他现代书一样，它是基于游戏谬误的。而且，就算概率与数学有关，我们对现实也只能进行很少的数学化，这一事实并不以钟形曲线代表的温和随机性为前提，而是以突破性的疯狂随机性为前提。

现在，去读读任何经典思想家关于概率问题的现实观点，比如西塞罗的著作，你会发现不同的东西：概率的概念从头至尾都是模糊的。这是正常的，因为这种模糊性正是不确定性的特征。概率是一种自由艺术。它是怀疑主义的孩子，而不是一种供随身带着计算器的人满足他们制造令人炫目的计算结果和确定性假象愿望的工具。在西方思想淹没于"科学"精神之前——人们自大地称之为启蒙——人们会积极地思考，而不是计算。在已经从我们的意识中消失的绝妙论述，即发表于1673年的《论寻找真理》(*Dissertation on the Search for Truth*）中，雄辩家西蒙·傅歇（Simon Foucher）揭示了我们对确定性的心理偏好。他向我们传授怀疑的技巧，告诉我们如何在怀疑与相信之间选择。他写道："要想创造科学，人们必须怀疑，但很少有人认识到在不成熟的情况下不放弃怀疑的重要性……事实是人们通常在无意识的情况下怀疑。"他进一步警告我们："我们自离开母体以来就习惯接受教条。"

借助第五章讨论的证实偏差，我们以游戏作为例子，在游戏中，用概率论能成功地计算概率。并且，正如我们倾向于低估运气在生活中的作用，我们还倾向于高估它在概率游戏中的作用。

"这幢建筑处于柏拉图边界，而生活是在它之外的。"我想大声说。

## 用错误的骰子赌博

当发现这幢建筑在柏拉图边界之外时，我感到颇为吃惊。

赌场的风险管理除了制定赌博规则之外，还以降低由作弊者造成的损失为目标。人们不需要接受大量概率论训练就能明白，赌场的业务在各个不同的赌桌上被充分多样化了，因此不需要担心出现极为走运的赌徒（这是钟形曲线的多样化理论，我们将在第十五章探讨）。他们所要做的就是控制那些从马尼拉或者中国香港飞来占赌场便宜的“大赌客”：这些人会在一场赌局中甩出几百万美元。如果不作弊，大部分单个赌徒的输赢都微不足道，这使他们的总体情况非常稳定。

我曾许诺不详细谈论赌场的尖端监视系统，我只能说我感到自己进入了一部 007 电影，我怀疑赌场模仿了电影的情景，或者就是电影抄袭了赌场。但是，尽管如此先进，赌场的风险与你在明知这是赌场的情况下而做的预期无关。因为实际情况表明，赌场发生过的或幸免的四类最大损失完全在尖端设备的控制之外。

第一类损失——当一名不可替代的表演者在一次重要表演中被老虎咬伤致残时，赌场损失了近 1 亿美元。这只老虎是这位表演者饲养的，甚至在他的房间里睡觉。直到出事之前，没人想到这只猛兽会攻击它的主人。在考虑各种情况时，赌场甚至想过它会跳入人群，但没人想过如何防止它袭击它的主人。

第二类损失——一个心怀不满的承包人在修建赌场酒店附属建筑时受伤，他对于提供给他的安置方案非常不满，以至于试图炸掉赌场。他计划将炸药放在地下室的柱子周围。当然，他的企图被挫败了（否则，按照第八章的逻辑，我们就不会在那儿了），但一想到我可能坐在一堆炸药上面，我就不寒而栗。

第三类损失——赌场必须向国内收入署填报一种特殊的表单，上报每名赌徒的收入（如果收入超过一定数额的话）。然而，负责邮寄表单的人出于某种完全无法解释的原因把它们藏在了桌下的箱子里。这种情况持续了几年，谁也没有意识到出了什么问题。这名雇员不寄出这些文件的做法确实是人们不可能预料到的。然而违反（以及忽视）税务法规的做法是严重违法，这家赌场差一点失去赌场执照，或者遭受吊销执照造成的巨大经济损失。当然，他们最后交了一笔巨额罚款（数额未知），这是解决该问题最走运的方式。

第四类损失——还有许许多多别的危险境况，比如赌场老板的女儿被绑架，为了筹到现金赎金，他不得不违反赌博法，挪用赌场金库中的钱。

结论：一项简单的计算显示，这些黑天鹅事件，也就是我刚刚概括的非常规情况的美元价值，对常规情况的美元价值的比率是将近 1 000 ∶ 1。赌场把数亿美元花在赌博理论和高科技监视系统上，但风险却来自他们的考虑范围以外。

尽管如此，其他人仍然以赌博为例学习不确定性和概率论。

## 第一部分总结

### 美化的东西容易被看见

第一部分讨论的全部问题其实只有一个。你会长时间考虑一个问题，完全被它吸引。不知为什么，你有许多想法，但它们之间却没有明显的联系。你似乎找不到把它们联系起来的逻辑，但在内心深处，你知道它们其实是同一个观点。同时，那些文化市侩、思想界的蓝领告诉你，你的观点分散在不同领域。你回答他们，这些学科是人为武断划分的，所以没有用。然后你告诉他们你是豪华轿车司机，只开非常高档的轿车。于是他们不再理你，你感觉好一些了，因为你与他们不是一路的，因此你不再需要改变自己的观点以符合那些强求一致的学科要求。最后，你获得了一点点动力，于是你发现这一切只是同一个问题。

一天晚上，我在慕尼黑一位前艺术史学家的公寓里参加一个鸡尾酒会，他图书室里艺术书籍的数量超过了我的想象。我在公寓一角人们自发组成的说英语的小圈子里喝着美味的雷司令，希望有机会开口讲我特有的伪德语。我所知道的最具洞察力的思想家之一、计算机企业家尤西·瓦迪（Yossi Vardi）请我简要谈论“我的想法”，而我当时刚刚几杯雷司令下肚，于是没能完成我的即兴演讲。第二天，我突然想起来应该怎么说。我从床上跳下来，脑中想着：美化的东西和柏拉图式的简化东西天生容易被看见。这是知识问题的简单延伸，只不过我们看不到的那一面容易被人们忽视而已。这也是沉默的证据问题。它解释了我们看不见黑天鹅现象的原因：我们为已经发生的事担忧，而不是为那些可能发生却实际上没有发生的事。它解释了我们进行柏拉图化的原因，我们喜欢已知的模式和有条理的知识，以至于我们对现实视而不见。它解释了为什么我们会在归纳问题上犯错，为什么我们要证实，为什么那些在学校“成绩”优秀的人容易上游戏谬误的圈套。

它也解释了为什么黑天鹅事件会发生，而我们却无法从中学习，因为没有发生的黑天鹅现象太抽象了。

我们喜欢可触摸的东西、被证实的东西、显而易见的东西、真实的东西、可见的东西、具体的东西、已知的东西、已观察到的东西、生动的东西、视觉性的东西、有社会特点的东西、被灌输的东西、富有情感的东西、突出的东西、典型的东西、打动人心的东西、富有戏剧性的东西、传奇的东西、美化的东西、官方的东西、学术性的空话、虚有其表的高斯派经济学家、数学废话、华而不实的东西、法兰西学院、哈佛商学院、诺贝尔奖、黑西服白衬衣加领带、令人激动的演讲和耀眼的东西。而我们最喜欢的，是故事。

可惜，现存的人类天性不愿理解抽象事物，我们需要具体背景。随机性和不确定性是抽象事物。我们尊重发生的事，忽视本来可能发生的事。

也就是说，我们天生肤浅，却浑然不知。这不是心理学问题，它来自信息的主要特性。人们很难看到月亮的阴面，照亮它是需要花费能量的。同样，照亮没有被看到的事物既费力又劳神。

## 与灵长类的距离

历史上，人的等级有过多种划分方法。希腊人把人类划分为希腊人和野蛮人，后者为生活在北方、说着在雅典人听来类似于动物尖叫的奇怪句子的人。英国人认为较为高级的生命形式是绅士，与今天的概念不同，绅士在生活中是闲散无事而注重举止的，除了必须遵守一系列礼节之外，还要避免在保证舒适的生活之外过多地工作。纽约人把人划分为有曼哈顿邮政编码的人和住址为布鲁克林或者皇后区（更糟）的人。尼采在早期把人分为太阳神阿波罗式的和酒神狄奥尼索斯式的；后来尼采提出了超级人物的概念，他的读者则根据自己的情况对其做出理解。对于现代斯多葛派（禁欲主义者）而言，一个高等人认同高尚的道德体系，该体系对人的行为高尚性做出评价，并把结果与努力分离开来。所有这些划分方式旨在扩大我们与其他灵长类近亲的距离。（我一直坚持认为，在决策问题上，我们与这些多毛的表亲之间的距离比我们以为的小得多。）

我建议，如果你想一步跨入更高级的生命形态、与动物的距离越远越好，那么你最好远离叙述谬误的来源：关掉电视机，尽可能少读报纸，不看博客，训练推理能力以控制决策，对重要决策注意避免使用系统 1（启发性或实验性系统），训练自己辨别情感与经验事实之间的区别。这种对毒害来源的避免还有一个好处：它会改善你的身心状况。同样，请记住在概率（一切抽象概念之母）方面我们是多么肤浅。你不需要再做什么旨在提升对周围事物理解的事。首要的是，要学会避免“过滤性错误”。

现在简要介绍接下来的内容。我通过赌场揭示了人们柏拉图式的盲目有另一个表现形式：注意力只向某些事物集中。如果你是一个钟表修理匠、脑外科医生或棋手，注意力集中是一个好品质。但对待不确定性问题时，你最不需要做的就是“集中”（你应该让不确定性集中，而不是集中自己的注意力）。“集中”让你受骗，它会演变成预测问题，我们会在接下来的内容中看到。预测，而非叙述，是对我们理解世界的真正检验。

# 第二部分

# 我们难以预测

当我请人们说出3项对当今世界影响最大的新技术时，他们通常会说计算机、互联网和激光。这3项技术在出现时都是非计划的、出乎意料的。黑天鹅现象的影响越大，我们越难预测。很遗憾。它们的价值也未得到认识，而且在最初投入应用时，它们的价值仍然未得到认识。它们有巨大的影响，它们是黑天鹅。当然，在事后，我们会有它们落入了某种总体规划的错觉。不论政治事件、战争还是"智力传染病"，你可以列举出你自己的有类似影响的事件清单。

你应该料到我们的预测记录是很可怕的：世界比我们想象的复杂得多，这并不是问题，除非我们大部分人不知道这一点。对待未来，我们习惯于"过滤"，我们习惯于以为它是正常的、不存在黑天鹅事件，而实际上，未来根本没有正常可言。它不属于柏拉图的范畴！

我们已经看到我们多么擅长事后叙述、编造故事、使自己相信我们理解了历史。对许多人而言，知识的强大作用在于制造自信，而不是提高能力。另一个问题是：人们只关注（不重要的）常规事物，喜欢把事物柏拉图化，从而只按照一定的条条框框预测未来。

令人惊讶的是，尽管我们的记录很糟糕，但我们却在使用一些不考虑稀有事件的工具和方法继续预测未来，似乎我们擅长此道。预测在我们的世界中是完全制度化的。我们上了那些教我们理解不确定性的人的当，不管他们是算命先生、无聊的学者，还是使用伪数学的公仆。

## 从约吉·贝拉到亨利·彭加莱

美国伟大的棒球教练约吉·贝拉说过："预测是很难的，尤其是预测未来。"虽然他没有写过什么让他成为哲学家的东西，但由于他的智慧和思维能力，可以说他是懂得随机问题的。他是不确定性问题的实践者，作为棒球运动员和教练，他经常面对随机的结果，并切身体会到了它们的影响。

实际上，约吉·贝拉并非第一个意识到未来不为我们能力掌控的思想家。许多不那么出名但思考能力毫不逊色的思想家都研究过人类在这个问题上的局限性，从哲学家雅克·哈达玛（Jacques Hadamart）、亨利·彭加莱（通常被认为是数学家），到哲学家弗里德里克·冯·哈耶克（Friedrich von Hayek，通常被认为是经济学家），再到哲学家卡尔·波普尔（通常被认为是哲学家）。我们可以称之为贝拉–哈达玛–彭加莱–哈耶克–波普尔猜想，它指出了预测行为的本质内在局限。

“未来不会同过去一样。”贝拉后来说。他似乎是对的：我们把世界模式化（并对之进行预测）的能力的增强，在世界复杂性的增强面前微不足道，这说明未被预测的部分所发挥的影响越来越大。黑天鹅现象的影响越大，我们就越难预测。很遗憾。

在探讨预测的局限性之前，我们将讨论我们在预测方面的历史记录，以及知识的增加与信心的增加之间的关系。

# 第十章
# 预测之耻

即使我们生活在大事件很少发生的平均斯坦，我们仍然会低估极端事件发生的概率，我们会认为它们离我们很遥远。

一个 3 月的晚上，几个男人和女人站在悉尼歌剧院外的平台上俯瞰海滩。时值悉尼的夏末，但男人们都穿着外套。女人们更耐热，但行动却受到高跟鞋的限制。

他们都是来享受精致生活的。很快，他们就会听一群肥胖的男人和女人唱上几个小时的俄罗斯歌剧。许多热衷歌剧的人看上去都在 J. P. 摩根或别的金融机构工作，这种地方的员工与属于别人的大量财富打交道，这使他们感到要用某种精致的方式（比如喝红酒和听歌剧）释放生活的压力。但我不是去欣赏新精致主义（neosophisticates）的，我去是为了看一眼悉尼歌剧院，它出现在所有澳大利亚的旅游宣传册上。确实，它很引人注目，尽管它看上去是那种为了打动别的建筑师而造的建筑。

晚间在悉尼这处叫作岩石区的宜人地方散步是一种朝圣。虽然澳大利亚人以为他们建造了一座使他们的天空风景线与众不同的杰出建筑，但实际上他们只是建造了一座显示人类在预测、计划和把握对未来的未知知识方面失败的纪念碑——我们对未来系统性的低估。

澳大利亚人所建造的实际上是标志人类认知自大的符号。事情的经过是这样的。悉尼歌剧院原计划造价 700 万澳元，在 1963 年年初开放。最终它的开放晚了 10 年，虽然规模比原先的设计小，却花费了近 1.04 亿澳元。虽然世界上不乏更为严重的计划失败，或者预测失败（比如一切重大历史事件），但悉尼歌剧院提供了计划及预测困难在美学（至少是美学理论）上的例子。歌剧院的例子将是我们在本章讨论的后果最不严重的认知扭曲（它只涉及钱，而且没有导致无辜的人流血），但它却是最具象征意义的。

本章有两个主题。首先，我们在自以为拥有的知识方面非常自大。我们知道的当然很多，但我们有一种内在的倾向：以为我们比实际上知道的多一点，正是这一点会不时招致严重的麻烦。我们会搞清楚如何在你自己身上找到这种自大，并对其进行衡量。

其次，我们会讨论这种自大对包括预测在内的所有行为的影响。

我们究竟为什么如此喜欢预测？更糟糕也更有趣的是：为什么我们不提我们在预测方面的记录？为什么我们看不到我们在（几乎）所有大事件上的预测失败？我把这称为预测之耻。

## 凯瑟琳的情人之谜

让我们讨论一下我所说的认知自大，即我们面对知识局限性的自大。确实，我们的知识在增长，但它受到自信增长的威胁，我们的知识在增长，我们的疑惑、无知和自负同时也在增长。

有一间挤满人的屋子。随机选择一个数字，这个数字可以代表任何东西：乌克兰西部精神错乱的股票经纪商的比例，英文单词含有字母r的几个月份中本书的销量，商业类图书编辑（或作者）的平均智商，俄国女皇凯瑟琳二世的情人数量等等。让屋子里的每一个人独立地为这个数字估计一个可能的范围，并且他们要相信自己的估计有 98%的可能性是正确的，

2%的可能性是错误的。也就是说，不论他们估计的对象是什么，他们估错的可能性大约为 2%。例如：

“我 98%地确信拉贾斯坦的人口在 1 500 万到 2 300 万之间。”

“我 98%地确信俄国女皇凯瑟琳的情人数量在 34 到 63 之间。”

你可以数数多少人的估计是错误的，从而了解人的本性。每 100 人当中应该不超过两人估计错误。请注意，受试者（你的受骗者）可以任意设定估计范围：不是你在评价他们的知识，是他们对自己的知识做出评价。

现在来看实际结果。与生活中的许多事一样，结果是人们没有预料到的、突然的，也是意外的，人们需要一段时间才能消化。据说，注意到这一点的研究者艾伯特（Albert）和雷法（Raiffa）本来在寻找别的更为乏味的结果：在不确定性条件下，人们在决策中如何估计可能性（学者称之为“校准”）。结果使这两位研究者感到迷惑：预料中 2%的错误比例在实际上接近 45%！更能说明问题的是第一批受试者包括哈佛商学院的学生，他们是一群并不以谦虚或内省著称的人。后来两位研究者对更谦虚的人群做了研究。看门人和出租车司机都非常谦卑。而政客和公司管理者，啊……我后面再谈他们。

我们对自己的知识是不是自信过头了 22 倍？看来是的。

这一实验被重复了数十次。它测试过不同地区、职业和文化背景的人，几乎所有的经验心理学家和决策理论家都在自己的课堂上做过这一实验，以向他们的学生展示人类的这个大问题：我们的智慧还不够，我们的知识不值得信赖。预期中 2%的错误率通常实际上达到 15%~30%（不同的人群和主题会使预测错误率有所不同）。

我也测试了自己，毫无疑问，我也失败了，即使我有意识地谨慎设定了很宽的估计范围，但我们将会看到，这种低估恰好是我所从事职业的核心问题。这种偏差似乎存在于所有文化中，包括那些崇尚谦虚的文化，吉隆坡与黎巴嫩艾姆云的测试结果恐怕不会有很大的不同。一天下午，我在伦敦做了一次演讲。在去往演讲地点的路上，我一直在脑子里打底稿，因为出租车司机“寻找拥堵”的能力超出了平均水平。我决定在演讲时做一个快速实验。

我请听众猜一猜作家翁贝托·埃克的图书馆里有多少书。60 名听众中，没有一个人的猜测范围宽到包括这个实际数字（2%的错误率变成了100%）。这次实验或许有些失常，但相关数量越超出常规，错误率越高。有趣的是，这群听众的估计分为高低两极：低的估计 2 000~4 000 册，高的估计 30 万~60 万册。正确答案是 3 万册。

确实，明白这个测试意图的人能够给出安全的估计，即把范围设为零到无穷大，但这就不是“校准”了，这个人的估计什么信息都不包含，因此也不能给决策者提供信息。在这种情况下，还不如更诚实地说：“我不想玩这个游戏，我一点概念也没有。”

发现反例是不足为奇的，有的人会走向相反的方向，即高估自己的错误率：你的表兄可能说话格外谨慎，或者你的大学生物学教授表现出不正常的谦卑。我在这里讨论的行为倾向是针对平均水平而言的，而不是针对某一个人。在平均水平周围总有许多偏离者，因此必然会存在反例。这些人属于少数，并且，由于他们很难获得重要地位，因此他们在社会中的影响力也不大。

认知自大有双重影响：我们高估自己的知识和低估不确定性（也就是低估未知事物的范围）。

这一认知扭曲的影响不仅仅限于知识领域：你只需要看看周围人的生活，就会发现几乎所有与未来有关的决策都受到它的影响。人类长期以来始终低估未来偏离我们最初看到的过程的水平（这更加剧了其他具有复合影响的偏差的影响）。一个明显的例子就是离婚。几乎所有离婚的人都知道 1/3~1/2 的婚姻是失败的，而当他们自己结婚时并没有预见这样的结果。当然，“我们不会”，因为“我们相处得很好”（好像其他结婚的人相处得不好似的）。

我要提醒读者，我不是在测试人们知道多少，而是在评估人们实际上知道的与他们以为自己知道的之间的差别。我想起当我决定从商时，我母亲为我构想的赚钱办法只是出于玩笑。我母亲虽然不一定不相信我的能力，但对我表现出来的信心持讽刺态度。她为我找到了一个赚大钱的办法。怎么赚？知道怎样以我的实际价值购买我，并以我认为我值的价钱卖出我的人能够赚一笔很大的差价。虽然我不断让她相信我隐藏在自信外表下的谦虚和不安全感，虽然我不断告诉她我会自我反省，她还是怀疑我。不管反省还是不反省，直到我在写这本书的时候，她仍然开玩笑说我有点自视过高。

## 再谈黑天鹅盲点

上述简单测试表明了人类有低估意外事件，即黑天鹅现象发生概率的固有倾向。我们习惯于将每 10 年发生一次的事看作只会每 100 年发生一次，我们还以为我们知道正在发生什么。

这种错误估计还有更微妙的地方。实际上，意外不只是被低估，还被错误估计，而两个方向的错误估计都有可能发生。我们在第六章看到，人们也会高估非正常事件或某些特定的非正常事件发生的概率（比如在感性画面进入他们脑海时），这也正是保险公司赚钱的原因。因此，我的一般观点是，这些事件发生的概率很容易被错误估计，其中大部分为严重低估，少部分为严重高估。

事件发生的可能性越低，估计错误就越严重。到目前为止，在前面讨论的实验中，我们只考虑了 2% 的错误率，但假如你看一看事件概率为百分之一、千分之一或百万分之一的情况，那么你会发现估计的错误率会变得很大。事件概率越小，人们的认知自大就越严重。

请注意我们的一种特殊直觉判断：即使我们生活在大事件很少发生的平均斯坦，我们仍然会低估极端事件发生的概率，我们会认为它们离我们更遥远。即使面对符合高斯分布的变量，我们仍会低估我们的错误率。我们的直觉属于一个次平均斯坦，但我们并不生活在平均斯坦。我们每天需要估计的数字主要属于极端斯坦，也就是说，它们具有集中性，受到黑天鹅现象的影响。

### 猜测与预测

对一个信息不完整或信息缺失的不具随机性的变量（比如凯瑟琳二世的情人数量）的猜测，与对一个随机变量（比如明天的失业率或明年的股票市场情况）的预测是没有区别的。从这个意义上讲，猜测（我不知道但别人可能知道的事情）与预测（还没有发生的事情）是同一回事。

为了进一步理解猜测与预测之间的联系，假设你需要估计的是一个不那么有趣但对某些人而言非常重要的问题，比如下个世纪的人口增长率、股市回报率、社会保障金赤字、石油价格或者 20 年后巴西的环境状况，而不是凯瑟琳女皇的情人数量。或者，假如你是叶夫根尼娅的出版商，你可能需要估计书的未来销量。我们现在进入了危险领域：大部分从事预测的专业人士同样受上述智力折磨影响。而且，专业从事预测的人比非专业人士受到影响的程度更大。

## 信息对知识有害

你可能想知道学习、教育和经验是如何影响人的认知自大的，在以上测试中受过教育的人与其他人相比会得到怎样的分数（以出租车司机米哈伊尔为基准）？你会对答案感到惊奇：分数取决于职业。我将首先讨论那些处于预测行业的“掌握信息”的人相对于其他人的优势。

我曾拜访过一位在纽约某家投资银行工作的朋友，我在他那里看见一个情绪激动、有“造物主”派头的人走来走去，他戴着的头戴式耳机的右边有一个麦克风，这使我在与他 20 秒的谈话中看不到他的嘴唇。我问我的朋友为什么那个人要戴着那个耳机。“他喜欢与伦敦保持联系。”他回答。当你受雇于人，因此依赖于他人的评价时，显得忙碌能帮助你在结果不确定的环境中邀功。显得忙碌能够加强人们对结果与你的作用存在因果关系的判断。对于那些鼓吹自己的“存在”与“领导”在公司业绩中的作用的大公司CEO们更是如此。我没有听说过谁研究他们用于谈话和接受琐碎信息的时间有多大有效性，也没有几个作者有勇气质问CEO在公司成功中究竟有多大作用。

我们来讨论一下信息的一个主要影响：妨碍知识。

亚里士多德·奥纳西斯（Aristotle Onassis）或许是第一个被附属化的企业巨头，他最初的成名是因为他的富有，以及对财富的展示。作为来自土耳其南部的希腊难民，他来到阿根廷，靠进口土耳其烟草大赚了一笔，然后成为船运巨头。当他与美国总统约翰·F. 肯尼迪的遗孀杰奎琳·肯尼迪结婚时，他遭到了谩骂，因为他使伤心欲绝的歌剧演员玛丽亚·卡拉斯把自己关在一间巴黎公寓中等死。

如果你研究了奥纳西斯的一生——这正是我年轻时做过的——你会发现一件有趣的事：传统意义上的“工作”不属于他的范畴。他甚至没有一张办公桌，更不要说办公室。他不仅是交易者（这确实不一定需要办公室），他还掌管着一个船运帝国，他必须进行日常管理。他的主要管理工具是一个笔记本，其中包含所有他需要的信息。奥纳西斯一生努力融入名流阶层，并追求（和搜罗）女人。他通常在中午醒来。如果需要法律提议，他会在凌晨两点把他的律师们召集到巴黎的某个夜总会。据说他有不可抗拒的魅力，这有助于他利用别人。

让我们放下那些奇闻逸事。将奥纳西斯的成功与他的特有方式联系起来可能会有“被随机性愚弄”之嫌。我或许永远弄不清奥纳西斯到底是有能力还是有运气，虽然我确信他的魅力为他打开了方便之门，我可以做的是通过针对信息与知识之间关系的经验研究对他的方式做严格检验。所以，对于“日常经营的琐碎知识可能是无用的，甚至是有害的”这一说法，是可以间接而有效地加以检验的。

把一张模糊的消火栓图片——模糊到人们无法认出图片上是什么——给两组人看。对其中一组，分10次逐步提高图片的清晰度，对另一组分5次提高清晰度。在两组人看到相同清晰度图片的时候停下来，请他们说出看到的是什么。经过较少中间步骤的那一组可能更快地辨认出消火栓。这意味着什么？你提供的信息越多，人们就会形成越多假设，他们的结论就越糟糕。他们看到了更多的随机噪点并将其当成了信息。

问题是，我们的思维是有惯性的：一旦形成一个观点，我们就很难改变，所以情况对那些推迟形成观点的人更有利。当你以糟糕的证据为基础形成观点时，你会很难解释与这些观点矛盾的后续信息，即使这些新信息更明显、更准确。有两个机制在起作用：我们在第五章讨论了证实偏差，以及信念坚持偏差，即坚持不改变已有观点。请记住，我们把思想当作财产，所以很难舍弃它们。

消火栓实验最早出现于20世纪60年代，之后被重复过数次。我还用信息数学研究过这一效应：人们对于经验现实的细节知识了解越多，看到的噪点（也就是那些奇闻逸事）就越多，也越可能把它们错当成真实信息。请记住我们是受情感影响的。每小时收听广播新闻比阅读周刊要糟糕得多，因为较长的时间间隔能够过滤掉一些信息。

1965年，斯图尔特·奥斯坎普（Stuart Oskamp）向临床心理医生提供了一系列档案，每份档案都提供了关于患者的更多信息，但心理医生的诊断能力并没有随着信息的增加而提高。他们始终对最初的诊断更有信心。确实，人们不会对 1965 年的心理医生有太高期望，但这些结果似乎在各个学科都是一致的。

最后还有一个说明问题的实验，心理学家保罗·斯洛维克让赌马者从 88 个他们认为对计算胜率有用的变量中做出选择。这些变量包括各种各样关于历史赛马结果的统计信息。赌马者先得到 10 个最有用的变量，然后对赛马结果做出预测。然后他们再得到 10 个变量，再做出预测。信息的增加并没有提高预测的准确性，只不过他们对预测的信心极大地提高了。信息被证明是有害的。我一生中大部分时间都在“越多越好”这样的庸俗观念中挣扎。有时候多是好的，但并非总是如此。知识的危害性在我们对所谓专家的研究中能够显露出来。

## 专家问题，可悲的虚有其表

到目前为止，我们还没有质疑过专业人士的权威，我们只是质疑他们对自己知识的有限性做出评价的能力。认知自大并不排除技能的存在。一个管道修理工几乎总会比顽固的评论员更懂得管道修理。一个疝气外科医生在疝气方面的知识几乎不可能比胃癌知识少。但另一方面，专家对概率却处于无知状态，而且你比专家更了解这一点。不论任何人告诉你任何事，对专家思考过程的错误率提出疑问都是有好处的。不要质疑他的过程，只要质疑他的自信。（作为一个被医生骗过的人，我学会了谨慎，并且我号召所有人谨慎：如果你带着某种病症走进一个医生的办公室，不要听他讲你患的不是癌症的概率。）

我会分别讨论如下两种情况：温和的情况，即在拥有（某种）能力的情况下的自大；严重的情况，即自大而没有能力（虚有其表）。对于有些行业，你懂的比专家还多，但却是你为他们的观点付钱，而不是他们付钱请你听他们胡说。这是哪些行业呢？

## 变与不变

关于所谓的专家问题有大量文献，它们对专家的能力做出了实证检验，但结果最初看来有点令人疑惑。一方面，保罗·米尔（Paul Meehl）和罗宾·道斯（Robyn Dawes）等研究者否认专家的能力，他们告诉我们“专家”是最接近骗子的人：这些人的思考能力比只使用一个变量进行计算的计算机好不了多少，他们的直觉妨碍了他们的思考，并使他们变得盲目。（举一个只使用一个变量的例子，流动资产与流动负债的比率比大多数信用分析师的作用更大。）另一方面，大量文献表明，许多人能够凭借直觉打败计算机。哪一个是对的？

有些学科的确存在真正的专家。我们考虑下面这几个问题：你愿意让某报纸的科学记者还是有执照的脑外科医生为你做脑部手术？你愿意听某个“著名”学院（比如沃顿商学院）毕业的金融博士还是某报纸的商业版作家对经济做出预测？虽然第一个问题的答案非常明显，但第二个问题的则不然。我们已经认识了“技术”和“知识”的区别。

心理学家詹姆斯·尚蒂（James Shanteau）研究了哪些学科存在真正的专家、哪些学科没有。请注意这里的证实问题：如果你要证明没有专家，那么你需要找到一个专家无用的领域。你也可以以同样的逻辑证明相反的观点。但有一个问题：有的领域专家是起作用的，有的领域则无法证明存在特定技能。这些各是什么情况呢？

**是专家的专家：**牲畜检验员、宇航员、飞机试驾员、土壤检验员、国际象棋大师、物理学家、数学家（研究数学问题而非经验问题）、会计师、谷物检验员、图像分析员、保险分析师（研究钟形曲线统计问题的）。

**不是专家的专家：**证券经纪商、临床心理医生、精神病医生、大学招生负责人、法官、顾问、人事官员、情报分析师（虽然花了那么多钱，但美国中央情报局的历史表现很令人遗憾）。我还要加上我自己分析文献的结果：经济学家、金融预测者、金融学教授、政治科学家、"风险专家"、国际清算银行员工、国际金融工程师协会的傲慢成员以及个人金融咨询师。

很简单，因变化而需要知识的领域通常是没有专家的，而不变的领域似乎会有专家。也就是说，与未来有关，并且其研究是基于不可重复的过去的行业通常没有专家（天气预测以及涉及短期物理活动，而非社会经济活动的行业除外）。我并不是说任何从事未来预测的人都不能提供有价值的信息（如我之前指出的，报纸能够非常准确地预测剧院开门的时间），而是说那些无法提供具有可见价值信息的人通常从事预测行业。

认识这一点的另一个角度，就是看到变化的事物通常易受黑天鹅事件的影响。专家就是一群习惯"筛选"的思维狭隘的人。在筛选不导致错误的情况下，由于黑天鹅事件的影响很小，专家会表现不错。

进化心理学家罗伯特·特里弗斯（Robert Trivers）是一个有着非凡洞察力的人，他有不一样的答案。（凭借他在努力进入法学院期间形成的思想，他成为自达尔文以来最有影响力的进化思想家。）他用自欺来解释。在存在古老传统的领域，比如掠夺，我们非常善于通过衡量力量对比预测结果。人类和黑猩猩能够立即感知对立的双方中哪方处于上风，并对是否发动袭击抢夺物资和配偶做出成本收益分析。一旦发动袭击，你会使自己进入忽略额外信息的错觉思维状态——在战斗中最好避免摇摆。另一方面，与偷袭不同，发动大规模战争不属于人类天性，我们是新手，所以我们经常错误估计它们的持续时间，而高估我们的相对实力。回忆一下人们对黎巴嫩战争持续时间的低估。参加世界大战的人以为它只是一场小争端。越南战争、伊拉克战争以及几乎所有现代战争都是如此。

你不能忽视自我欺骗。专家的问题在于他们不知道自己不知道什么。

知识的缺乏与对你所掌握的知识的错觉是相伴而行的，你在知识减少的同时也变得对自己的知识更加满意。

而且，我们不是做范围预测，我们喜欢做精确预测，并相信自己预测精确数字的能力。

## 怎样笑到最后

我们还可以从交易活动中研究预测错误。数理专家掌握着大量经济和金融预测数据，从宏观经济变量的一般数据，到电视“专家”和“权威”的预测数据。这类数据的充足性以及我们用计算机处理它们的能力，使得这个问题对经验主义者毫无意义。假如我是一名记者或者一名历史学家，我评价起这些口头预测的有效性来就会困难得多。你无法用计算机处理口头评论，至少没那么容易。而且，许多经济学家会犯一种天真的错误，那就是针对许多变量提出许多预测，这使我们形成了一个关于经济学家和变量的数据库，让我们能够看出哪些经济学家比其他经济学家优秀（没有很大差别），或者是否存在一些他们能够较为准确地预测的变量（唉，可惜没有）。

对于近距离观察我们的预测能力，我处于一个近水楼台的位置。在我全职从事交易的日子里，我的电脑屏幕每周都会有一两次在早上 8 点半闪现美国商务部、财政部或其他体面的大机构公布的数字。我一直不明白这些数字是什么意思，也一直看不出花精力弄明白它们的必要。所以，我不会对它们有任何兴趣，只除了一点，那就是人们非常热衷于这些数字，他们热情地谈论它们的隐含意义、大做预测。这些数字包括消费者价格指数（CPI）、非农业从业人数（就业人数的变化）、先行经济指标指数（Index of Leading Economic Indicators）、耐用品销量、国内生产总值（最重要的一个）以及许多其他依出现时机不同而制造不同兴奋水平的指标。

这些数据贩子让你能够了解“顶尖”经济学家的预测，他们是为 J. P.

摩根和摩根士丹利这类令人敬畏的大机构工作的（穿西装的）人。你会看到这些经济学家夸夸其谈、以一种雄辩而肯定的语气大谈理论。他们大部分人赚着7位数的收入，俨然一副明星的派头，他们背后则有成群的研究员处理数据和预测结果。但这些明星却很愚蠢，竟会在大庭广众之下大谈这些预测数字、让他们的子孙能够看到并评价他们的能力。

更糟糕的是，许多金融机构每到年底都会发行名为“20××年展望”的书、对来年做出预测。当然，他们不会检查他们之前的预测在事后的准确性。公众不进行下面这个简单的测试就购买这些预测则更为愚蠢——虽然这个测试很简单，但很少有人做过。这个简单的实证检验就是把这些明星经济学家与一个假想的出租车司机（就像第一章中的司机米哈伊尔）做比较：假想一个对比对象，他把最近公布的数字当作对未来的最佳预测，而他本人什么也不知道。接下来你只需要把明星经济学家的错误率与假想的对比对象做比较。问题在于，当你被各种故事弄得晕头转向时，你会忘记做这个测试的必要性。

## 重大事件出人意料

预测的问题更为微妙。它产生的原因主要在于我们生活在极端斯坦，而非平均斯坦。我们的预测者可能更善于预测常规事物，而不是非常规事物，这就是他们预测失败的原因。只要犯一次对长期趋势的预测错误，比如错误地预测利率从6%到1%的长期变化（2000~2001年的实际情况），那么接下来的预测都无法修正你的累积错误。重要的不是你预测正确的频率，而是你的累积错误有多大。

预测的累积错误在很大程度上来自大的意外事件。不但经济、金融和政治预测无法预测它们，这些预测还羞于提及任何非常规的事，而事实上重大事件几乎总是非常规的。而且，如我们将看到的，经济预测者习惯于互相重复观点，而不是提出接近未来的真相。谁也不愿意突出自己。

我的测试并不正式，它以商业和娱乐为目的，是供我自己消遣而不是为发表而设计的，因此下面我将引用其他研究者更为正式的结果，它们经历了漫长的发表过程。我惊异于人们对这些行业的有用性的反省如此之少。针对三个行业——证券分析、政治学和经济学存在一些正式测试，但不多。在未来几年毫无疑问会有更多测试（也许没有，因为这类论文的作者或许会被他们的同事排挤）。在近100万份政治学、金融学和经济学论文当中，只有极少部分对这些知识在预测方面的作用提出了质疑。

## 像牛一样结群

一些研究者研究了证券分析师的工作状况和态度，结果很令人吃惊，尤其是他们的认知自大。塔德乌什·蒂什卡和皮耶·捷隆卡把他们与天气预测员做了比较，结果是他们的预测能力更差，但他们对自己的技能却更为自信。出于某种原因，在预测失败之后，这些分析师的自我评价并没有降低他们的错误率。

2006年6月，我去巴黎拜访让·菲利普·鲍查德时，曾向他哀叹这类研究的稀少。他是一个孩子气的人，看上去年纪只有我的一半，实际上却只比我年轻一点儿。我半开玩笑地将这归因于物理之美。实际上他并不是严格意义上的物理学家，而是一名数理科学家，他运用统计物理学方法研究经济变量（这一领域由贝诺特·曼德尔布罗特在20世纪50年代末开创）。该学科不使用平均斯坦的数学，所以他们似乎对真理感兴趣。他们完全处于主流经济学和商学院金融学之外，他们在物理和数学院系谋得了一席之地，并常常在证券公司谋得一席之地（交易员雇用经济学家主要是为了让他们给不那么精明的客户讲故事，而非为自己服务）。与穿西装、编造理论的经济学家不同，他们使用经验方法来观察数据，并且不使用钟形曲线。

鲍查德拿出了一篇令我吃惊的研究论文，这篇论文是一个在他指导下的暑期实习生刚刚写完的，并且即将发表。这篇论文仔细研究了证券分析师的 2 000 项预测。研究结果是这些证券公司的分析师什么也没预测，一个随便把某一期的数字当作对下一期的预测的人也不会比他们做得更糟糕。但分析师们掌握了各家公司的订单、未来合约、计划支出等信息，所有这些信息优势应该能够帮助他们打败某个只看过去数据而没有进一步信息的无知预测者。更糟糕的是，这些预测者的预测错误比单个预测之间的平均差异大，这表明存在结群现象。正常情况下，单个预测之间的平均差异应该与平均预测错误一样大。但为了理解他们如何保住工作，以及为什么他们没有出现严重的崩溃现象（体重减轻、行为怪异或者酗酒），我们必须看一看菲利普 · 泰洛克的研究。

## 我“几乎”是对的

泰洛克研究了政治和经济“专家”。他让不同的专业人士判断某个特定的时间范围内（大约 5 年之后）一些政治、经济和军事事件发生的可能性。他一共获得了大约 27 000 份预测，涉及近 300 名专业人士，经济学家占样本的近 1/4。这项研究表明，专家的错误率比估计的高很多。他的研究揭示了一个专家问题：一个人拥有博士学位和拥有学士学位是没有区别的。发表文章众多的教授相对于记者没有任何优势。泰洛克发现的唯一正常的事实就是名望对预测的消极影响：拥有显赫声望的人比没有声望的人预测得更糟糕。

但泰洛克并不是只想揭示专家的实际预测能力（尽管该研究在这一点上相当具有说服力），他更希望解释为什么专家们没有意识到他们不太擅长本行，也就是说，他们是如何编造故事的。这种不自知是存在某种逻辑的，主要是信仰维护，或者对自我评价的捍卫。于是他更深入地研究了他的受试者为事件编造事后解释的机制。

我不准备谈一个人的自我意识是如何影响他的认知的，我想讨论预测盲点更广泛的方面。

**你对自己说你在玩不同的游戏。**假设你没能预测到苏联的衰败和突然瓦解（没有哪个社会科学家预测到了这一点），你可以声称你对于苏联的政治体系很在行，但这些极具俄罗斯特点的俄罗斯人善于向你隐藏关键的经济因素。假如你掌握了这些经济情报，你本可以预测苏联政权的终止的。错不在你的能力。假如你曾预测阿尔·戈尔压倒性战胜乔治·W.布什，原理也是一样。你不知道经济陷入了如此可怕的境地；实际上，似乎所有人都没有发现这一事实。嗨，你不是经济学家，而这场游戏实际上是关于经济的。

**归因于意外。**有一些超出系统、超出你的科学范畴的事情发生。鉴于它是不可预测的，你没有什么错。它是一个黑天鹅事件，而你没有责任预测黑天鹅事件。黑天鹅事件本质上是不可预测的。这些事件是“异类”，来自你的科学之外。或者是发生概率非常非常低的事件，如千年一遇的洪水，我们恰好不幸碰上了。但下一次，它不会再发生。这种把眼光局限于狭窄的范围和既定教条的做法，正是数学在社会问题上失败的原因。模型是正确的，但游戏不是人们预期中的那一个。

下面这个例子揭示了一般的思维缺陷。这些“专家”具有偏向性：如果他们对了，他们将其归功于他们的洞察力和专业能力；如果他们错了，他们要么怪具体形势超出常规，要么根本不知道自己错了，并继续编故事。他们很难承认自己的知识有限。但我们的所有行为都有这种特点：我们体内有一种维护自我评价的东西。

人类在对随机事件的认识上容易犯不对称的错误。我们把成功归因于能力，把失败归因于在我们控制之外的事物，比如随机性。对好结果我们感到有功劳，对坏结果却不感到有责任。这使我们以为我们在谋生的领域比其他人都在行。94%的瑞典人相信他们的驾驶技术在瑞典司机中排在前50%，84%的法国人认为他们的调情技巧在全法国排在前 50%。

这种非对称性的另一个结果是，我们以为自己不同于那些没有这种非对称性思维的人。我已经提过结婚者对未来的不现实预期。想一想有多少家庭对未来进行筛选性假设，他们把自己锁在牢固的房产中，以为会在那里生活一辈子，而不知道人们过稳定生活的记录很糟糕。他们难道没有看见那些衣冠楚楚的房地产经纪人开着漂亮的德国轿车到处转吗？我们是极为漂泊不定的，比我们计划的不稳定得多，而且不得不如此。想一想有多少突然失去工作的人料到了这一点，即使只提前几天，或者想一想有多少瘾君子在一开始是打算长期吸毒的。

泰洛克的实验还提供了另一个教训。我之前已经提过，他发现许多大学明星或者“顶尖刊物的撰稿人”并不比普通的《纽约时报》读者或记者更善于发现世界的变化。这些过于专业的专家们通常无法通过他们自己领域里的测试。

泰洛克根据评论家以赛亚 · 伯林（Isaiah Berlin）提出的分类方法，将预测者分为两类：刺猬与狐狸。在伊索寓言中，刺猬只知道一件事情，而狐狸知道许多事情，生活中需要这两类人。许多预测错误来自刺猬，它们在观念上只倾向于一个低概率而影响巨大的事件，从而落入了叙述谬误的陷阱、被一个可能的结果蒙蔽，而无法想象别的结果。

由于叙述谬误，我们更容易理解刺猬，他们的观点听起来很不错。名人中有大量刺猬存在，因此名人比其他人的平均预测能力更差。

我在很长一段时间内避免接触媒体，因为每当记者听到我的黑天鹅理论时，都会让我预测未来具有影响力的事件。他们希望我预测这些黑天鹅事件。出于某种奇怪的巧合，我在 2001 年 9 月 11 日前一周出版的《黑天鹅的世界》一书提到了一架飞机撞入我所在的办公楼的可能性，所以人们很自然地请我解释“我是如何预测的”。我没有预测，那只是巧合。我不是假装圣哲！我最近还收到一封电子邮件，对方请我列出即将发生的10件黑天鹅事件。大部分人没有理解我所说的具体错误、叙述谬误和预测问题。与人们所以为的相反，我并不是在建议所有人都成为刺猬，而是希望人们成为思想开放的狐狸。我知道历史将被低概率事件主宰，但我不知道到底是什么事件。

## 现实？有什么意义？

我在经济学刊物中没有找到泰洛克式的正式全面的研究，但是我也没有找到鼓吹经济学家进行可靠预测的能力的论文。于是我浏览了能够找到的经济学论文和论文草稿。它们并没有提供具有说服力的证据来证明经济学家有预测能力，即使他们有一定的能力，他们的预测至多只会比随机预测好一点点，但没有好到对重要决策有帮助的程度。

关于学术方法在现实中的作用，最有意思的测试来自斯派罗斯·马克利达基斯。他把一部分时间花在管理竞争上，那是一种使用计量经济学的“科学方法”进行的预测竞争，计量经济学是一种将经济学理论与统计方法相结合的学科。简而言之，他让人们对现实生活做出预测，并对他们的准确性做出评价。这就是他的一系列“马氏竞争”。在米歇尔·海本的帮助下，他于1999年完成了第三次（也是最近一次）竞争实验。马克利达基斯与海本得出一个令人沮丧的结论——“统计学上高深与复杂的模型不一定能比简单模型提供更为精确的预测”。

我在从事数理工作的时候有过完全相同的体验，整晚在计算机上进行复杂数学运算的科学家很少能比使用最简单的预测方法的出租车司机预测得更准。问题在于我们只看到这些方法奏效的少数情况，而几乎从不注意它们数量更为庞大的失败。我不断问那些愿意听我讲话的人：“嗨，我是来自黎巴嫩艾姆云的毫不世故且明事理的人，我不能理解为什么人们认为那些需要计算机整夜运行但不能帮助我更好地做出预测的东西是有价值的。”我从这些人那里得到的全部回答都与艾姆云的地理和历史有关，我从未得到一个和他们的专业沾边儿的回答。再一次，你看到了叙述谬误的影响，只不过现在你看到的不是新闻故事，而是更糟的——你看到的是有俄罗斯口音的“科学家”在后视镜中观察事物、用方程式描述事物，并拒绝向前看，因为那会使他头晕目眩。计量经济学家罗伯特·恩格尔是一位具有魅力的绅士，他发明了一种名为GARCH的非常复杂的统计方法，并因此获得诺贝尔奖。没人测试过它对现实生活是否有效。更为简单朴素的方法比它有效得多，但无法带你去斯德哥尔摩领奖。在斯德哥尔摩存在专家问题（我会在第十七章谈到）。

在几乎一切领域，复杂方法对现实都不适用。另一项研究对博弈论的实践者进行了分析，其中最著名的人物是约翰·纳什（因电影《美丽心灵》而出名的患精神分裂症的数学家）。不幸的是，尽管博弈论在学术上很有魅力，并获得了媒体的大量关注，但其实践者的预测能力甚至比不上普通的大学生。

还有一个问题——一个更令人烦恼的问题。马克利达基斯与海本后来发现，他们的研究所提供的强大经验证据被理论统计学家忽视了。而且，他们遭遇了对他们的实证检验成果的激烈反对。“相反，统计学家把精力投到建造更为高深的模型上，而不考虑这类模型是否能够更为准确地预测现实生活。”马克利达基斯和海本写道。

人们或许会遇到下面这个观点：经济学家的预测可能会招致使其无效的反馈（这被称为卢卡斯评判，名称取自经济学家罗伯特·卢卡斯）。假设经济学家预测将发生通货膨胀，而根据这些预测，美联储做出反应，使通货膨胀降低。因此你无法像在其他领域那样对经济学领域的预测做出准确性评价。我同意这一观点，但我不认为这是经济学家预测失败的原因。世界对他们的研究领域而言太复杂了。

当一名经济学家未能预测到意外事件的发生时，他通常会提到地震或革命，或声称他不是从事大地测量学、大气科学或政治学的，他不会把这些学科纳入他的研究并承认他的学科不是孤立存在的。经济学是最孤立的学科，是最少引用本学科以外观点的学科！它或许也是目前拥有最多市侩学者的学科，而这些市侩学者涉猎不广泛、思维封闭、也不具备天然的好奇心，最终会导致学科的分裂。

## “除此以外”都很好

我们用悉尼歌剧院的故事作为预测讨论的起点。现在我们要讨论人性中的另一个特点：计划者会犯一种系统性错误，它是人性与世界或组织结构复杂性混合作用的结果。为了生存，各种组织需要令自己和别人相信其有“前景”。

计划失败是因为人们具有筛选性思维，即忽视计划之外的不确定性来源。

下面是一个典型的例子。乔（一名非小说类作家）得到一份出版合同，交稿日期定在从现在开始的两年以后。书的内容很简单：作家沙尔曼·拉什迪（Salman Rushdie）的传记，乔已为此收集了大量信息。他甚至追踪了拉什迪的全部前女友，并预见到会与她们有非常愉快的面谈。离两年期限还有 3 个月的时候，他打电话向出版商解释，他需要推迟一小段时间。出版商已经料到这种情况，他们对作者推迟交稿已经习以为常。然而，这次出版商却有些犹豫，因为书的内容已经出人意料地失去了公众的兴趣，公司原以为公众对拉什迪的兴趣会保持在很高水平，但它实际上已经逐渐消失了，伊朗人出于某种原因不再对他感兴趣了。

让我们看一看传记作者低估写作所需时间的原因。他根据自己的时间表制订计划，但他犯了筛选性错误，他没有预见到某些“外部”事件可能会延缓他的进度。这些外部事件包括 2001 年 9 月 11 日的灾难，这耽搁了他几个月；去明尼苏达州照顾生病的母亲（她最终康复了）；以及许多别的事件，比如与女友分手（但不是与拉什迪的前女友）。“除此以外”，一切都在他的计划之内，写书的事一点也没有偏离时间表。他对不能按时交稿不感到负有责任。

意外会对计划产生单边影响。想一想建筑商、论文作者和承包商的历史记录。意外几乎总是产生一个方向的结果：更高的成本和更长的完成时间。只有在很少的情况下，比如帝国大厦的建造，你会看到相反的结果：更低的成本和更短的时间，这些情况是真正的意外。

我们可以通过实验和重复性检验来确定这种计划错误是不是人类本性的一部分。研究者已经对学生做了测试，学生被要求估计完成研究项目所需的时间。在一次有代表性的测试中，他们把一群人分为两组，乐观的和悲观的。乐观的学生估计 26 天，悲观的学生估计 47 天，而实际的平均完成时间是 56 天。

乔的例子并不极端。我选它的原因是它涉及的是可重复的、常规性的任务，对这类任务，我们的计划错误会小一些。对于具有较大非常规性的计划，如军事入侵、全面战争或者某件全新的事，计划错误会急剧恶化。实际上，任务越具常规性，你预测得越准确。但在现代环境下，总有非常规的事情。

人们许诺在较短的时间内完成任务是有动机的，例如作者为了赢得出版合同，或者是建筑商为了得到首付款好去度假。但即使不存在低估完成时间（或成本）的动机，人们仍然会犯计划错误。我已经说过，我们的思维太狭隘了，以至于我们无法考虑时间偏离我们预测范围的可能性，而且，我们太过专注于相关任务内部的失误，而不考虑外部不确定性，即“未知的未知”，或者说那些我们没有读过的书的内容。

还存在一种愚人效应，它产生于我们在思维上对模型外风险的忽视（只专注于我们所知道的）。我们从一个模型内部观察世界。想一想，大多数延迟和超额预算来自不被计划考虑的意外因素，也就是说，它们出于模型之外，比如罢工、断电、车祸、坏天气或者火星人入侵的谣言。这些妨碍我们计划的小黑天鹅事件是我们没有考虑到的。它们太抽象了，我们不知道它们的具体形式，无法以一种合理的方式对待它们。

我们并不真正擅长制订计划，因为我们不懂未来，但这不一定是坏消息。只要记住我们的这些缺陷，我们就可以制订计划，这需要的只是勇气。

## 技术之美：Excel表格

在不远的过去，比如前计算机时代，预测是模糊而定性的，人们必须努力运用想象，而想象未来情景是非常艰难的。人们要用铅笔、橡皮、大量纸张和巨大的废纸篓来完成这项工作，此外会计师还要对繁复而进展缓慢的工作充满热情。简而言之，预测是一项费力、令人厌倦和充满自我怀疑的工作。

但随着电子数据表的出现，情况改变了。当你把一张Excel表格交给一位计算机老手的时候，你就会毫不费力地得到无限期的“销售预测”！一旦预测被放在一页纸或电脑屏幕上，或者被放在PowerPoint演示文件中，这一预测就有了自己的生命，它不再模糊和抽象，它变成了哲学家所称的具体的东西。它拥有了新的生命，成为可见的事物。

我的朋友布赖恩·欣奇克利夫提出了这样一个观点：或许，正是因为人们可以轻易地在电子数据表格里通过公式来预测未来，才使得那些预测大军信心十足地进行更长期限的预测（同时进行筛选性假设）。多亏了这些强大的计算机程序，我们这些不知如何处理知识的人成了糟糕的计划者。与大部分商品交易员一样，布赖恩是一个拥有激烈与残酷的现实主义思想的人。

这其中似乎存在一种典型的思维机制，叫作锚定。通过设想一个具体数字，你降低了对不确定性的不安，然后你“向它下锚”，就像在真空中抓紧一个物体。这种锚定机制是不确定性心理学的鼻祖丹尼尔·卡尼曼和阿莫斯·特韦尔斯基在早期对启发式思维和认知偏差的研究中发现的。研究是这样进行的。卡尼曼和特韦尔斯基让受试者启动未来之轮。受试者首先看轮子上的数字，他们知道数字是随机的，然后估计加入联合国的非洲国家的数量。得到较小数字的受试者估计了一个较小的数量，得到较大数字的受试者估计了较大的数量。

类似地，让某人告诉你他的社会保障号码的最后四位数，然后让他估计曼哈顿牙医的数量。你会发现，通过提醒他一个 4 位数的数字，你会诱导出一个与之相关的估计结果。

我们在头脑中形成参照点，比如销售预测，然后开始基于它构造信念，因为把一个观点与一个参照点进行比较比单独对它进行评价所需的思维努力更小。（系统 1 在起作用！）我们无法在没有参照点的情况下思考。

所以在预测者头脑中设置一个参照点能够带来奇妙的结果。在讨价还价过程中设置起点是一样的道理：你先提出一个较高的数字，如“这所房子要卖 100 万美元”，买方会说“只能 85 万”——议价过程将取决于初始报价。

## 预测错误的特点

与许多生物变量一样，寿命属于平均斯坦，也就是说，它只具有温和的随机性。它不具有突破性，因为我们越老，活下去的机会越小。根据保险数据，在发达国家，新生女婴的预期寿命大约为 79 岁。假设她具有平均健康水平，那么在 79 岁生日时她的预期寿命还有 10 年；90 岁时，她可能还能活 4.7 年；100 岁时她可能还能活 2.5 年；119 岁时（假如她奇迹般地活了这么久），她可能还剩下大约9个月的寿命。随着她逐渐活过预期死亡日，她的预期的剩余寿命会越来越短。这是钟形曲线随机变量的主要特点。对剩余寿命的条件期望随着年龄的增长而降低。

对于人类的计划和冒险活动，则是另一番情形。如我在第三章所述，它们通常是具有突破性的。对于属于极端斯坦的突破性变量，你会看到截然相反的结果。假设一项计划预期在79天内完成（这里的天相当于上述新生女婴例子里的年）。在第79天，假如计划还未完成，那么人们预测它还需要25天；但在第90天，假如计划还未完成，你会预期它还需要58天；在第100天还需要89天；在第119天还需要149天；在第600天，如果计划还未完成，你会预测它还需要1 590天。如你所见，你等待的时间越长，你预期还要继续等待的时间就越长。

假设你是等待回到故乡的难民。每过去一天，你离回去的那一天就越远，而不是越近。建造下一座歌剧院的情况是一样的。如果预期需要两年时间竣工，而3年后仍在建造的话，那么不要指望它会在很短的时间内竣工。如果战争平均持续6个月，而你的战争已经持续了两年，那么问题的解决大概还需要几年。阿拉伯世界与以色列的冲突已经持续了60年，并且还在继续，但在60年前它被认为是一个“小问题”。（请务必记住一点，在现代环境下，战争会比计划中持续更久并且会造成更多人死亡。）另一个例子：假设你给你最喜欢的作者写了一封信，你知道他很忙，并且回信需要两周时间。如果3周后你的邮箱仍然是空的，就不要指望明天有回信，平均还需3周才会有。如果3个月后还是什么也没收到，你就不得不准备好再等一年。每一天都会使你更接近死亡，而更加远离收到回信。

这种可测性随机现象微妙而极具影响的特点是非常反直觉的。我们通常会错误理解这种与常规情况大相径庭的现象。

我将在第三部分更深入地讨论可测性随机现象的特点，但允许我现在就指出它们是我们错误理解商业预测的关键。

## 不要穿越（平均）4 英尺深的河流

公司和政府的预测还存在一个显而易见的错误：它们不为预测的情形附加可能的错误率。即使不存在黑天鹅现象，这种遗漏也是错误的。

我曾经在华盛顿特区的伍德罗·威尔逊中心为政客们做过一次演讲，当时我告诉他们要了解我们在预测方面的局限性。

到场的人非常有涵养。我对他们讲的东西违反了他们相信和维护的一切，我完全沉浸在我的过激观点中，但他们看上去却很温和，与那些极具进攻性的商界人士不同。我为自己的进攻性姿态感到不好意思。很少有人提问。组织这次演讲并邀请我的人一定对他的同事开了一个玩笑。我就像一个激进的无神论者在一群主教面前夸夸其谈，而且没有使用委婉说法。

但有些听众对我的言论产生了共鸣。一个匿名者（他受雇于政府机构）在演讲后私下告诉我，2004 年 1 月，他的部门预测 25 年后的石油价格为每桶 27 美元，这比当时的石油价格只高了一点儿。6 个月后，即 2004 年 6 月前后，石油价格翻了一倍，他们不得不将预测修改为 54 美元（在我写下这些文字时，石油价格为每桶近 79 美元。）他们没有想过，他们的预测如此显著地存在错误，因此再进行第二次预测是荒谬的，他们应该对预测这件事本身提出某种质疑。而且他们在预测 25 年后的事情！他们也没有想过要考虑一种叫作错误率的东西。[①]

不考虑错误率的预测显示出三种谬误，它们都来自对不确定性本质的

① 虽然预测错误总是达到可笑的地步，商品价格却一直是愚人的圈套。看一看美国官方在 1970 年所做的预测（得到美国财政部部长、国务卿、内政部部长和国防部部长的批示）：“外国原油在 1980 年的标准价格很可能下降，并且在任何情况下都不会出现大幅上涨。”石油价格在 1980 年之前上涨了 10 倍。我只是奇怪现在的预测者是不是缺乏好奇心，或者是否故意无视预测错误。还有一个不正常现象：高石油价格导致高存货，石油公司空前赚钱，石油公司管理人员获得巨额奖金，因为“他们干得非常不错”——看上去他们在通过刺激石油价格上涨赚钱。

错误理解。

第一种谬误：可变性问题。第一个错误在于太看重预测，而不关心它的准确性。但对于计划的目的而言，预测的准确性比预测本身重要得多。我对这一点进行如下解释。

不要穿越一条平均4英尺深的河流。如果我告诉你某个遥远的目的地的温度预计为21摄氏度，预期误差为40摄氏度，那么你会带上多套有厚有薄的衣物，而如果我告诉你预期误差很小，你可能会只带很少的衣服。我们的决定更多依赖于结果的可能范围，而不是预计的最终数字。为一家银行工作期间，我见过人们在不考虑任何不确定因素的情况下预测公司的现金流。去看看股票经纪商如何预测10年后的销量来调整他们的估值模型，去看看分析师如何预测政府赤字。去参加银行或证券分析师的培训课程，看看他们如何教受训者进行假设。他们不会教你对那些假设估计错误率，但它们的错误率比预测本身更显著！

第二种谬误在于没有考虑随着预测期限的加长，预测效力会降低。我们没有认识到近期未来和远期未来之间的差别。但只通过简单的反省测试就能看出，预测效力随时间的推移而降低，这一点甚至不需要借助科学论文来论证，而且关于这个课题的论文是非常少的。想一想人们在1905年对未来20年的预测，不论是经济方面还是技术方面。1925年与预测中的有多接近？一个具有说服力的例子是乔治·奥威尔的《一九八四》。或者看一看1975年人们对新千年的预测。有许多预测者想象之外的事件和技术出现了，而人们预计发生的更多的事则没有发生。我们的预测错误向来巨大，所以我们大概也没有理由认为我们突然会变得比我们的祖先更能准确地预测未来。官僚主义者的预测更多是为了释放压力，而不是做决策。

第三种谬误或许是最严重的，它在于对被预测变量随机性的错误认识。由于黑天鹅现象，这些变量可能会引发比所预测的乐观得多或悲观得多的结果。回忆一下我和丹·戈尔茨坦所做的关于直觉的领域特殊性的测试，我们在平均斯坦一般不会犯错误，但在极端斯坦会犯严重的错误，因为我们没有认识到稀有事件的影响。

这意味着什么？即使你认同某项预测，也必须考虑现实中事态严重偏离这一预测的可能性。这种偏离或许会受到不依赖稳定收入过活的投机者的欢迎，然而，风险承受能力有限的退休者禁不起这种意外。我要运用河水深度的观点，进一步说明在制定政策时估计范围的下限（最糟情况）才是重要的，最糟情况比预测本身重要得多。当人们不能接受糟糕的情况时，这一点尤其重要。但现代的措辞习惯使得人们难以做到，甚至不可能做到这一点。

人们常说智者能够预测未来，或许真正的智者是那些知道自己不能预测未来的人。

## 换一份工作

当我质疑预测者的工作时，通常会得到两种反应。一种：应该怎么办？你有更好的预测方法吗？另一种：假如你那么聪明，让我看看你的预测。实际上，人们通常会以傲慢的姿态提出第二个问题，旨在显示实践者和“行动者”相对于哲学家的优越性，他们通常不知道我从事证券交易。如果说每天从事这种不确定性实践有什么好处的话，那就是你不需要听官僚主义者的任何废话。

我的一名客户问我有什么预测。当我告诉他我没有预测时，他感到恼怒，并决定终止我的服务。人们有一种缺乏反省的习惯，他们倾向于在问卷表上填写他们的“展望”。我从来不做展望，也从来不做专业预测，但至少我知道我无法预测，并且一少部分人（我所关心的人）把这当作一种优点。

有些人提供不负责任的预测。当被问到为什么要预测时，他们回答：“嗯，人们付钱让我们这样做。”

我对这种人的建议是：换一份工作。

这个建议并不难，如果你不是奴隶，我想你对职业选择多少是有些控制力的。否则这就会成为一个道德问题，而且是严重的道德问题。对于那些仅仅因为“这是我的工作”而进行预测，并且非常清楚自己的预测根本无效的人，我难以称其为有道德的人。

任何因为预测而对他人造成伤害的人都应该被称为傻瓜或骗子。有些预测者对社会造成的损害比罪犯更大。拜托，千万不要戴着眼罩开学校班车。

图 10–1 卡拉瓦乔（Caravaggio）的《算命者》

注：那些告诉我们未来的人总是让我们上当。在这张画中，算命者正在偷受害者的戒指。

## 在肯尼迪机场

在纽约肯尼迪机场，你能看到很多墙上挂满杂志的巨大报刊亭。它们通常是由来自印度次大陆的一个彬彬有礼的家族经营的（只包括父母，孩子都在医学院）。那些墙面向你展示了一个“八面玲珑”的人要想“了解正在发生什么”所必须拜读的全部文献。我很想知道把这些杂志逐一读完需要花费多少时间，钓鱼和摩托车杂志除外（但必须包括八卦杂志，你也得找点乐趣）。半生的时间？一生的时间？

不幸的是，并非所有这些知识都能帮助读者预测明天会发生什么。实际上，它还可能降低你的预测能力。

这是预测问题的另一个方面：预测的固有局限性，它与人性没有多大关系，而是来源于信息本身的特性。我已经说过，黑天鹅现象有三个特点：不可预测、影响重大和事后可解释。下面我们来讨论不可预测性。①

① 关于凯瑟琳女皇的情人数量，我还欠读者一个回答：她实际上只有 12 个情人。

第十一章

# 怎样寻找鸟粪

不论对我们，还是对那些我们所能找到的工具，预测过程本身都太复杂了。有些黑天鹅现象仍将逃过我们的眼睛，使我们的预测失败。

我们已经看到：1. 我们既爱筛选，又爱进行“狭隘”的思考（认知自大）；2. 我们的预测能力被大大高估，许多认为自己能够预测的人实际上不具备这一能力。

我们将更深入地讨论我们的预测能力不为人知的结构性局限。这些局限可能不是来自我们，而是来自预测过程本身，它太复杂了，不但对我们，对那些我们所能找到的工具也是如此。有些黑天鹅现象仍将逃过我们的眼睛，使我们的预测失败。

## 意外导致的失败

1998 年夏天，我在一家欧洲人开办的金融机构工作，该机构以严谨和富有远见著称。负责交易的部门有 5 名经理，个个表情严肃（总是穿着深蓝色西装，即使在可以随意着装的星期五也不例外），他们必须在整个夏天不断碰面以“制订5年计划”。那是一份内容丰富的文件，是公司某种意义上的用户指南。5年计划？对于一个极度怀疑核心计划者的人来说，这种想法是荒谬的。公司内部的成长是有机而不可预测的，是自下而上而不是自上而下的。大家都知道，这家公司最赚钱部门的创立源自一名客户偶然打来的电话，他在电话里要求进行某种奇怪的金融交易。公司偶然意识到可以建立一个部门专门负责这些交易，因为这些交易很赚钱，于是这个部门迅速成为公司的主要部门。

为了开会，经理们满世界飞：巴塞罗那、中国香港等等。他们千里迢迢只为了一大堆空话。毫无疑问，他们通常没法睡觉。一名管理者不需要非常发达的头脑，他需要的是同时拥有人格魅力、忍受无聊的能力和草草执行匆匆制订的时间表的能力。除了这些“任务”之外，他们还有出席歌剧表演的“职责”。

经理们坐下来，对中期计划进行头脑风暴，他们想要“前景”。但突然发生了一件不在前一个5年计划中的事：俄罗斯1998年的债务危机以及随之而来的拉美债券市场的崩溃。结果，虽然这家公司对于经理有挽留政策，但这5个人在起草了1998年的5年计划之后一个月全部被解雇。

但我相信，今天他们的继任者仍然在开会制订下一个“5年计划”。我们从来不会从教训中学习。

## 无意中的发现

正如我们在前一章中看到的，对人类认知自大的发现可以说是无意的。许多其他发现也是如此，这比我们想象中的多。

发现的经典模式是这样的：你寻找你知道的东西（比如到达印度的新方法），结果发现了一个你不知道的东西（美洲）。

如果你认为我们周围的发明来自一个闭门造车的人，请再想一想，现在的一切几乎都是偶然的产物。

也就是说，你发现了你之前并没有打算寻找的东西，而它却改变了一切。之后你会感叹为什么“花了这么长时间”才发现这个如此明显的东西。车轮发明时还没有记者，但我打赌，当时的人们并没有计划发明车轮，或根据某个时间表来完成这一计划。大部分其他发明也一样。

培根评论说，人类最重要的发展是人们最难以预料的，是“想象之外的”。培根不是指出这一点的最后一位智者。这一观点不断被提出，又迅速被忘掉。近半个世纪以前，畅销小说家阿瑟·凯斯特勒（Arthur Koestler）为此写了一本书，将其贴切地命名为《梦游者》（*The Sleepwalkers*）。在这本书中，发现者被描述为被结果突然绊倒而不知自己有了重大收获的梦游者。我们以为哥白尼发现行星运行的重要性对他和当时的人来说是显而易见的，然而直到他死后 75 年，当局才开始感到被冒犯。达尔文和华莱士发表改变我们世界观的物竞天择进化论论文的那一年年底，发表他们论文的林奈学会（Linnean society）主席声称该学会“没有重大发现”，即没有发现对科学产生革命性影响的东西。

当预测由我们做出时，我们会忘记事物的不可预测性。这就是为什么人们在阅读本章和类似观点时会完全同意，但当他们思考未来时，却会忘记谨慎。

看看下面这个富有戏剧性的神奇发现。亚历山大·弗莱明在清理实验室时发现青霉菌污染了他之前的一个实验样本。于是他在偶然间发现了青霉菌的抗菌特性，正是青霉素使我们许多人现在能够健康地活着（包括我自己。我在第八章提到过，伤寒在没有得到治疗的情况下经常是致命的）。确实，弗莱明在寻找“某种东西”，但真正的发现只是偶然的奇迹。而且，虽然事后看来这一发现非常伟大，但医疗官员们花了很长时间才意识到这项发现的重要性。在它重新受到重视之前，就连弗莱明也丧失了信心。

1965 年，新泽西贝尔实验室的两名无线电天文学家在爬上一个巨大的天线时听到了一种背景噪声，那听上去就像信号不好时的静电噪声。这种噪声无法消除，即使在他们以为是鸟粪导致了噪声因而将之扫除之后，仍然如此。他们很长时间以后才明白，他们听到的是宇宙诞生的声音：宇宙背景微波辐射。这一发现复兴了大爆炸理论这个被人们遗忘的由早期研究者提出的理论。我在贝尔实验室的网站上找到了下面这段话，它把这一"发现"称为20世纪最伟大的发现之一：

> 在彭泽斯（Penzias，发现这一现象的其中一位天文学家）退休时，时任贝尔实验室主席兼朗讯首席运营官的丹·斯坦齐恩（Dan Stanzione）评价说，彭泽斯"代表了作为贝尔实验室标志的创造性和卓越的技术"。斯坦齐恩称彭泽斯为文艺复兴式的人物，因为"他拓展了我们对创造的脆弱理解，并在许多重要领域推动了科学的发展"。

文艺复兴？什么文艺复兴！这两个家伙在找鸟粪！他们不但不是在寻找大爆炸的证据这样缥缈的东西，而且，像通常情况一样，他们也没有立即意识到他们所发现的东西的重要性。而在一篇与重量级人物乔治·伽莫夫（George Gamow）和汉斯·贝特（Hans Bethe）合写的论文中最初提出大爆炸构想的物理学家拉尔夫·阿尔菲（Ralph Alpher），只是之后惊奇地在《纽约时报》上看到了这一发现。实际上，在那些被人们遗忘的关于宇宙起源的论文中，科学家们就怀疑能否测到这种辐射。正如科学发现中经常发生的一样，寻找证据的人没有找到，最终被称为发现者的人却并不是寻找证据的人。

我们会遇到一个矛盾。不但预测者通常无法预见这种由意外发现带来的巨变，而且事物的渐变也比预测者的预计慢。当新技术出现时，我们要么总体低估，要么严重高估它的重要性。IBM（国际商业机器公司）创始人托马斯·沃森曾预测人类只需要几台计算机。

读者可能不是在电脑屏幕而是在一种叫作书的古老媒介的纸面上读到这些文字的，这对某些鼓吹“数字革命”的人来说恐怕会是一件怪事。你正在阅读这本书的中文版本，而不是世界语版本，这违反了人们在半个世纪以前的预测，那就是世界很快将使用一种富有逻辑、语意清晰、简化的通用语交流。同样，我们也没有像30年前人们普遍预测的那样在宇宙空间站度过周末。来看一个公司自大的例子，在人类首次登陆月球之后，现已破产的泛美航空公司优先预订了地球与月球之间的往返票。不错的预测！只可惜这家公司没能预见自己不久之后的破产。

## 等待问题出现的解决方案

工程师喜欢为了发明工具而发明工具，而不是让自然揭开自己的秘密。有些工具为我们带来更多知识。由于沉默的证据效应，我们忘记去考虑那些除了保住工程师饭碗以外一无用处的工具。工具带来意外发现，而意外发现又带来其他的意外发现。然而，我们的工具似乎很少发挥本来的作用，它们只不过是工程师制造玩具和机器的兴趣的产物，这些产物扩宽了我们的知识面。知识不是来自那些为了证实理论而设计的工具，而是相反。计算机不是为了帮助我们发展新的、可视的、几何式的数学而发明的，而是为了别的目的。它碰巧帮我们发现了没人主动想要发现的数学课题。计算机也不是为了让你与西伯利亚的朋友聊天而发明的，但它却帮助维系了这种遥远的关系。作为作家，我可以证明，互联网使我可以绕开记者传播思想，但这却不是计算机军方设计者的初衷。

激光是一个特例，它是为某个特殊目的被设计出来的（其实没有真正的目的），然后被应用于当时人们想都不敢想的方面。它是典型的“寻找问题的解决方案”。其最早的应用之一是缝合视网膜。半个世纪之后，《经济学人》杂志采访激光发现者查尔斯·汤斯（Charles Townes）时，问其是否曾想过视网膜问题。他没有想过。他只是满足于把光线分成光束，仅此而已。实际上，汤斯受过同事的不少嘲笑，因为他的发现没什么用处。但想一想你目前所处世界受激光的影响：光盘、视力矫正、显微外科、数据存储与读取，这些全都是激光技术未曾被人们料到的应用。[①]

我们制造玩具，而有些玩具改变了世界。

## 不断寻找

2005年夏天，作为一家刚刚获得非凡成功的加利福尼亚生物技术公司的嘉宾，我受到穿着T恤、戴着有钟形曲线图案胸牌的人们的欢迎，并同他们一起庆祝肥尾俱乐部的诞生（“肥尾”是黑天鹅现象的一个术语）。这是我见过的第一家受黑天鹅事件正面影响的公司。我得知一名科学家管理着这家公司，据说他有一种科学家的本能，就是跟随本能去发现，之后再将成果商业化。他是位真正的科学家，他深知研究工作包含很大程度的偶然性，只要明白了这种偶然性，并根据它管理业务，就有可能获得巨额回报。改变退休男人精神面貌和社会习惯的伟哥本来是用于治疗高血压的药品，而另一种降压药则成了促进头发生长的药物。我的一位懂得随机性的朋友布鲁斯·戈德堡把这种无意之间的应用称为“偏应用”。虽然许多人害怕意外结果的出现，技术冒险家却靠它们大获成功。

这家生物技术公司似乎默默地遵守着法国微生物学家路易斯·巴斯德关于实践中的运气的格言：“运气青睐有准备的人。”巴斯德说，与所有伟大的发现者一样，他懂得偶然发现的意义。获得最大运气的最好方法就是不断研究。（收集机会这一点我们之后再讨论。）

---

① 创造主义者与进化主义者（我不是他们的一员）之间的主要争论为：创造主义者认为世界起源自某种设计，而进化主义者认为世界是毫无目的的过程导致的随机变化的结果。人们很难认为计算机或汽车是毫无目的的过程的结果。而实际上它们是的。

预测技术的走向意味着预测风潮和社会流行病，这超出了技术本身的客观有用性（假如存在客观有用性这种东西的话）。多少有用的想法最后走进了坟墓，比如一种叫作赛格威（Segway）的电动双轮代步车，人们曾经预言它将改变城市的面貌以及许多别的东西。当我在构思这些文字时，我在机场报刊亭看到一份《时代周刊》杂志的封面，上面公布了年度“最有意义的发明”。看上去，截至杂志的发行日期或者之后一两个星期，这些发明似乎是有意义的。

## 如何做出自己的预测

让我们回到波普尔对历史决定论的批判。如我在第五章所述，这是他最重要的观点，但也是他最不为人知的观点。不真正了解他的研究的人倾向于只关注他的证实与证伪的理论。这种狭隘的关注淹没了他的核心思想：他把怀疑主义当作一种方法，他为怀疑主义者提纲挈领。

正如卡尔·马克思在极端愤怒中写下《哲学的贫困》（*The Misery of Philosophy*）驳斥普鲁东的《贫困的哲学》（*Philosophy of Misery*），波普尔被同时代一些相信历史是可以被科学理解的哲学家激怒，并写下了《历史决定论的贫困》。[①]

波普尔的观点涉及人们预测历史事件的局限性，以及把历史和社会科学这样的“软”学科降到比美学和娱乐（比如收集蝴蝶和硬币）只高一点的必要性。（波普尔受过典型的维也纳教育，所以他的思想还没有走很远。我做到了。我来自艾姆云。）这里的所谓软性历史科学是指依赖于叙述谬误的研究。

① 回忆一下第四章，伽扎里是怎样通过书名与阿威罗伊进行论战的。或许有一天我会有幸读到一本驳斥本书观点的书——《白天鹅》。

波普尔的核心论点是，为了预测历史事件，你需要预测技术创新，而它从根本上是不可预测的。

“从根本上”不可预测？我将用现代框架解释他的意思。考虑一下这件事的性质：如果你预期将在明天确定你的男朋友一直在欺骗你，那么你今天就确定地知道他正在欺骗你，并将在今天采取行动，比如抓起一把剪刀愤怒地把他的所有名牌领带剪成两半。你不会对自己说，我将在明天明白这一点，但今天是今天，所以我暂时不会去想这一点，我要先吃一顿令人愉快的晚餐。这一点可以推及其他情况。实际上，在统计学中有一个法则，叫作迭代预期法则，我在这里概括它的较强形式：如果我预期将在未来某一时间预见到某件事，那么我实际上现在就已经预见到了那件事。

再次考虑车轮的例子。如果你是石器时代的哲学家，你的部落首席计划官要求你在一份综合报告中预测未来，你必须预测到车轮的发明，否则你就会错过大部分人类进展。现在，假如你能够预言车轮的发明，你已经知道车轮的模样，因此你已经知道如何制造车轮，所以你已经可以造车轮了。黑天鹅需要被预测！

但这一迭代认知法则还有一个较弱的形式：为了理解未来并预测它，你需要考虑这段未来本身包含的因素。如果你知道未来将有什么发现，那么你实际已经发现了。假设你是中世纪大学预测系的学者，专业是未来历史预测（比方说专攻遥远的 20 世纪）。你必须预测蒸汽机、电、原子弹和互联网的发明，以及飞机上的按摩器和一种叫作商业会议的奇怪活动（在从事这种活动时，那些衣食无忧但久坐不动的人会自愿佩戴一种叫作领带的昂贵装置来抑制血液循环）。

我们在这一点上的无能并非微不足道。只要知道某样东西被发明出来，我们就会做出一系列类似发明，即使这一发明的任何细节都没有被透露出来（我们因而不需要揪出间谍把他们当众绞死）。在数学上，一旦有人宣布证明了某个神秘定理，我们就会经常看到突然凭空出现许多类似证明，偶尔也会有人指责别人泄密或剽窃。可能并没有剽窃存在：证明方法存在这一信息本身就是解决问题的一部分。

按照同样的逻辑，我们无法轻易想到未来的发明（如果可以，我们早就已经发明了）。在我们能够预见未来发明的那一天，我们的生活中就已经充斥着那些被发明的东西了。这让我想起发生在 1899 年的一个杜撰故事，当时美国专利局局长辞职，因为他认为再没有什么需要发现的东西了——除了一点，就是他在这一天的辞职是正确的。①

波普尔不是第一个质疑我们知识局限性的人。在 19 世纪后期的德国，埃米尔·杜布瓦–雷蒙德（Emil du Bois-Reymond）指出我们是无知的，并将继续无知。不知什么原因，他的观点默默无闻地消失了，但消失之前却引起了一个反应：数学家戴维·希尔伯特（David Hilbert）决心以行动反驳他，于是写了一份清单，列出了数学家需要在下个世纪解决的问题。

可惜杜布瓦–雷蒙德也错了。我们甚至不善于了解哪些是不可知的。想一下我们在面对那些永远也不可能知道的事情时说了什么话，我们自负地低估了在未来可能获得的知识。被（不公正地）指责为企图把一切事物科学化的实证主义学派创始人奥古斯特·孔德声称，人类永远也不可能知道恒星的化学构成。但是，如查尔斯·桑德斯·皮尔斯指出："他的话音未落，人类就发明了分光镜，他认为绝对不可知的事物正被人们探知。"具有讽刺意味的是，孔德关于我们认知能力的其他预测大体上是危险的高估。他认为社会像时钟一样，会向我们透露机密。

我的观点是：预测要求我们知道将在未来出现的技术。但认识到这一点几乎会自动地让我们立即开始开发这些技术。因此，我们不知道我们将知道什么。

---

① 这类言论并不稀奇。例如，按照物理学家艾伯特·米切尔森（Albert Michelson）在临近 19 世纪末时的想象，自然科学余下的发现将只不过是把已有的发现精确几个小数点而已。

有人或许会说，这一观点从措辞上是很明显的，我们总是以为我们已经掌握了全部知识，但没有认识到我们所嘲笑的过去的社会也曾有同样的想法。我的观点很简单，但为什么人们没有考虑到呢？原因在于人性的弱点。还记得前一章讨论过人类在技术认知上的不对称吗？我们看到别人的缺点，而看不到自己的。在这一点上，我们似乎非常容易自欺。

**图 11–1 亨利·彭加莱教授**

注：出于某种原因，人类不再产生这类思想家了（照片由南锡第二大学提供）。

## 第N个弹子球

亨利·彭加莱虽然名声显赫，但通常被认为是价值被低估的科学思想家，因为他的一些思想过了近一个世纪才得到人们的赞赏。他或许是最后一位伟大的思想数学家（或者数学思想家）。每次我看到印有现代偶像爱因斯坦头像的T恤衫时，我就无法不想到彭加莱。爱因斯坦值得我们尊敬，但他掩盖了许多应当得到尊敬的人。我们的意识空间太狭小了，这也是一种赢家通吃现象。

## 第三共和国式的礼仪

其实，彭加莱自成一派。我记得父亲曾建议我读彭加莱的文章，不仅因为他文章中的科学内容，还因为他的法语造诣。这位大师以系列论文的形式写下了那些著作，而且行文就像即兴演讲一样。在他的每一篇大作中，你会看到重复、偏题，以及一切“人云亦云”的思维。这是最令编辑讨厌的东西，但这使他的文章更具可读性，因为其思路异常清晰明了。

彭加莱在 30 多岁时成为多产的论文作者，他似乎在赶时间。他 58 岁时便英年早逝。他如此匆忙，即使发现了文字中的打字和语法错误，也懒得改正，因为他认为改错是浪费时间。人类再也没有产生这样的天才，或者说再也不让天才以他们自己的方式写作了。

彭加莱作为思想家的声望在他死后很快消失。他引起我们关注的思想几乎在一个世纪之后才再次浮出水面，却是以另一种形式。我儿时没有仔细阅读他的文章实在是一大错误，因为我后来才发现，在权威著作《科学与假设》中，他愤怒地驳斥了对钟形曲线的运用。

我要再次强调，彭加莱是真正的科学哲学家：他的哲学思想来自他对科学局限性的观察，这正是真正的哲学家要做的事情。我喜欢把彭加莱称为我最喜欢的法国哲学家，而忽略其他迂腐的法国学者。“他是哲学家？您是什么意思，先生？”有一件事情总是令我烦恼，就是向人们解释他们所崇拜的思想家（比如亨利·柏格森和让–保罗·萨特）只是时尚的产物，而在影响力上不可能与彭加莱相比。实际上，关于预测，这里有个不光彩之处：是由法国教育部确定哲学思想应当被学生学习的那些哲学家。

我看着彭加莱的照片。他蓄着络腮胡子，身材魁梧，是法兰西第三共和国博学的贵族绅士，他呼吸和实践着真正的科学，对科学有深刻见解，拥有令人叹为观止的广博知识。他在 19 世纪末成为上流社会的一员：中上阶层，有权势，但不是太富有。他父亲是一名医生和医学教授，他叔叔是杰出的科学家和管理者，他的堂弟雷蒙（Raymond）成了法国总统。那是商人和富人的孙子们对思想趋之若鹜的时代。

但我很难想象某件T恤印有彭加莱的图像，或者出现一张像爱因斯坦一样伸出舌头的彭加莱的照片。他身上有一种严肃的特质，一种第三共和国式的尊严。

在那个时代，彭加莱被众人奉为数学和科学之王，当然，除了一些心胸狭隘的数学家之外，比如查尔斯·埃尔米特（Charles Hermite）认为他太直觉化、太高深、"太空洞"。在数学家的评论中，某人越"空洞"，越意味着此人有真知灼见，是现实主义、言之有物的，是正确的，因为当批评者找不到某人更为严重的缺点时就会说他"空洞"。彭加莱点点头就可以创造或毁掉一个人的职业生涯。许多人认为，彭加莱在爱因斯坦之前就想出了相对论，但他并没有把它太当回事，爱因斯坦却从他那里获得了灵感。这些说法显然来自法国人，但似乎获得了爱因斯坦的朋友及传记作家亚伯拉罕·派斯的认可。彭加莱的身份及风度太贵族化了，他不会去争夺一个研究成果的所有权。

彭加莱是本章的中心，因为他生活的时代是我们在预测领域取得极快的智力发展的时代——想想天体力学。科学革命使我们感到掌握了能够把握未来的工具，并消除了不确定性。宇宙像时钟一样精准，通过研究天体的运行，我们能够预测未来。我们要做的只是建立正确的模型，并让工程师去计算，就这么简单。未来只是我们的技术确定性的延伸。

## 三体问题

彭加莱是第一位了解并解释我们的方程具有局限性的伟大数学家。他引入了非线性特征的概念，提出小的事件可以导致严重后果的思想，即混沌理论。这一理论后来变得流行，或许有些太流行了。流行有什么不好？

因为彭加莱的全部观点在于非线性特征对预测造成的局限性，而不是邀请人们运用数学技巧进行预测。

在这个故事中也有一个意外因素。彭加莱最初同意参加数学家格斯塔·米塔格–勒弗（Gösta Mittag-Leffer）组织的一场旨在庆祝瑞典国王奥斯卡 60 岁生日的竞赛。彭加莱关于太阳系稳定性的论文集赢得了当时的最高科学荣誉奖（那是诺贝尔奖以前的快乐日子）。但是，出了一个问题，一名数学编辑在出版前审阅论文集时发现了一处计算错误，改正错误之后，将得到相反的结论——不可预测性。这部论文集被小心翼翼地延后，直到一年后才出版。

彭加莱的理论很简单：在预测未来的过程中，你所模型化的过程需要越来越精确，因为你的错误率会迅速上升。而仅仅达到近似的精确是不行的，因为你的预测会突然失效，最终需要对过去进行无穷精确的解释。彭加莱以一个非常简单的例子演示了这一点，即著名的“三体问题”。如果在一个类似太阳系的星系中只有两颗行星，并且没有其他因素影响它们的运行，那么你将能够毫不费力地预测它们的运行。但在两颗行星之间再加入第三个天体，比如一颗小小的彗星，那么情况将大为不同。最初，第三个天体不会导致行星运行偏离轨道；然而，随着时间的推移，它对另两个天体的影响可能是爆炸性的。这个微小天体的位置将最终决定这两个庞大行星的命运。

预测困难的急剧提升来自这个系统稍稍增加的复杂性。不过，我们的世界比这个三体问题复杂得多，它包含了无数的事物。我们面对的是所谓的动态系统，而世界淋漓尽致地体现了动态系统的特点。

想一想预测一棵树的什么部分会长出枝条有多困难吧：因为每一个分枝，又会长出许多新的分枝。为了了解我们对这些非线性多重结果的直觉判断的局限性，想一想关于棋盘的故事。棋盘的发明者要求得到如下报酬：在第一个方格里放 1 粒米，第二个方格放 2 粒，第三个方格放 4 粒，然后 8 粒，16 粒，依此类推，每一次翻一倍，重复 64 次。国王同意了他的要求，以为发明者的要求微不足道，但国王很快意识到自己上当了。需要的米粒超过了国王全部谷物的储备！

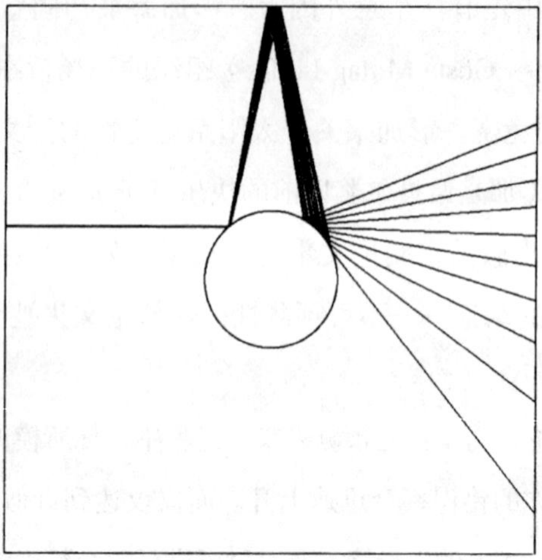

图 11-2　精确度与预测

注：本书草稿的一名读者戴维·考恩画了这幅表现偏离的图，它表现出在第二次反弹时，对最初条件的不同偏离能够导致极端分散的结果。由于角度的最初偏离被放大了，每增加一次反弹，偏离会进一步加大。这会导致严重的放大效应，使错误不成比例地增加。

这种放大效应要求假设条件越来越精确，这一点能够通过如下预测弹子球在球桌上的运动轨迹的简单试验来演示。我以数学家迈克尔·贝里（Michael Berry）的计算为例。如果你知道关于弹子球的基本参数，那么就能够计算桌面的阻力（这是非常基础的），也能够测量撞击力量的大小，因此你也能很容易地预测第一次撞击带来的结果。第二次撞击更为复杂一些，但也是可以预测的。这要求更高的精确性，你必须更为小心地确定球的初始状态。问题是，为了正确计算第九次撞击的结果，你需要考虑某个站在桌子旁边的人的引力（贝里的计算就谨慎地考虑了一个体重 150 磅的人的引力）。为了计算第 56 次撞击的结果，宇宙中的每一个基本粒子都必须被考虑进来！一个离我们 100 亿光年、位于宇宙边缘的电子必须被纳入计算，因为它对计算结果有重要影响。下面再加上另一项艰巨任务，那就是预测这些变量在未来的状况。预测一枚弹子球在球桌上的运动需要关于整个宇宙运行的知识，小到每一个原子！我们能轻易预测像行星这样的庞大物体的运动轨迹（尽管是在不远的将来的运动），但微观世界是很难预料的，而宇宙中微观粒子的数量不计其数。

请注意，弹子球的故事假设了一个直白而简单的世界，它甚至没有考虑随时可能出现的疯狂的社会因素。弹子球自身没有思维。我们的例子没有考虑相对论和量子力学的影响，也没有考虑所谓的"不确定性原则"（一些伪专家经常提起）。我们没有考虑亚原子级别测量精确性的不足，我们只考虑了弹子球！

在动态系统中，你无法只考虑一枚孤立的弹子球，你还要考虑各球之间的相互影响，面对这样的复杂局面，人们预测未来的能力不是降低了，而是存在根本的局限性。彭加莱指出，我们只能处理定性的事物，我们能够讨论系统的某些特点，但无法计算。你能够严谨地思考，但不能使用数字。彭加莱甚至为此创造了一个领域——原位分析，现在属于拓扑学。预测比人们通常以为的复杂得多，而人们必须懂得数学才能理解这一点。接受这一点则既需要知识又需要勇气。

20 世纪 60 年代，麻省理工学院的气象学家爱德华 · 洛伦茨独立地再次发现了彭加莱的理论，同样是出于偶然。当时他正在建立一个天气变化模型，并对一个天气系统几天后的情况进行了模拟预测。后来他使用同一模型进行重复模拟，而且他认为自己输入的是相同的参数，但他得到的结果却大相径庭。他起初以为差异来自计算机漏洞或计算错误。当时的计算机较为笨重和迟缓，与我们今天的计算机完全不一样，所以使用者受到时间的严重约束。洛伦茨后来意识到，计算结果的巨大差异不是来自计算错误，而是来自输入参数时的小小的四舍五入。这就是著名的蝴蝶效应：一只在印度扇动翅膀的蝴蝶能够引起两年之后纽约的飓风。洛伦茨的发现引起了人们对混沌理论的兴趣。

自然，人们找到了洛伦茨这一发现的先行者：其不光存在于彭加莱的著作中，还存在于极富洞察力的雅克·哈达玛的著作中。哈达玛在1898年前后提出了相同的观点，此后又活了近70年，在98岁时去世。[①]

## 他们仍然忽视哈耶克

波普尔和彭加莱的发现“限制”了我们预测未来的能力，并让预测成为对过去的复杂的反映（假如存在对过去的反映这种东西的话）。这一发现在社会领域中的应用来自波普尔的一位朋友：直觉极强的经济学家哈耶克。哈耶克是他的“行业”中极少数关注真正的不确定性、知识的局限性以及埃克的图书馆里没被读过的书的著名成员之一（此外还有凯恩斯和夏克尔）。

1974年，他获得纪念阿尔弗雷德·诺贝尔瑞典银行经济学奖。但假如你读一读他的获奖感言，你就会感到惊奇。他演讲的题目为“知识的伪装”，他对其他经济学家和计划者的想法进行了抨击。他反对在社会科学中使用硬科学的方法，而令人遗憾的是，他的反对正好发生在这些方法在经济学中大举应用之前。之后，复杂方程式的普遍运用使真正的经验思想家的环境比哈耶克发表这篇演讲之前更糟糕了。每年都会出现一篇论文或一本书哀叹经济学的命运并指责它模仿物理学的企图。最近有人认为经济学家应该追求卑微的哲学家的位置，而不是高级牧师的位置。但是，对此我不以为然。

哈耶克认为，真正的预测是由一个系统有机地完成的，而不是通过指令完成的。一个单独的机构，比如核心计划者，不可能集合全部知识，许多重要信息会被漏掉。但社会作为一个整体，能够在运行中包含这些信息，它能够在框架以外思考。随着科学知识的增加，我们高估了自己理解

① 还有更多我没有在此费力讨论的局限性。我甚至没有提到人们称为NP完全性的一系列不可计算性问题。

构成世界的微妙变化以及为每种变化赋予重要性的能力。他把这贴切地称为“科学主义”。

这种错误在我们的各种机构中根深蒂固。这就是我害怕政府和大公司的原因，它们之间几乎没有差别。政府做预测，公司也做预测，每年有各种各样的预测者对来年年底的抵押贷款率和股票市场做预测。公司生存下来不是因为它们做出了良好的预测，而是像我之前提到的去沃顿讲课的CEO们一样，它们只是运气好而已。而且，像餐馆老板一样，他们还可能伤害自己，而不是伤害我们，例如通过向我们提供商品来帮助或补贴我们的消费，由于网络时代的过度投资向我们提供廉价的国际长途通话服务。消费者可以允许他们预测他们想要预测的一切，假如他们必须这样做才能经营下去的话。

实际上，如我在第八章提到的，纽约人都从公司和餐馆老板堂·吉诃德式的过度自信中获益。这是人们谈论最少的资本主义的好处。

公司频繁地破产，而它们的财富会流入我们的口袋，达到补贴我们消费的效果。破产的公司越多，对我们越有利。政府是更为严肃的机构，我们必须确保我们不为它的愚蠢买单。作为个人，我们应该热爱自由市场，因为其中的参与者可以想多无能就多无能。

人们对哈耶克的唯一批评大概在于他在社会科学与物理学之间进行了严格而定性的区分。他指出，物理学方法不适用于社会科学，并批评了这种做法中的工程学思维。但在他所处的时代，物理学作为科学的王后，其影响力不断扩大。事实表明，即使自然科学也很复杂。他对社会科学的观点是正确的，与社会科学相比，他更信赖硬科学，这显然也是正确的，而他对社会知识局限性的观点对一切知识都是适用的——一切知识！

为什么？由于证实谬误，可以说我们对自然世界所知甚少。我们炫耀读过的书，而忘记了那些未读过的书。物理学是成功的，但它只是硬科学的一小部分，而人们把它的成功推及所有科学。与对宇宙起源的了解相比，假如我们能更了解癌症或者（高度非线性的）天气的话，大概更令人高兴。

## 如何不做愚人

让我们更深入地讨论知识问题并继续第九章中胖子托尼和约翰博士的较量。愚人会筛选吗？也就是说，他们是否只专注于某些类型的事物而忽视了不确定性的来源？回忆一下，序言中我把柏拉图化定义为一种自上而下的对分类的专注。①

想一想一个开始学一种新语言的书呆子，比如他要通过掌握语法来学习塞尔维亚-克罗地亚语。他会有一种感觉，那就是某个更高的语法权威设定了这些语言规范，以帮助无知的普通人之后学会说这门语言。而实际情况是，语言是先出现的，语法只是某些无事可做的人整理成书的东西。具有学术思维的人会记住各种词格变化，一个非柏拉图化的非愚人却会通过在萨拉热窝附近的酒吧里找的女朋友或者出租车司机学习塞尔维亚-克罗地亚语，然后（如果有必要的话）把语法规则与他已经掌握的语言相对应。

再想一下核心计划者。和语言一样，不存在语法权威对社会经济事件进行整理的情况，你可以试着说服一位官僚或社会科学家相信世界可能并不想遵守他的“科学”方程式。实际上，哈耶克所属的奥地利学派的思想家们把我们无法写下来而且应该避免总结的知识称为“默许知识”或“隐含知识”。他们把“技术”与“知识”区分开来，后者更不易为人们掌握，也更易被愚化。

简而言之，柏拉图化是自上而下的、程式化的、封闭思维的、自我服务的、商品化的，非柏拉图化是自下而上的、开放思维的、怀疑的、经验的。

我要特别研究一下伟大的柏拉图，原因在这位大师的如下思维中显而易见：柏拉图认为我们应该能够以同样的熟练程度使用两只手，否则是

① 这种观点在历史上以不同的名目不时出现。阿尔弗雷德·诺斯·怀特黑德称之为“错误具体化的谬误”，也就是说对一个物理客体运用错误的描述模式。

“没有道理的”。他认为，人们更习惯于使用某一只手是由“母亲和保姆的愚蠢”造成的退化。他不喜欢不对称，并且把他的高雅理论投射到现实中。我们不得不等到路易斯 · 巴斯德发现化学分子要么是左旋的，要么是右旋的，这一点非常重要。

人们可以在许多毫不相关的思想分支中找到相似的思想。最早的（照例）是经验主义者，其自下而上的、没有理论的、“以经验为基础”的医学方法的代表人物是菲尔那斯（Philnus）、塞拉皮昂（Serapion）和格劳西亚斯（Glaucias），后来美诺多托为之加入怀疑主义的因素，现在，这些思想则是因为其著名实践者、我们的朋友、伟大的怀疑主义哲学家塞克斯都 · 恩披里克而为人熟知。我们已经看到，恩披里克大概是第一个讨论黑天鹅事件的人。经验主义者在不依赖推理的情况下实践“医学艺术”，他们喜欢通过猜测从意外观察中学习，并反复实验，直到找到有效的治疗方法。他们把理论化降至最低。

经过 2 000 年的说服，他们的方法今天正在以一种形式复苏，即循证医学。想一想，在我们知道细菌以及它们在疾病中的作用之前，医生们是没有洗手这一步骤的，因为这对他们而言没有道理，尽管证据表明洗手能明显降低医院的死亡率。19 世纪中期倡导洗手的医生伊格纳兹 · 塞麦尔维斯（Ignaz Semmelweis）直到去世几十年后才被认同。同样，针灸似乎也“没有道理”，但在人的脚趾刺入一根针可以降低整体的疼痛感（在正确进行的测试中）。因此，有些事物可能太复杂了，超过了我们的理解能力，所以让我们暂时接受它们，同时保持思维的开放。

## 学术自由主义

借用沃伦 · 巴菲特的一句话，不要去问理发师你是否需要理发，同样，也不要去问学者他的研究是否有用。我要用如下的例子结束对哈耶克自由主义的讨论。我已经说过，理论化知识的问题在于学术派别与知识本身的利益之间可能存在差异。所以终我一生也不可能明白为什么今天的自由主义者不再追求终身教职（除了许多自由主义者大概都是学者这一原因之外）。我们看到公司可以破产，但政府屹立不倒。不过，虽然政府屹立不倒，公务员却会降级，国会议员会在选举中下台。在学术界，终身教职是永久性的，即知识行业有永久性“所有者”。简而言之，自大者是约束的产物，而不是自由和缺乏系统的产物。

## 预测与自由意志

如果你知道一个物理系统的各种可能情况，你就能够在理论上（而不是在实际上）预测它在未来的行为，但这只涉及没有生命的客体。当涉及社会领域时，我们的预测就会面临巨大的障碍。在预测中考虑人类是另一回事，如果你把他们当作拥有自由意志的活的生物的话。

如果我能预测你在特定情况下的所有行为，那么你就不像你所想的那样自由。你只是对环境刺激做出反应的机器，你是命运的奴隶。假想中的自由意志能够被简化为一个描述分子间相互影响结果的方程。就像研究时钟的运行：一个充分了解初始状态以及因果关系链的天才能够运用他的知识预测你的未来行为。是不是很可怕？

然而，假如你相信自由意志，你就不可能真正相信社会科学和经济预测。你不可能预测人们会怎样行动。当然，除非有阴谋，而这一阴谋正是新古典经济学依赖的东西。你只需要假设个人在未来是理性的，因此他们的行为是可预测的。这种理性、可预测性与数学上的可处理性之间的联系是很强的。一个理性的人在特定情况下会采取一系列独特的行为。对于“理性的人”如何追求利益最大化的答案有且只有一个。理性的人必须保持行为一致性：他们不能喜欢苹果胜于喜欢橘子，喜欢橘子胜于喜欢梨，然后喜欢梨胜于苹果。如果这样做了，那么他们的行为就很难概括，因而也很难预测。

在正统经济学中，理性成了一件紧身衣。柏拉图化的经济学家忽视了一个事实，那就是人们可能喜欢别的东西胜过喜欢最大化他们的经济利益。这导致一些数学技巧的诞生，比如“最大化”或“最优化”，保罗·萨缪尔森的大部分工作正是基于此。最优化是指为一个经济问题找到数学上的最优解决方案。例如，不同股票的“最优”购买数量是多少？它涉及复杂的数学，因此对非数学学者设立了进入障碍。这种最优化把社会科学从一个需要思考和沉思的学科降低为一种“精确的科学”，而我不是第一个提出这种观点的人。“精确的科学”指的是那些假装热爱物理学或患有物理嫉妒病的人从事的二流工程问题。换句话说，它是智力骗局。

最优化是简化模型的例子，我们将在第十七章讨论。它没有任何实际（或者甚至理论）用处，所以它主要是一种学术地位的竞争渠道、一种人们比拼数学能力的方式。它让柏拉图化的经济学家进不了酒吧，只能整夜解方程。可悲的是，据说保罗·萨缪尔森这个思维敏捷的人是他这一代最具智慧的学者之一。显然，他的智慧没有用对地方。有趣的是，萨缪尔森用下面这句话恐吓那些质疑他的人：“有能力的，从事科学；没能力的，从事方法论。”如果你懂数学，你就能“从事科学”。这让我想起心理分析师让批评者闭嘴，因为他们与他们的父亲交流不畅。可叹的是，实际上是萨缪尔森和他的大部分追随者不懂数学，或者说不懂如何运用他们所知道的数学，不懂怎样将之用于现实。他们知道的数学只够蒙蔽他们的眼睛。

在不懂实证检验的白痴专家大量出现之前，真正的思想家，如凯恩斯、哈耶克和曼德尔布罗特，就已经开始了有意义的研究。结果他们被人们遗忘，因为他们让经济学远离了二流物理学的精确性。这的确令人遗憾。一位被人们低估的伟大思想家是G. L. S.夏克尔，现在几乎完全没有人记得他，他提出了“反知识”的概念，也就是翁贝托·埃克的图书馆里那些没被读过的书。人们根本不会提到夏克尔的研究，我不得不从伦敦的旧书经纪人那里购买他的书。

启发和偏差法学派（heuristics and biases school）的许多经验心理学家已经指出，不确定条件下的理性行为模型不仅是不准确的，而且是对现实的错误描述。他们的发现也令柏拉图化的经济学家们不安，因为他们揭示了多种不理性的行为方式。托尔斯泰说过，所有幸福的家庭都是一样的，而不幸的家庭各有各的不幸。人们被发现犯了“喜欢苹果胜于喜欢橘子，喜欢橘子胜于梨，喜欢梨胜于苹果”的错误，这视具体问题而定。顺序是重要的！同样，如我们在锚定行为的例子中看到的，受试者对曼哈顿牙医数量的估计受到他们刚刚看到的随机数字（锚定对象）的影响。由于锚定对象具有随机性，我们的估计也具有随机性。因此，如果人们做出前后不一致的选择和决策，那么经济最优化的核心就崩塌了。你不可能制造出“一般理论”，而没有一般理论你就无法预测。

你必须学会在没有一般理论的情况下生活，看在柏拉图的分上！

## 祖母绿的变色特性

回忆一下火鸡问题。你观察过去，然后得出关于未来的规律。根据过去预测未来的问题可能比我们已经讨论的问题还要严重，因为相同的过去的数据既可以证明一个理论，又可以同时证明完全相反的理论！如果你明天还活着，这可能意味着你有可能长生不老，或者你更接近死亡。两个结论依赖于完全相同的数据。如果你是一只被喂养了很长时间的火鸡，你可以要么天真地以为喂食证明你是安全的，或者聪明地意识到它证明了你最后成为晚餐的危险。一个熟人过去对我的殷勤可能表明他真的喜欢我，并且关心我是否愉快，但也可能表明他企图有朝一日抢走我的饭碗。

所以，不但过去是有误导性的，而且我们对过去事件的解释也存在很大的自由度。

为了从技术层面证实这一点，你可以在纸上画出一系列代表时间序列的点，就像第四章中显示前 1 000 天情况的图 4–1。假设你的高中老师让你延长这些点的序列。用线性模型，也就是用直尺，你只能画出一条从过去到未来的单一直线。线性模型是唯一的，从一系列点中有且只有一条直线穿过，但情况可能更微妙。如果你不将自己限制在直线中，你会发现许多曲线都能把这些点连起来。如果你用线性方式解释过去，你只能朝一个趋势继续，但未来对过去的偏离有无数种可能。

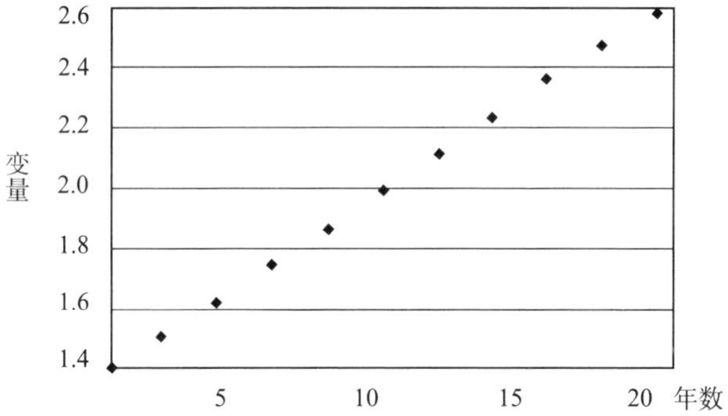


**图 11–3　似乎处于增长的变量**

注：变量可以是菌群数量、销售量，或者第四章提到的火鸡喂食总次数。

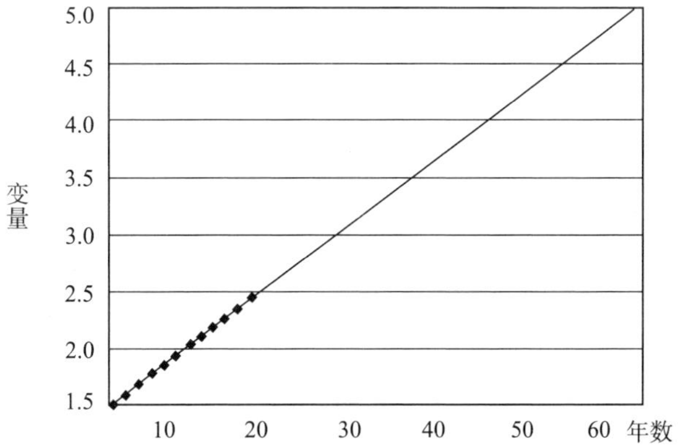


**图 11–4　未来趋势**

注：很容易确定趋势，有且只有一个线性模型符合数据。你能够预测未来的连续变化。

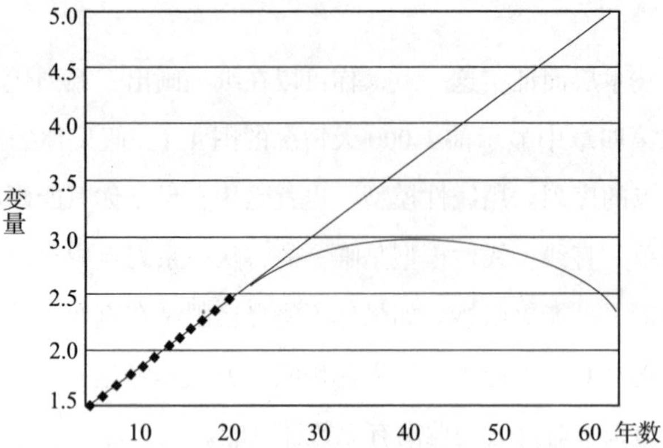


**图 11–5　另一趋势**

注：似乎别的模型也适用。

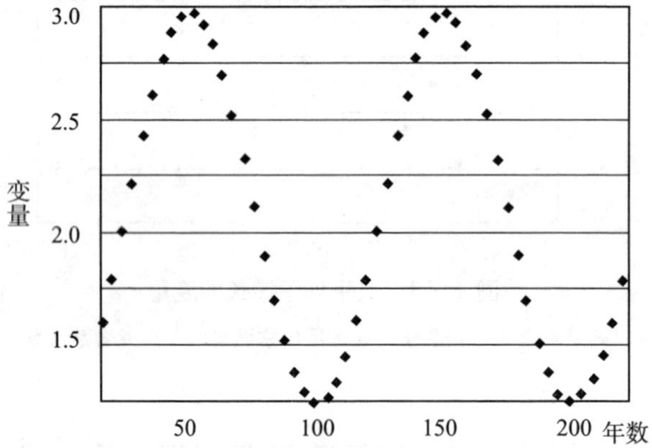


**图 11–6　真正的“生成过程”**

注：其非常简单，但与线性模型完全无关！

这就是哲学家纳尔逊·古德曼（Nelson Goodman）所说的归纳之谜：我们画出一条直线，只是因为我们手边有一把直尺；一个数字在过去1 000天都在增长，于是你更相信它会继续增长。但如果你头脑中有非线性模型，它也许会显示数字会在第1 001天下降。

假设你观察一颗祖母绿。它在昨天和前天都是绿色的，今天也是绿色的，通常这会证明它的“绿色”特性：我们能够假设这颗祖母绿在明天也是绿色的。但对古德曼来讲，祖母绿过去的颜色同样能够证明它的变色特性。什么是变色特性？祖母绿的变色特性就是在某个特定的日子之前，比如 2006 年 12 月 31 日之前，它一直是绿色，之后会突然变为蓝色。

归纳之谜是叙述谬误的另一个版本——对于你所看到的东西存在无穷种“解释”。古德曼的归纳之谜的重要之处在于：如果不存在对所看到事物的唯一“一般化”解释，无法对未知进行唯一的推断，那么你该怎么做？显然，答案是你应该使用“正常思维”，但你的正常思维对于某些极端斯坦的变量来说可能并不适用。

## 了不起的预想机器

读者有权怀疑：为什么我们还要做计划呢？有人做计划是为了赚钱，有人是因为这是“他们的工作”，但我们也会在没有这类动机的时候自发地这么做。

为什么？答案与人类的本性有关。计划可能来自使我们成为人类的东西，比如意识。

我们需要预测未来，这一定有某种进化上的意义，我将对此做简短概括，鉴于它可能是一种不错的备选解释（但也只是一种不错的猜测而已），并且与进化有关，所以我会十分谨慎。

哲学家丹尼尔·丹尼特（Daniel Dennett）提出的观点如下：大脑最强大的功能是什么？正是提出对未来的猜想并进行反事实思考的功能，比如，“假如我一拳打在他的鼻子上，他就会立即还击我一拳，或者打电话给他在纽约的律师”。这样做的一个好处是能够让我们的猜想替我们去死。被正确使用并且仅停留在大脑内部时，这种预测能力使我们不必马上做出第一顺序的自然选择，因而，我们不像那些原始的生物一样在死亡面前非常脆弱，只能等待基因库得到最佳自然选择，从而提高自身的生存能力。从某种意义上讲，预测使我们能够欺骗进化：作为一系列预测和反事实的情景，进化正在我们的头脑中发生。

即使这种在头脑中演练猜测的能力使我们不受进化法则的约束，但它本身却是进化的产物，就好像进化延长了约束我们的链条，而其他动物却立即受到环境加给它们的约束。丹尼特认为，大脑是“预想机器”，思维和意识是人类的新兴特性，对我们的加速发展大有必要。

我们为什么要听专家发表言论和预测？一种可能的解释是社会需要专业化，尤其是知识的分工。你不会在遇到重大健康问题时立即去读医学院，咨询一个已经读过医学院的人会更省事（显然也更安全）。医生们会听汽车修理师的（不是在健康问题上，而是在他们的车出问题时），反之亦然，汽车修理师也会听医生的。我们天生喜欢听专家的，即使在可能不存在专家的领域。

第十二章

# 认知斯坦
# ——一个梦

认知自大程度较低的人不一定缺乏自信，他可能只是对自己的知识持怀疑态度。我将这种人称为“认知者”，将念念不忘人类认识错误的境界称为“认知斯坦”。

一些“认知自大”程度较低的人常常不引人注目，比如一个在鸡尾酒会上手足无措的人。我们天生不会尊敬谦卑的人。现在考虑一下“认知谦卑”。想象一个极度自省的人，他由于知道自己无知而饱受折磨。他缺乏白痴的勇气，但有少见的说“我不知道”的勇气。他不介意看上去像一个傻瓜，或者更糟，像一个完全无知的人。他犹豫，他不愿意犯错，犯错造成的结果令他痛苦万分。他反省，反省，再反省，直到他在身体和精神上都筋疲力尽。

这不一定意味着他缺乏自信，他只是对自己的知识持怀疑态度。我将这种人称为“认知者”，将念念不忘人类认识错误的境界称为“认知斯坦”。

## 认知者蒙田先生

38 岁时，蒙田（Montaigne）隐退到法国西南部乡下的一处房产中。“蒙田”在古法语中是“山”的意思，这也正是这座房产的名字。那里今天以波尔多葡萄酒闻名，但在蒙田的时代，没有多少人将他们的智慧和心思投入红酒中。蒙田有禁欲主义倾向，对享乐没有什么兴趣。他打算进行一系列不大的“尝试”，也就是写一些文章。“文章”一词包含了尝试性、猜测性和不确定性的意味。蒙田精通经典知识，并希望对生命、死亡、教育、知识和人性中一些不无趣味的生物学特性做一点思考。（例如，他想知道残疾人是否性欲更强，因为他们性器官中的血液循环更丰富。）

他书房的阁楼上刻着希腊语和拉丁语的谚语，意思都是人类认知具有脆弱性。透过窗子，可以看到附近环绕的山丘的美景。

蒙田的正式研究对象是他自己，但这只是为了方便起见；他不像那些公司管理者那样喜欢写传记夸大自己的荣誉和成就。他主要对发现自己感兴趣，也试图让我们发现他，并向我们展示哪些事物可以被一般化——一般化到整个人类。他书房里刻的那些话中有一条来自拉丁诗人特伦斯（Terence）：Homo sum, humani a me nil alienum puto（我是人，人类的任何事对我来说都不陌生）。

对于我们这些接受过现代教育的人来说，蒙田的著作令人耳目一新，因为他完全接受人类的局限性，并且懂得没有哪种哲学是有用的，除非它考虑到我们根深蒂固的局限性，即我们的理性的局限性——那些使我们成为人的局限性。他并没有超前于他的时代，更确切地说，是之后的学者（那些鼓吹理性的人）落后于时代。

他是一个喜欢思考和反复思考的人，他的思想不是在安静的书房中冒出来的，而是在马背上。他会长途骑马，回来时便有了思想。蒙田既不是神学院的学者、纸上谈兵的专业人士，也不是这两者的结合。首先，他是一个行动者。在为了仔细研究他的生命而退隐之前，他做过地方行政官、商人和波尔多市市长。其次，他是反教条主义者，是富有魅力的怀疑主义者，是一个会犯错、迷糊、有个性、内省的作家，最重要的，他在古典传统下希望成为一个真正的人。假如他生活在另一个时代，他会成为经验怀疑主义者，他有皮罗主义者的怀疑精神，也有塞克斯都·恩披里克的反教条精神，尤其是他知道在做判断时要谨慎。

## 认知斯坦

每个人都有心目中的乌托邦。对许多人而言，它意味着平等、公平、没有压迫、不用工作（对有些人而言，要求可能更低，但并不一定更容易达到）。对我而言，乌托邦就是认知斯坦：一个所有人都是认知者的社会，一个认知者能够当权的社会。它将是一个以承认无知而不是承认有知为基础的社会。

可惜，人们不可能通过承认自己会犯错来显示权威。很简单，人们需要被知识蒙蔽。我们天生就要追随那些有能力把人聚在一起的领导者，因为身处集体当中的优势能够战胜孤军奋战的劣势。绑在一起走向错误的方向比独自走向正确的方向更有利。那些追随武断的白痴而不是内省的智者的人把他们的一些基因传给了我们。这在一种社会病态中表现明显：精神变态者能够吸引追随者。

你会不时地碰到智力超群的人，他们能够毫不费力地改变主意。

请注意黑天鹅现象在下面表现出来的非对称性。我相信，对于某些事你会非常确信，也应该如此。你对“证伪”比对“证实”更有信心。卡尔·波普尔被指责用一种具有进攻性而自信的口吻写出提倡自疑的文章（不赞同我的怀疑经验主义的人经常向我提及这一点）。幸运的是，我们学会了很多怀疑经验主义的方法。黑天鹅事件的非对称性使你对“什么是错的”有信心，而不是对“什么是对的”有信心。卡尔·波普尔曾经被问到“能否证伪证伪”（也就是说，人们是否可以怀疑怀疑主义）。他的回答是，他会把那些提出比这个问题聪明得多的问题的学生赶出课堂。波普尔的确很难对付。

## 过去的过去，以及过去的未来

有些真理只有孩子能看到，成年人和非哲学家囿于现实生活的琐碎，不得不操心“严肃的事情”，于是为了一些看上去更重要的问题抛弃了洞察力。其中一项真理是关于过去与未来之间的巨大差异。由于我一生都在研究这一差异，我现在对它的理解比儿时更深，却不如儿时生动。

你能够把未来想象为与过去“相似”的唯一办法就是假设未来是过去的精确计划，因此是可预测的。如果你确切地知道你什么时候出生，你也能确切地知道你何时死去。未来存在随机性，而不是你所认知的过去的确定延伸，这是我们的思维所不能把握的。随机性对我们而言太模糊了，无法作为一种事物类型存在。在过去与未来之间存在非对称性，这太神秘了，我们无法自然而然地理解。

这种不对称的第一个结果是，在人们的思维中，过去和过去的过去之间的关系并不能反映出过去和未来的关系。这里有一个盲点：当我们考虑明天时，我们不会用考虑昨天或前天的同一方式。由于这种内省的缺陷，我们没有从过去的预测与之后的实际之间的差异中学习。当我们想到明天时，我们只是把它当作另一个昨天。

这个小小的盲点还有其他表现方式。去动物园的灵长类区，你能够看到我们的近亲在它们的幸福家庭中过着自己繁忙的社会生活。你还会看到一群群游客笑这些低等灵长类动物身上与人类近似的地方。现在，假设你属于一种更高等的物种（比如“真正的”哲学家，真正的智者），比人类高级得多，你肯定会嘲笑人类对灵长类动物的嘲笑。显然，那些被猴子逗乐的人不会立刻想到会有某种物种像他们俯视猴子一样俯视他们，假如想到了，他们就会自怜，就会停止发笑。

因此，在人类认知过去的机制中，有一种因素使我们相信事物有确定的解决办法，因而没有想到我们的先人也曾以为他们有确定的解决办法。

我们嘲笑别人，却没有想到不久的将来，别人也同样有理由嘲笑我们。

这种关于未来的思维障碍还没有被心理学家研究和命名过，但有一点像孤独症。一些患孤独症的受试者能够掌握高等数学知识或技术知识。他们的社交技巧很差，但这不是问题的根源。孤独症患者不能以别人的角度考虑问题，不能以别人的立场看世界。他们把其他人当作没有生命的物体，就像机器，被明确的规律驱使。他们无法进行诸如“他知道我不知道我知道”这样的简单思维活动，正是这种能力的缺乏妨碍了他们的社交能力。（有趣的是，患孤独症的受试者虽然很“聪明”，但也无法理解不确定性。）

正如孤独症被称为“精神盲性”，我们把无法动态思考、以未来观察者的角度自我定位的状态称为“未来盲性”。

## 预测、错误预测与幸福

我遍寻所有认知科学的文献，希望找到对“未来盲性”的研究，却一无所获。但在关于幸福的文献中，我却发现了对能够使我们愉快的长期预测错误的研究。

这种预测错误的机制如下。你打算买一辆新车，它会改变你的生活、提升你的身份，使你每天上下班的路途像度假。它如此安静，你甚至无法辨认引擎是否在工作，因此你可以在公路上听拉赫曼尼诺夫（Rachmaninoff）的《夜曲》。这辆新车将永久性地提高你的快乐程度。人们每次看到你时都会想，嘿，他有一辆不错的车。但你忘了，上一次你买车时，你也有同样的预期。你不会预想一辆新车带来的效应最终会消失，而你将再次回到初始状态，和上次一样。你将新车开出展示店之后几个星期，你将开始对它丧失新鲜感。假如你预料到这一点，或许你根本不会买它。

你即将犯一个已经犯过的预测错误，而反省的成本是如此之低！

心理学家针对愉快事件和不愉快事件都进行了这种错误预测的研究。我们高估了这两类未来事件的影响。我们似乎处于一种强迫自己这样做的两难境地中。这种两难境地被丹尼尔·卡尼曼称为“预期效用”，被丹·吉尔伯特（Dan Gilbert）称为“幸福感预测”。并不是我们愿意错误地预测未来的幸福度，而是我们没有从过去的经验中进行归纳性学习。在预测未来的幸福状态时，我们没能从过去的错误中学习，这证明了我们的思维障碍和扭曲。

我们在总体上高估了不幸事件的影响持续的时间。你以为你的财富或当前的地位遭受的损失将是灾难性的，但你很可能错了。更可能的情况是，你将能适应任何事情，正如你面对过去的不幸时所做的那样。你可能会感到痛苦，但不会像你预期的那样糟糕。这种错误预测可能存在一种目的：刺激我们采取重要的行为（比如购买新车或努力致富），防止我们冒不必要的风险。这是一个更为一般化的问题的一部分：人类喜欢不时地自我欺骗。根据特里弗斯的自欺理论，这会使我们以更有利的方式走向未来。但自欺在其自然领域之外不是一种值得期待的特点。它防止我们冒不必要的风险，但我们在第六章看到，它无法为我们阻挡现代风险的洪流。我们不害怕这些风险，因为我们根本没有觉察到，比如投资风险、环境危机和长期安全。

### 赫勒诺斯与反向预测

如果你是一位先知，你为平凡的人类描述未来，那么人们会根据你预测的准确性来评价你。

《伊利亚特》中的赫勒诺斯（Helenus）是另一种先知。他是普利安（Priam）与赫卡柏（Hecuba）的儿子，他是特洛伊军队中最聪明的人。他在遭受折磨后告诉亚该亚人（Achaeans）如何攻破特洛伊（显然，他没有预测到他本人也会被攻破）。但这还不是使他与众不同的地方。赫勒诺斯与其他预言家不同：在完全不知道任何关于过去的细节的情况下，他能够极为精确地测算过去。他进行的是反向预测。

我们的问题不仅在于我们不知道未来，还在于我们不知道过去。如果我们想要了解历史，就极其需要像赫勒诺斯这样的人。让我们看看为什么。

## 融化的冰块

下面是我的朋友亚伦·布朗和保罗·威尔默特进行的想象实验。

任务 1（融化的冰块）：想象一块冰以及它在接下来你打扑克牌的两个小时里会怎样融化。努力想象冰化成一小摊水的样子。

任务 2（水是从哪里来的）：假设地上有一小摊水。现在努力用思维的眼睛重现形成这摊水的冰块的样子。请注意，这摊水不一定来自冰块。

第二个任务更难。赫勒诺斯肯定是有一定本事的。

这两个过程的差别在于：假如你有正确的模型（以及一些时间，并且没有更好的事情可做），你能非常精确地预测冰块将如何融化，这是一种毫不复杂的工程问题，比弹子球问题容易多了。然而，从一摊水可以反向想象出无数种冰块形状，假如你确实曾经有与冰块有关的记忆的话。第一个方向是从冰块到一摊水，我们称之为正向过程。第二个方向，即反向过程，复杂得多。正向过程通常存在于物理学和工程学中，反向过程通常存在于不可重复、不可实验的历史过程中。

正是使我们无法把煎过的鸡蛋还原的力量使我们无法改写工程学历史。

现在，让我在正向、反向问题中增加一点复杂性，即加入非线性假设。我们借用一下前一章洛伦茨的“印度蝴蝶”的例子。我们已经看到，一个复杂系统中的微小输入能够产生非随机的巨大影响（视具体情况而定）。新德里的一只蝴蝶扇动翅膀可能是导致北卡罗来纳州一场飓风的确切原因，即使飓风两年后才会发生。然而，对于一场在北卡罗来纳州观察到的飓风，你是否能够找出准确原因值得怀疑：有数十亿小事可能导致它的发生，比如在廷巴克图扇动翅膀的蝴蝶，或者在澳大利亚打喷嚏的野狗。从蝴蝶到飓风的过程比从飓风到蝴蝶的相反过程简单得多。

普通人对这两种过程的混淆简直达到了灾难性的程度。这种“印度蝴蝶”的比喻至少愚弄了一位电影制片人。例如劳伦·费罗德的法语电影《偶然》(或者《蝴蝶振翅》)鼓励人们关注能够改变他们生活的小事。一件小事（一片落在地上引起你注意的花瓣）可能导致你选择某个人而不是另一个人做生活伴侣，所以你应该关注这些非常小的细节。这位电影制片人和批评家都没有认识到他们在进行一个反向过程。每天会发生上兆亿件小事，我们不可能对它们逐一关注。

## 再说不完全信息

找一台个人电脑。你能够用电子数据表格程序生成一个随机序列——一系列我们称之为历史的点。这是如何做到的呢？计算机程序能够使用非常复杂的非线性方程式产生看上去随机的数字。方程式很简单：如果你知道它，就能预知这个序列。然而，要人类求出这个方程并预测之后的序列几乎是不可能的。我说的是用简单的单行计算机程序生成几个数据点，而不是构成真实世界历史的成千上万同时发生的事件。也就是说，即使历史是由某个“世界方程式”生成的非随机序列，只要人类没有求出这个方程的能力，它就应该被认为是随机的，并且不应被冠以“确定性混沌”的名字。历史学家应该远离混沌理论以及求方程式的难题，而只去讨论世界的一般特点，并了解他们不可能知道什么。

这将我带入关于历史学家的一个更大的问题。我将实践的根本问题总结如下：虽然理论上随机性是一种内在特性，但在实践中，随机性是不完全信息，也即我在第一章所说的迷雾。

不从事随机性工作的人不会明白其复杂性。通常，在哲学家（有时候是数学家）听我谈论不确定性和随机性的会议上，他们会向我提出最不相关的问题，比如我所说的随机性是“真正的随机性”，还是伪装为随机性的“确定性混沌”。真正的随机系统确实是随机的，而且不存在可预测的特性。混沌系统有完全可测的特性，但人们很难找到，所以我对他们的回答是双重的。

1. 这两者之间不存在重要差别，因为我们永远也区分不出来，差别是数学上的，不是现实中的。如果我看到一名怀孕的女性，她的孩子的性别对我来说是纯粹的随机问题（两种性别各 50% 的可能），但对她的医生不是，他可能已经为她做过超声波检查。

2. 一个人谈论这一区别，这表明他从未在不确定性的条件下做过有意义的决策，这正是他没有认识到在现实中不可能区分这两者的原因。

随机性最终只是反知识。世界隐藏在迷雾中，而表象在愚弄我们。

## 他们的所谓知识

关于历史，最后再说几句。

历史就像博物馆，人们可以进去看过去的收藏，感受昔日的魅力。它是一面奇妙的镜子，你可以看见我们的自我叙述。你甚至可以利用DNA分析、追踪过去。我很喜欢文学史。古代历史能够满足我建立自我叙述、自我认同和与我（复杂的）东地中海的根源建立联系的愿望。我喜欢古老的、不那么精确的书胜过喜欢现代书籍。在我反复阅读的书中（对你是否喜欢一个作者的终极检验就是你是否重读他的书），下面这些作者的名字印入了我的脑海：普卢塔克（Plutarch）、李维（Livy）、苏埃托尼乌斯（Suetonius）、狄奥多罗斯 · 西库路斯（Diodorus Siculus）、吉布（Gibbon）、卡莱尔（Carlyle）、勒南（Renan）和米什莱（Michelet）。与今天的著作相比，他们的著作显然是不规范的，这些作品在很大程度上是奇闻逸事，充满虚构成分。我知道这一点。

历史能使我们陶醉地以为了解了过去，满足了我们讲故事的愿望（确实），只不过是非常有害的故事。人们应该极为谨慎地学习。如果没有谨慎的态度，历史显然不是一个理论化和生产一般知识的地方，也不会对未来有所帮助。我们能从历史中得到负面认知，这一点是无价的，但同时我们也得到了太多知识的假象。

这使我再一次想到美诺多托，以及如何对待火鸡和如何避免被过去欺骗的问题。经验主义的医生对待归纳问题的方法是了解历史，而不是将它理论化。学会阅读历史，吸取所有可能的知识，不要对奇闻逸事皱眉，也不要建立任何因果链条，不要试图过多地求方程，但如果你这样做了，也不要大张旗鼓地提出科学观点。请记住，经验怀疑主义者尊重习惯：他们把它当作默认状态、行为的基础，但仅此而已。他们称这种对待过去的明确方法为结语主义。①

但大部分历史学家持有不同观点。想一想代表性的反省式历史著作——爱德华 · 哈莱特 · 卡尔的《历史是什么？》。你会发现他公然把寻找因果关系当作他工作的核心部分。你还可以上溯至更早：被视为历史之父的希罗多德在一部著作的开篇定义了他的目的：

> 记录希腊人和野蛮人的活动，“尤其是，最重要的，给出他们互

① 约吉 · 贝拉或许也有他的结语主义理论：“只是观察就能让你观察到很多。”

相争斗的原因（此处为我的强调，原文未强调）”。

你可以在所有历史理论家那里看到相同的目的，不论是伊本·赫勒敦、马克思还是黑格尔。面对历史，越想超越叙述，从而做到最低程度的理论化，我们的麻烦就越大。我们受叙述谬误的毒害如此之深吗？

我们也许需要花上一代人的时间让怀疑经验主义历史学家懂得正向过程与反向过程的区别。

正如波普尔批评历史学家对未来做出预测一样，我刚刚展示了历史方法在认识过去时的不足。

讨论了未来（以及过去）盲点之后，让我们看看面对这种情况应该怎么办。令人欣慰的是，有非常务实的方法可以为我们所用。接下来让我们探讨这一点。

第十三章

# 假如你不会预测怎么办[①]

假如你抛弃完全准确地预测未来的想法，你就有很多事情可以做，只要你记住预测的局限性。知道你无法预测，并不意味着你不能从未来的不可预测性中获益。

## 建议很廉价，非常廉价

在自己的文章中老是引用著名思想家的话不是一个好习惯，除非是为了拿他们开玩笑或者提供历史参考。他们“很有道理”，但我们很容易上那些听起来不错的格言的当，而它们并不总能经得起事实的检验。所以下面我要引用大哲学家伯特兰·罗素的一段话，原因恰恰是我反对它：

> 对确定性的追求是人类的本性，也是一种思维的恶习。如果你要在某一天带你的小孩去野餐，他们会想确切地知道那一天是天晴还是下雨，如果你不能肯定，他们就会对你失望……
>
> 但只要人没有被训练得不在没有证据的情况下做判断，他们就会

① 有些读者会说：“塔勒布，我明白问题所在了，但我该怎么办呢？”本章就对这个问题提供一个概括性的答案。我的回答是：如果你明白了问题所在，问题就已经基本解决了，但还有需要注意的地方。

被武断的预言者引入歧途……每一种知识都有对应的学科，要学习如何不做判断，最好的学科是哲学。

读者可能会感到奇怪，我居然反对他的观点。我很难反对“对确定性的追求是思维的恶习”。我很难反对“我们会被某个武断的预言者引入歧途”。我反对这位伟人的地方在于，我不认为那种向别人提建议的“哲学”能帮我们解决这个问题，我不认为传授知识很容易，我也不会要求人们战战兢兢地刻意不做判断。为什么？因为我们必须把人类当成人类。我们不能教人们不做判断，判断蕴涵在我们看待事物的方式当中：我没有看到“树”，我看到的是一棵漂亮的或难看的树。不付出巨大的努力，我们是不可能把我们赋予事物的这些小特点抛弃的。同样，人的头脑也不可能没有偏差地反映事实。我们天性中的某种东西让我们想要去相信，那又如何？

亚里士多德以来的哲学家告诉我们，我们是沉思的动物，能够通过推理学习。我们花了一段时间才明白，我们确实思考了，但我们更多是在进行事后叙述，我们给自己理解的假象和过去的行为找一个借口。一旦我们忘记这样做，“启蒙”就把它再次塞进我们的头脑。

我更喜欢把人类降到比其他动物高一点，但远远无法与理想中能够吸收哲学思想并相应改变行为的奥林匹亚人相比的位置。假如哲学如此有效，那么书店里的自助类图书就能在安抚受伤的灵魂上起点作用了，但事实并非如此。在紧张状态下，我们会忘记哲学。

我要用下面两节结束对预测的讨论。一节很短（讨论小问题），另一节很长（讨论大的重要的决策）。

## 在正确的地方犯傻

对小问题的建议就是：保持人性！在你自己的问题中，接受人类存在认知自大这一事实。不要为此羞愧。不要试图总是不做判断，生活中离不开观点。不要试图避免预测，是的，在批判了预测之后，我不要求你不再犯傻，但我要求你在正确的地方犯傻。①

你应该避免的是对大范围的有害预测的依赖，仅此而已。避免那些可能损害你的未来的大主题：在小事上当傻瓜，而不是在大事上。不要听经济预测者或社会科学预测者的话（他们只是演员），但要自己做预测。尽一切努力，确定下一次野餐的情况，但不要相信政府对 2040 年社会保障情况的预测。

学会根据观点可能造成的损害而不是好听的程度来辨别它们。

### 做好准备

看到我们在预测方面如此普遍的错误，读者或许会感到不安，并希望知道该怎么办。但假如你抛弃完全准确地预测未来的想法，你有很多事情可以做，只要你记住预测的局限性。知道你无法预测，并不意味着你不能从未来的不可预测性中获益。

结论：做好准备！狭隘的预测有麻痹或治疗的作用。小心那些神奇数字的麻痹作用。对所有可能的结果做好准备。

## 正面意外

回想一下那些古代经验主义者，比如希腊经验医学派的成员。他们认为，你在医学诊断中应该开放思维、让运气发挥作用。由于运气，病人可

① 丹·吉尔伯特在一篇著名论文《精神系统如何相信》（*How Mental Systems Believe*）中指出，我们并不是天生的怀疑主义者，我们需要额外的精神努力才能不相信某事。

能因为吃了某种碰巧能治好他的病的食物而康复，于是后来的病人也有机会用到这种食物。“正面意外”（比如高血压药品的积极副作用导致伟哥的发现）是这些经验主义者进行医学发现的核心方法。

同样的方法也适用于生活：把生活中美好的偶遇最大化。

塞克斯都·恩披里克重述了画家阿佩勒斯的故事。画家在画一匹马时，希望画出马嘴里吐出的泡沫。在非常努力地尝试并且失败之后，他放弃了，愤怒中，他把用来清洗画笔的海绵扔到画上。被海绵砸中的地方，完美地呈现了泡沫的效果。

反复尝试的意思是尝试许多次。在《盲眼钟表匠》中，理查德·道金斯极具智慧地提出，世界不存在伟大的设计者，而是通过小的随机变化前进的。不过，我有一点小小的异议，但不妨碍整体论点：世界是通过大的随机变化前进的。

然而，我们的心理和智力都难以接受反复尝试，或者承认小的失败是生活的必需。我的同事马克·斯匹茨纳戈尔懂得人类对失败有精神上的障碍，“你必须爱上失败”是他的座右铭。实际上，我立即适应了美国的原因就在于美国文化鼓励失败，而不像欧洲和亚洲文化把失败视为耻辱和尴尬。美国的专长在于为世界其他地方承担这些小风险，这正是这个国家具有超常创新力的原因。一旦有了想法就去实施，之后再“完善”这种想法或者产品。

## 波动性与黑天鹅事件

人们通常耻于遭受失败，所以他们采用的策略波动性很小，但蕴藏着遭受巨大损失的风险，就像在压路机前捡硬币。日本文化对随机性有一种病态的适应，却又无法理解坏结果可能来自坏运气，所以失败能够严重损害一个人的声誉。人们讨厌波动性，因此采用可能招致重大失败的策略，有些人在惨败后自杀。

而且，这种在波动性与风险之间的权衡会出现在看似稳定的职业选择中，比如截至20世纪90年代的IBM的职位。一旦被解雇，这些员工就面临彻底的迷茫：他们再也做不了别的事了。同样的道理适用于受保护行业。另一方面，咨询师的收入随着客户收入的起伏而增减，但他们挨饿的风险更低，因为他们的技能能满足人们的需要——随风起伏却不沉没。同样，看上去不具波动性的国家，比如叙利亚或沙特阿拉伯，比意大利面临更大的骚乱风险，因为后者自第二次世界大战以来一直处于政治动荡的状态中。我由金融业的情况懂得这一问题，“保守的”银行家坐在一堆炸药上自欺欺人，因为他们的业务看上去乏味又缺乏波动性。

## 杠铃策略

我努力在此把我作为一名证券交易者所使用的“杠铃”策略推广到真实生活中。如果你知道人们容易犯预测错误，并且承认由于有黑天鹅事件的影响，大部分“风险管理方法”是有缺陷的，那么你的策略应该极度保守或极度冒险，而不是一般保守或一般冒险。不要把钱投入“中等风险”的投资（你怎么知道它是中等风险的？听某个谋求终身教职的“专家”的吗？），而应该把一定比例的钱，比如85%~90%，投入极为安全的投资渠道，比如国债，总之你应当投到你能找到的最安全的投资渠道中。余下的10%~15%应当投到极具投机性的赌博中，你应当使用尽可能多的财务杠杆（比如期权），最好是类似风险资本的投资组合。[①]这样一来，你就不受

① 一定要参与大量这类小赌博。不要被对一个黑天鹅事件的想象遮住眼睛，尽量多地从事这种小赌博。即使风险投资公司也会落入叙述谬误的圈套、被少数“合理”的故事蒙蔽，因为它们赌博的次数还不够多。如果风险投资公司能赚钱，那不是因为它们管理者脑子里的那些故事起作用了，而是因为它们遇到了计划外的稀有事件。

错误的风险管理的影响。没有黑天鹅事件能够超越你的“底线”并伤害你了，因为你的储备金最大限度地投到了安全的投资渠道中。或者，同理，你可以拥有一个投机性投资组合，并确保（如果可能的话）它的损失不超过15%。这样，你就“剪掉”了对你有害的不可计算的风险。你不是承担中等风险，而是一边承担高风险，一边不承担风险。二者的平均值是中等风险，但能使你从黑天鹅事件中获益。用更为专业的术语，可以称之为“凸性”组合。让我们看看如何在生活的所有方面运用这一点。

## “没人知道一切”

据说，传奇剧作家威廉·戈德曼对电影票房的预测问题曾喊出“没人知道一切”。那么，读者可能会好奇，像戈德曼这样成功的人在不能预测的情况下是怎么做的呢？答案就是把普通的商业逻辑反过来。他知道不可能预测单个事件，但他非常清楚，不可预测的事件（比如电影一炮走红）会对他产生极为有利的影响。

所以我的第二个建议更具进攻性：你可以利用预测问题和认知自大！实际上，我怀疑最成功的企业就是那些懂得接受事物的内在不可预测性并利用它的企业。

回忆一下我提到的生物科技公司，它的管理者知道研究的核心在于未知的未知。

下面是一些需要谨慎运用的技巧。请记住，越谨慎，越有效。

**1. 区分正面意外和负面意外。**学会判断在不具可预测性时做哪些事会（或一直）对我们极为有利、哪些会对我们有害。既有正面黑天鹅现象，又有负面黑天鹅现象。威廉·戈德曼从事的电影行业是一个存在正面黑天鹅现象的行业。不确定性确实不时给该行业带来福音。

在负面黑天鹅行业，意外事件能造成极大的冲击和严重的后果。如果你从事军事、巨灾保险或国家安全工作，那么你总会面临不利影响。同样，如我们在第七章看到的，如果你在银行负责贷款业务，那么意外事件很可能对你不利。你把钱借出去，最好的情况是你能收回贷款，但如果借款人违约，你可能损失所有的钱。即使借款人获得巨大的财务成功，他也不太可能付给你额外的利息。

除电影业之外，正面黑天鹅行业还有：出版、科学研究和风险投资。在这些行业，你可以用小的损失换取大的收益。每本书可能造成的损失很小，而出于某些完全没有预料到的原因，任何一本书都有可能一鸣惊人。不利面很小，而且很容易控制。当然，出版商的风险在于为书出价过高，从而使有利面非常有限，而不利面非常庞大。（假如你为一本书支付 1 000 万美元版税，那么它成不了畅销书才是黑天鹅事件。）同样，虽然技术蕴涵着巨大的收益，但花钱买泡沫故事（就像人们在网络泡沫中那样），也会缩小有利面、扩大不利面。是风险资本家，而不是那些“人云亦云”的投资者，通过投资于某家投机性公司再将股份卖给缺乏想象力的投资者，成为黑天鹅事件的受益者。

在这些行业，假如你什么也不知道，那么你是幸运的，尤其在别人同样什么都不知道，也没意识到这一点的时候。假如你知道自己对哪些东西无知，假如你是唯一注意到那些没有被读过的书的人，你会是最棒的。这与“杠铃”策略是吻合的，在将正面黑天鹅事件的影响最大化的同时，保持对负面黑天鹅事件的警惕。想要从正面黑天鹅事件中获益，你不需要对不确定性有任何精确的理解。有一点我很难解释，那就是在你只有非常有限的损失的时候，你必须尽可能主动出击，大胆投机，甚至“失去理智”。

平庸的思想家有时把这种策略类比为买“彩票”，这完全不对。首先，彩票没有突破性收入，它们能带来的收入有确定的上限。这里存在游戏谬误：相对于彩票收入，真实生活中的收入具有突破性，也就是说没有上限，或者说没有可知的上限。其次，彩票有既定的规则以及实验室式的可计算的概率，而真实生活中我们不知道规则，并能从这种额外的不确定性中获益，因为它无法伤害你，而只能为你带来好处。[①]

**2. 不要寻找精确和局部的东西。**简而言之，不要狭隘。提出“机会青睐有准备的人”的伟大微生物学家巴斯德懂得，不要在每天早上寻找某种特定的东西，而要努力工作，并让意外进入你的生活。正如另一位伟大的思想家约吉·贝拉所说：“假如你不知道往何处去，请一定小心，因为你可能到不了那里。”

同样，不要试图准确地预测黑天鹅事件，这很可能使你更容易受到那些你没有预测到的结果的影响。我的朋友、美国国防部的安迪·马歇尔和安德鲁·梅斯面临同样的问题。军方有一种冲动，就是投入资源预测接下来的问题。这些思想家建议相反的做法：把精力放在做准备而不是预测上。

请记住，达到无限警惕的状态是不可能的。

**3. 抓住一切机会，或者任何像机会的东西。**机会很少，比你想象的少得多。请记住，正面黑天鹅现象有一个前提：你必须把自己置于它的影响之下。许多人在好运降临时并没有意识到它的降临。如果一个大出版商（大艺术品经纪商、电影制片人、走运的银行家或大思想家）向你发

---

① 有一个更微妙的认知问题。请记住，在正面黑天鹅行业，过去没有揭示的东西几乎一定对你有利。当你回顾生物科技行业的收益时，你看不到超级火爆的记录，但由于这个行业有可能发现治愈癌症（或者头痛、秃顶、缺乏幽默感等）的方法，其有很小的可能实现巨大的销量，比人们预料的大得多。另一方面，考虑一下负面黑天鹅行业。你看到的过去的记录很可能高估了相关特征。回忆一下 1982 年美国银行的纷纷破产：它们在天真的观察者眼中比看上去更赚钱。保险公司有两类：属于平均斯坦的常规多样化保险公司（比如人寿保险）和更危险的、易受黑天鹅事件影响的保险公司，后者通常会进行再保险。根据数据，再保险公司的再保险业务在过去 20 年里是赔钱的，但与银行家不同的是，它们进行了充分的反省，并意识到情况本可能更糟，因为虽然过去 20 年里没有发生重大灾难，但 100 年里只需要一次灾难就能让这些公司破产。许多对保险进行“估值”的金融学者似乎都忽略了这一点。

出邀请，你一定要取消自己原来的全部计划：这扇门可能永远不会再为你开启。我有时震惊于很少有人认识到这些机会不是长在树上的。尽可能多地收集免费的非彩票（那些收入是无上限的），一旦它们开始赚钱，不要扔掉它们。努力工作，不是做无聊的工作，而是搜寻这些机会，并尽可能扩大它们对你的影响。这使城市生活变得无价，因为你增加了美妙偶遇的可能性，奇缘有可能降临在你身上。在互联网时代，住在郊区的人们也能与外界有不错的交流，但他们会失去这种正面不确定性的来源。外交家非常明白这一点：鸡尾酒会上的随意聊天通常能够导致大的突破，这是枯燥的通信或电话谈话做不到的。去参加聚会吧！如果你是科学家，你可能会听到启发新研究的谈论。如果你是孤芳自赏者，那么让你的同事去参加聚会。

4. **当心政府的精确计划**。第十章讨论过，我们可以让政府预测（这让政府官员们自我感觉更良好，并使他们有存在的理由），但不要把他们的话太当回事。请记住，这些公仆的利益在于生存和自保，而不是接近真理。这并不意味着政府是无用的，只是你需要对它们的副作用保持警惕。例如，银行业的监管者受到专家问题的严重影响，经常容忍不计后果（但隐蔽）的冒险。安迪·马歇尔和安迪·梅斯曾问我私人部门是否能更好地预测。唉，不能。再回想一下投资组合中隐藏着爆炸性风险的银行。在稀有事件这样的问题上相信公司的判断不是一个好主意，因为那些管理人员的业绩在短期内是无法观察的，他们会操纵系统，使业绩看上去更好，从而拿走年终奖。资本主义的唯一致命弱点在于，如果让公司竞争，有时候最受负面黑天鹅现象影响的公司看上去却是最可能生存下来的。市场不擅长预测战争。任何人都不擅长预测任何事。很遗憾。

5. “有些人，假如他们本来不知道某件事，那么你是不可能告诉他们的。”伟大的不确定性哲学家约吉·贝拉曾说。**不要浪费时间与预测者、证券分析师、经济学家和社会学家争论，除非是拿他们取笑。**你很容易拿他们开玩笑，而且许多人很容易发怒。哀叹事物的不可预测性是没用的：人们会继续愚蠢地预测，尤其当他们靠这个赚钱的时候，你也不可能结束这种制度化的骗局。假如你不得不注意某项预测的话，记住，它的准确性会随着时间的流逝急剧下降。

如果你听到某个"杰出"经济学家说到均衡或正态分布，不要与他争论，只要忽视他，或试着将一只老鼠放进他的衬衣。

## 非对称性

所有这些建议有一个共同点：非对称性。请把你自己放入一个好结果比坏结果的影响大得多的条件下。

实际上，非对称结果是本书的核心思想：我永远不可能知道未知，因为从定义上讲，它是未知的。但是，我总是可以猜测它会怎样影响我，并且我应该基于这一点做出自己的决策。

这一观点通常被错误地称为"帕斯卡的赌注"，名字取自哲学家及（思想）数学家布莱斯·帕斯卡。他的观点如下：我不知道上帝是否存在，但我知道，如果他存在，我做无神论者就会损失很大，而假如他不存在，做无神论者也得不到好处，所以我应该相信上帝。

帕斯卡的论断在神学上有严重缺陷：只有相当天真的人才会相信上帝不会因假信仰惩罚我们。当然，除非你冒天下之大不韪，认为上帝是天真的。（据说，罗素曾说上帝需要创造出傻瓜，才能让帕斯卡的论断生效。）

但帕斯卡的赌注背后的思想在神学之外有十分重要的用途。它颠覆了整个知识的概念，消除了人们理解稀有事件的可能性的必要（我们对于这一问题的知识有根本上的局限性）；相反，我们可以只关注某个事件发生带给我们的好处。稀有事件的概率是不可计算的；确定一个事件对我们的影响却容易得多（事件越稀有，可能性越模糊）。我们能清楚地知道某个事件的影响，即使我们不知道它发生的可能性。我不知道地震发生的可能性，但我能想象地震对旧金山会造成怎样的影响。做决策时，你只需要了解事件的影响（这是你能知道的），不需要了解事件发生的可能性（这是你不可能知道的），这一思想就是不确定性的核心思想。我生活的大部分都以它为基础。

你可以根据这一思想建立一整套决策理论。你只需要减轻事件的影响。如我所说，如果我的投资组合受到市场崩盘的影响，而市场崩盘的可能性是不可计算的，我能做的就只有购买保险，或者退出，并把我不愿意发生损失的那部分金额投到风险较小的证券。

事实上，如果说自由市场是成功的，那正是因为它们允许相信叙述谬误的竞争个体（但所有个体加起来实际上在从事共同的大事业）反复尝试，我称之为“随机尝试”。我们越来越会进行随机尝试，即使我们没有意识到，这多亏了自由市场机制聚集的过度自信的企业家、天真的投资者、贪婪的投资银行家和主动进攻的风险资本家。下一章将讨论为什么我相信学术正在失去给知识套上紧身衣的能力，以及更多框架以外的知识将通过维基百科这样的渠道产生。

实际上，最终推动我们前进的是历史，而我们却一直以为我们自己才是推动力。

作为对这个内容繁多的关于预测的部分的总结，我要说，我们很容易概括出为什么我们无法理解正在发生什么。那就是：1. 认知自大以及随之而来的未来盲目性；2. 柏拉图式的分类概念，或者说人们如何被简化愚弄，尤其当他们在一个不存在专家的学科里获得了学位时；3. 错误的推理方法，尤其是不考虑黑天鹅现象的平均斯坦方法。

在接下来的部分，我们将更深入地讨论这些平均斯坦的方法。有的读者可能会把它当成附录，有的读者可能会把它当成本书的核心。

# | 第三部分 |

# 极端斯坦的灰天鹅

下面该深入探讨关于黑天鹅的最后四个问题了。

首先，我已经说过，世界越来越走向极端斯坦，越来越不受平均斯坦的统治，实际上，这一观点还有更微妙的地方。我将对它做出解释，并提供关于不平均现象的产生的各种观点。其次，我将高斯钟形曲线描述为一种有传染性的严重错觉，现在，我们要更深入地讨论这一点。再次，我将提出曼德尔布罗特随机性，或者说：分形随机性。请记住，一个事件要成为黑天鹅事件，它不仅要稀有，或者疯狂，还必须出乎意料：超出我们对可能性的理解。你会被它欺骗。许多稀有事件会向我们展示它们的样子：我们很难计算它们发生的可能性，但很容易对它们发生的概率形成一般概念。我们可以把这类黑天鹅事件归入灰天鹅事件，从而降低它们的意外效果。一个对这种事件的可能性有概念的人可以归入非愚人。

最后，我将讨论那些研究伪不确定性的哲学家的观点。在本书结构的安排上，我将较具专业性的内容（但并非核心内容）放在这一部分。对聪明的读者而言，跳过这一部分不会有什么损失，尤其是第十五章、第十七章和第十六章的后半部分。我会在脚注中提醒读者。对各种偏差形成的机制不感兴趣的读者可以直接进入第四部分。

第十四章

# 从平均斯坦到极端斯坦，再回到平均斯坦

在极端斯坦，没有人是安全的。反过来也一样：没人受到完全失败的威胁。我们现在的环境允许小人物在成功的希望前等待时机——活着就有希望。

让我们看看这个人为作用越来越大的星球如何从温和随机性进入疯狂随机性。首先，我要描述我们到达的极端国度，然后讨论演变过程。

## 世界是不公平的

世界有那么不公平吗？我一生都在研究随机性，实践随机性，憎恨随机性。随着时间的流逝，事情在我眼里变得越来越糟糕，我越来越害怕，对自然感到越来越反感。我越思考我的课题，看到的表明我们头脑中的世界与实际中世界不同的证据就越多。每天早上，世界在我眼中都变得比前一天更具随机性，人类都比前一天受到了更大的愚弄。这变得令人难以忍受。写下这些话让我痛苦，世界令人厌恶。

有两名“软”科学家对世界的不平均性提出了直觉模型：一位是主流经济学家，另一位是社会学家。两个模型都太过简化了。我将介绍他们的

观点，原因是这些观点简单易懂，而不是因为其科学价值或者影响力。然后我将介绍自然科学家从有利的角度进行观察的结果。

让我从经济学家舍温·罗森开始。20世纪80年代初，他撰写了几篇关于“超级明星经济学”的论文。在其中一篇论文中，他对篮球运动员一年挣120万美元或电视明星一年挣200万美元表达了愤怒。为了理解这种财富集中在以怎样的速度加剧，也即我们正以怎样的速度远离平均斯坦，请想一想今天的电视明星和体育明星（即使在欧洲）得到的合同，在短短20年之后，价值数亿美元！财富集中程度（到目前为止）比20年前高了20倍！

根据罗森的观点，这种不平均来自一种竞赛效应：某个稍稍“优秀”一点的人能够轻易赢得整块蛋糕，而其他人什么也得不到。借用第三章的观点，人们宁愿花10.99美元购买霍洛维茨的音乐，也不愿意花9.99美元购买某个艰难谋生的钢琴家的音乐。你愿意花13.99美元看昆德拉的小说，还是愿意花1美元看某个不知名的作者的小说呢？所以这就像一场竞争，赢家通吃，而且他并不需要大获全胜。

但在罗森精彩的论述中，他没有提到运气的作用。问题就在于“更优秀”的观点，即认为技能是成功的核心因素。随机事件或者意外事件也可以解释成功，并且成为赢家通吃结果的原动力。一个人可能完全因为随机的原因而稍稍领先于其他人，由于我们喜欢互相模仿，因此会蜂拥而上地模仿他。一个相互传染的世界被严重低估了！

我写这些文字时，在使用苹果电脑，但之前我使用了几年的微软产品。苹果公司的技术优越得多，但较差的软件赢得了世界。为什么？运气。

### 马太效应

社会学家罗伯特·K. 默顿比罗森早十多年提出关于马太效应的观点，

也就是劫贫济富效应。[①]他观察了科学家的成就，说明了最初的优势是如何影响一个人的一生的。想一想下面的过程。

假设某个人写了一篇学术论文，文中引用了 50 个研究过相关问题的人的观点，并提供了背景资料；为了简单起见，假设这 50 个人的贡献是同等的。另一个研究同一问题的研究者将在他的参考文献中随机列举这 50 人中的 3 个。默顿指出，许多学者会在不读原作的情况下列举参考文献。他们会读一篇论文，然后从这篇论文的参考文献中摘取一些作为自己的参考文献。于是阅读第二篇论文的第三名研究者又把前面提及的 3 名作者作为他的参考来源。这 3 名作者将累积越来越多的关注，因为他们的名字与相关问题越来越紧密地联系在一起。胜出的 3 名作者与原来 50 人中其他人的区别主要在于运气，他们最初被选出来不是因为他们的能力，而只是因为他们被选入了前一份参考名录。由于有了名望，这几位学者将继续写论文，并轻松地发表。学术成功部分（但非常显著地）依赖于抽奖。[②]

我们很容易检验这种声望效应。一种方法是找出著名科学家写的论文，故意弄错他们的身份，然后让这些论文被退回。你可以看看，当他们的真实身份被确认之后，有多少被拒绝的论文又被接受。请注意，对一个学者的评价主要是看他们的成果被其他人引用的次数，于是互相引用成果的小圈子就结成了（也就是“我引用你，你引用我”）。

最后，论文不被经常引用的人退出游戏，然后去为政府工作（假如他们性格温和），或者为黑手党或某家华尔街公司工作（假如他们的激素水平较高）。那些在学术生涯一开始就很顺利的人将在一生中不断积累优势。

---

① 下面这段《圣经》中的文字中已经体现了突破性法则：“凡有的，还要加给他，叫他多余；没有的，连他所有的也要夺过来。”（《圣经 · 马太福音》詹姆斯一世钦定版）

② 对提早成功在研究生涯中的重要性的认识主要产生于对这一效应持久性的错误认识，尤其当它被偏差加强时。大量反例（包括在数学这种应该纯粹是“年轻人的游戏”的领域）表明这是一种年龄谬误：简言之，提早成功是必要的，也包括提早认识这一点。

富人容易变得更富，名人容易变得更有名。

在社会学中，马太效应有一个不那么文学化的名字："累积优势"。这一理论很容易运用于公司、商人、演员、作家和任何从过去的成果中获益的人。如果你在《纽约客》上发表了文章（因为你的信笺抬头的颜色吸引了编辑的注意，而他正在白日梦中与漂亮姑娘约会），那么随之而来的好运将伴随你一生。更重要的是，它也会伴随其他人的一生。失败也具有累积性。失败者在未来也可能失败，即使我们不考虑最初失败导致进一步失败的精神打击作用。

艺术，由于其对口碑的依赖，尤其容易受到累积优势效应的影响。我在第一章曾提到结群，以及新闻会帮助这种结群延续下去。我们关于艺术成就的观点比政治观点更可能是传染性随机结果。某个人写了一篇书评，另一个人读了它，然后写了一篇使用同样论断的评论。很快，你就会有实际内容只相当于两三篇书评的数百份书评，因为它们之间的重复太多了。读《干掉冒牌货！》你就会得到一个传奇般的例子，作者杰克·格林完整地展示了人们对威廉·加迪斯的小说《承认》的各种评论。格林清楚地展现了书评者向其他人观点靠拢的行为，揭示了强大的相互影响效应，甚至在措辞上也有这种倾向。这种现象让我想起第十章中讨论的金融分析师的结群。

现代媒体的出现加剧了这种累积优势。社会学家皮埃尔·布迪厄注意到了成功集中度的提高与文化和经济全球化之间的联系。但我不打算在这里扮演社会学家，我只想指出不可预测的因素能够对社会结果造成影响。

默顿的累积优势观点有更一般化的前身，即"偏好依附"，我会在后面讨论，从时间顺序上讲算是倒叙（但在逻辑上不是）。默顿对社会学知识感兴趣，但对社会随机性不感兴趣，所以他的研究来自更具数学科学性质的随机性研究。

## 通用语言

偏好依附理论的应用无处不在：它能解释为什么城市规模属于极端斯坦，为什么词汇表中只有少数单词被集中使用，为什么菌群的大小会有巨大差异。

科学家J. C. 威利斯和G. U. 尤勒1922年在《自然》上发表了一篇划时代的论文，题为"动植物进化与地理分布统计及其影响"。威利斯和尤勒注意到生物学中的所谓幂律，这是我在第三章中讨论的突破性随机性的具有吸引力的版本。幂律（我在之后的章节将进行更专业的探讨）更早时被韦尔弗雷多·帕累托注意到，他发现收入分配符合这一法则。后来，尤勒提出了一个简单模型，揭示了幂律是如何产生的。他的观点如下：假设物种以某种固定的速度一分为二，于是新的物种会产生。某一物种越庞大，它就会越来越庞大，如同马太效应一样。但请注意：在尤勒的模型中，物种不会灭绝。

20世纪40年代，哈佛语言学家乔治·齐普夫研究了语言的特点，并提出了一个经验观点，即齐普夫定律，当然，它并不是一条定律（即使是，也不会是齐普夫定律）。它是另一种解释不平均的方式。他描述的机制如下：你使用一个单词越多，那么你再次使用它就越容易，所以你会根据单词在你的个人词典中的使用频率来使用单词。这就是为什么在英语的60 000个主要单词中，只有几百个构成了英语写作的主体，口语中使用的就更少的原因。同样，一个城市聚集的人越多，陌生人就越可能把这个城市当作目的地。大的越来越大，小的仍然很小，或者变得相对更小。

从英语迅速成为通用语言就可以看出偏好依附的影响，这不是因为英语本身有多好，而是因为人们在对话时需要使用同一种语言，或尽可能使用同一种语言。所以，任何一种看上去占优势的语言都能够立即吸引大量人群，它的使用就会像传染病一样传播，其他语言则被迅速抛弃。我经常惊讶地听到两个从邻近国家来的人，比如一个土耳其人和一个伊朗人，或者一个黎巴嫩人和一个塞浦路斯人，用糟糕的英语谈话，他们挥动双手表示强调，费劲地从喉咙里吐出搜肠刮肚得来的单词。就连瑞士军队也将英语（而非法语）作为通用语言（听他们说话非常有意思）。想一想，很小一部分北欧裔美国人的祖上是英国人，最初占优势的民族是德国人、爱尔兰人、荷兰人、法国人和其他北欧血统民族。但由于现在所有这些民族的人都将英语作为主要语言，他们不得不学习这个第二语言，以及某个多雨的岛国的文化、历史、传统和习俗！

## 思想与传染性

同样的模型可以用于思想的传染性与集中性，但我要在这里讨论的传染性有一些局限性。思想的传播有一定的结构。回忆一下第四章讨论的我们的推理习惯。正如我们倾向于对某些事物进行一般化，而不对其他事物这样做一样，似乎存在一种把我们拉向某些思想的“引力池”。有些思想是具有传染性的，有些不是；有些形式的迷信会传播，有些不会；有些宗教信仰会占据统治地位，有些不会。人类学家、认知科学家及哲学家丹·斯铂佰提出了观点表述上的传染性。被人们称为“觅母”（memes）的东西，也就是以人体为媒介传播并互相竞争的思想，并不真的像基因一样。思想会传播是因为作为媒介的自私人类对它们感兴趣，并且喜欢在复制过程中将它们扭曲。你做蛋糕并不只是为了模仿菜谱，你想做你自己的蛋糕，并利用别人的思想来改进它。人类不是复印机。所以具有传染性的思想一定是那些我们准备要相信的，甚至是天生要相信的。一种思想要获得传播，就必须与我们的本性相符。

## 在极端斯坦，没有人是安全的

到目前为止，我介绍的这些关于集中的模型中有一种极为天真的东西，尤其是那些社会经济学的模型。例如，虽然默顿的思想涵盖了运气，但它忽略了随机性。在所有这些模型中，胜者一直是胜者。下面要讲的是，失败者可能一直是失败者，但胜者可能被某个凭空冒出来的人取代。没有人是安全的。

偏好依附理论在直觉上很有吸引力，但没有考虑被新来者取代的可能性，每个小学生都知道这意味着文明的没落。想一想城市的发展：罗马，一个在公元 1 世纪人口为 120 万的城市，其人口如何在 3 世纪降到了 1.2 万？巴尔的摩，美国曾经的主要城市，为何在后来极度衰败？费城又如何被纽约掩去了光芒？

### 布鲁克林的法国人

我刚开始做外汇交易时，认识了一个叫文森特的人。他是典型的布鲁克林式交易员，身上有和胖子托尼一样的习气，只不过他说的是法语版的布鲁克林话。文森特教会我一些窍门。他常说“可能存在交易王子，但谁也不会一直是交易国王”，以及“这次你遇见一个人走上坡路，下次便会遇见他走下坡路”。

在我小时候，有一些关于无辜的个人与能够吞下整个世界的强大公司做斗争的理论。任何渴望知识的人都被灌输了这些理论，那就是强大的会越来越强大，从而加剧系统的不公平性。但人们只要看一看周围，就会发现这些大公司像苍蝇一样不断坠落。提取任何时候的大公司的横截面样本，你都会发现几十年之后，它们中的许多将消失，而从加利福尼亚某个车库或某间大学宿舍冒出来的人们成立的默默无闻的公司会突然出现在舞台上。

看看下面的统计数据。1957 年美国最大的 500 家公司中，只有 74 家在 40 年后仍然位列标准普尔 500 强。只有少数公司因为合并而消失，其余的要么衰败了，要么破产了。

也就是说，如果你放任那些公司不管，它们就会被吃掉。崇尚经济自由的人声称那些残酷而贪婪的公司是无害的，因为竞争制约着它们。我在沃顿商学院看到的事实使我相信真正的原因在于：随机性。

当人们谈论随机性时（他们很少这样做），他们通常只看到自己的运气。其实，其他人的运气也非常重要。另一家公司可能由于一项突破性的新产品而走运，从而取代了目前的胜者。运气是大均衡器，因为几乎所有人都能从中受益。如果只保护大公司，就会把潜在的新来者扼杀在摇篮中。

一切都是暂时的。运气缔造和毁灭了迦太基，运气缔造和毁灭了罗马。

我已说过，随机性是不好的，但并非总是如此。**运气甚至比智慧更公平。**如果人们严格根据能力获得报酬，不公平仍然有可能存在，因为人们无法选择自己的能力。随机性能够对社会进行重新洗牌，把那些大人物拉下马。

在艺术领域，风潮起着同样的作用。新来者可能受益于一次风潮，由于一种偏好依附式的相互传染，追随者蜂拥而至。然后，你猜怎样？他也会变成历史。看着那些声称是某一时代缔造者的人从人们的头脑中消失是一件有趣的事情。即使在法国这样的国家，这种情况也会发生。法国政府像支持摇摇欲坠的大公司一样支持名望阶层。

我去贝鲁特时，经常在亲戚家里看到残存的用显眼的白色皮革装帧的“诺贝尔”书籍。某些极有活动能力的推销员成功地把这些装帧漂亮的大部头书籍塞进了私人藏书馆；许多人买书是为了装饰，并且喜欢简单的选择标准。而这一系列的选择标准就是每年选出一部诺贝尔文学奖获得者的书，这是一种简单的图书馆建立方式。这一系列本应每年更新，但我猜那家公司在 20 世纪 80 年代倒闭了。每次看到这些书我就感到悲痛：今天你还听说过苏利 · 普吕多姆（Sully Prudhomme，第一位诺贝尔文学奖获得者）、赛珍珠（Pearl Buck，一名美国女性）、同时代最著名的法国作家罗曼 · 罗兰（Romain Rolland）和阿纳托尔 · 法朗士（Anatole France）、圣琼 · 佩斯（St. John Perse）、罗杰 · 马丁 · 杜 · 加尔（Roger Martin du Gard）或者弗雷德里克 · 米斯特拉尔（Frédéric Mistral）吗?

## 长尾

我已说过，在极端斯坦，没人是安全的。反过来也一样：没人受到完全失败的威胁。我们现在的环境允许小人物在成功的希望前等待时机——活着就有希望。

这一思想最近在克里斯 · 安德森（Chris Anderson）那里复苏，他是极少数指出分形集中（fractal concentration）存在随机性的人之一。他还引入了“长尾”概念，我马上会讲到这一点。安德森幸好不是专业统计学家（一些不幸接受传统统计学训练并以为我们生活在平均斯坦的人），他对世界的运转有着全新的认识。

确实，互联网造成了严重的集中。大量使用者访问少数网站，比如谷歌，在我写下这些文字的时候，该网站占据绝对的市场统治地位。历史上没有哪个公司如此迅速地获得了如此稳固的统治地位，谷歌能为从尼加拉瓜到蒙古西南部到美国西海岸的人们服务，而不需要考虑电话接线员、运输、送货和制造。这是赢家通吃的终极案例。

但人们忘记了，在谷歌之前，Alta Vista统治着搜索引擎市场。我已经准备好在本书未来的版本中用一个新的名字取代谷歌。

安德森看到的是，网络带来了除集中以外的东西。网络催生了大量的准谷歌。网络也催生了反谷歌，也就是说，它使拥有某种技术专长的人能够获得小的、稳定的受众群。

回想一下网络在叶夫根尼娅·克拉斯诺娃的成功中的作用。多亏了互联网，她才能绕过传统出版商。如果没有网络，她的那位戴着粉色眼镜的出版商甚至不可能做这一行。让我们假设不存在亚马逊网上书店，并且你写了一本很不错的书。情况可能是，一家只有 5 000 册书的小书店不会愿意让你的“美妙文字”占据他们宝贵的书架。而大书店，比如规模中等的美国巴诺书店可能存书 13 万册，但这仍不足以容纳边缘主题的书籍。所以你的书一诞生就消亡了。

有了网络经销商就不一样了。网络书店能够销售无数种书，因为不必有真实存货。实际上，根本不需要有真实存货，因为书可以一直以电子形式存在，直到消费者需要印刷版本，这是一种新兴的叫作按需印刷的行业。

所以，作为本书的作者，我可以坐在一边，等待时机，让自己出现在搜索引擎上，或许还能偶尔成为流行趋势的受益者。实际上，正因为网络使人们能够买到这样的好书，读者的素质在过去几年有了很大提高。这是一个有利于多样化的环境。①

许多人找我讨论长尾理论，它看上去恰好与突破性导致的集中相反。长尾意味着小人物加在一起能够控制文化和商业的一个不小的部分，而这得益于在互联网环境下的小环境和附属专业。但奇怪的是，它也可能意味

---

① 网络自下而上的特点也迫使书评者更谨慎。过去的作者在独断的书评面前是无助而脆弱的，这些书评会扭曲他们的意思，并且由于证实偏差的作用，会暴露他们行文中一些无关紧要的弱点，但现在他们强大得多。他们不再需要给编辑写信哀叹抱怨，而可以直接在网络上发表他们对书评的评论。如果遭到无理的攻击，他们也能给予无理的回击，他们可以直接质疑书评者的可信度，并使自己的言论迅速出现在互联网搜索或自下而上式的百科全书中。

着大量不公平：大量小人物和极少数超级巨人一起代表世界文化的一部分，一些小人物偶尔崛起打败胜者。（这就是“双尾”：小人物构成的大尾和大人物构成的小尾。）

长尾在改变人们的成功模式上具有根本性的作用，它使胜者无法安坐，并促成另一个胜者的诞生。在人们的第一印象中，它将永远属于极端斯坦，总是被第二类随机性导致的集中所统治；但它将是一个不断变化的极端斯坦。

长尾的贡献是不可量化的，虽然它的作用仍然局限于网络及小规模的网络商务。但想一想长尾将如何影响未来的文化、信息和政治生活。它能让我们摆脱主流，摆脱学术系统，摆脱结群的媒体，摆脱一切现在被僵硬、自以为是和自私的权威们掌握的东西。长尾将有助于促进认知多样化。2006 年一件令人兴奋的事就是我在邮箱中发现了由斯科特·佩吉（Scott Page）撰写的《认知多样化：个体差异如何产生集体利益》（*Cognitive Diversity*：*How Our Individual Differences Produce Collective Benefits*）一书的草稿。佩吉研究了认知多样化对人们解决问题方式的影响，并展示了观点和方法的多样化对反复尝试的促进。它就像一种进化。我们可以推翻陈规，摆脱柏拉图化的单一方式，最终，自下而上、抛弃理论的经验主义者将占据主导地位。

简而言之，长尾是极端斯坦的副产品，它在某种程度上减少了不公平：世界对小人物而言没有变得更不公平，但对大人物而言变得极为不公平。没有谁的地位是牢固不破的，小人物非常具有颠覆性。

## 天真的全球化

我们正滑向无序，但不一定是糟糕的无序。也就是说，大部分问题向少部分黑天鹅事件集中，我们将拥有更多和平而稳定的时间。

想一想过去的两场大战。20世纪不是最致命的世纪（从死亡人数占总人口的百分比上看），但它带来了新东西，那就是极端斯坦战争——小概率冲突变为对整个人类的威胁，变为一种任何人在任何地方都不安全的冲突。

类似的影响发生在经济生活中。我在第三章提过全球化。全球化发生了，但并不是只带来了好处。它还导致全球在互相牵制状态下的脆弱性，同时降低了波动性并制造稳定的假象。换句话说，它创造了毁灭性的黑天鹅事件。我们此前从未面临全球性崩塌的威胁。金融机构合并为更少的超大机构。几乎所有银行都联为一体。金融生态正膨胀为由近亲繁殖的、官僚主义的巨型银行主导的生态（它们通常使用高斯分布进行风险管理）——一损俱损。①银行业集中的加剧似乎有减少金融危机的作用，但会使金融危机更具全球性，给我们带来非常严重的打击。我们从由小银行组成的、存在多种贷款条件的多样化生态转变为由相互类似的公司组成的同质环境。确实，我们的破产减少了，但一旦发生……这一想法让我发抖。我再次强调：我们将面临更少但更严重的危机。事件越稀有，我们越不了解它发生的可能性。

我们对这种危机为何会发生有一点概念。网络是一系列被称为节点的元素的集合，节点之间以某种方式相连。全世界的机场形成一个网络，此外还有互联网、社会网和电网。有一类被称为“网络理论”的研究，研究内容是这类网络的组织及节点之间的联系，研究者包括邓肯·沃茨（Duncan Watts）、史蒂文·斯特罗盖兹（Steven Strogatz）、艾伯特-拉兹

① 似乎我们的麻烦还不够，银行现在比以前更易受黑天鹅事件和游戏谬误的影响，因为它们的员工“科学家”进行着风险管理。J. P. 摩根在20世纪90年代引入RiskMetrics时，把整个世界都置于危险之中，这是一种风险管理的伪方法，它导致游戏谬误的泛滥，让约翰博士们取代怀疑主义的胖子托尼们上台。（与之相关的依赖于风险量化的“风险价值法”正在流行。）同样，政府赞助的房利美也如同坐在火药桶上，最轻微的打击也承受不起。但别担心：庞大的科学家队伍认为这些事件“不可能发生”。

洛·巴拉巴希（Albert-Laszlo Barabasi）等人。他们都懂得极端斯坦数学以及高斯钟形曲线的不足。他们发现了网络的如下特点：网络的一些节点出现集中现象，因而成为中心连接点。网络有一种组织为极为集中化的结构的固有特性：有些节点获得大量连接，余下的很少被连接。这些连接的分布有一种突破性的结构，我们将在第十五章和第十六章讨论。这种类型的集中不仅局限于互联网，还出现在社会生活（少数人成为多数人的联系对象）、电网和通信网络中。这似乎能使网络更牢固：对网络大部分局部的攻击不会带来大的影响，因为它们很可能击中很少被连接的节点。但这也使网络更易受黑天鹅事件的影响。想象一下，假如一个主要节点出了问题会发生什么？美国东北部 2003 年 8 月发生的大停电造成了极度混乱的状态，这就是如果一家大银行今天倒闭会造成什么后果的极佳例子。

但银行所处的情况比互联网糟糕得多！金融业没有明显的长尾！假如金融业有不同的生态，金融机构可以不时破产，可以迅速被新公司取代，有与网络行业一样的多样化，有与网络公司一样的坚韧，我们的情况就会好得多，或者会有组成长尾的政府官员和公务员来复兴官僚主义。

## 远离极端斯坦的回转

在充满集中现象的社会与中庸之道的古典理想之间不可避免地存在对立，所以有人可能会努力逆转这种集中现象。我们生活在一人一票的社会中，累进税制的实施正是为了削弱胜者。实际上，处于金字塔底部的人可以轻易改写社会规则，阻止集中现象伤害他们。但这并不一定需要投票，宗教就能软化这一问题。基督教诞生前，在许多社会中，有权人都可以有很多位妻子，底层人因而找不到妻子，这与许多物种中雄性首领在繁殖上的排他权没有很大差别。但基督教扭转了这种情况：一夫一妻制得以推行。一夫多妻的犹太教在中世纪也变为一夫一妻制。你可以说这种策略是成功的，严格执行一夫一妻制（不再允许希腊罗马时代那样的合法妾室存在），即使是“法国式”的一夫一妻制，也能够带来社会稳定，因为不再有被剥夺了性权利的愤怒的底层男性集合起来为了获得伴侣而煽动革命。

但人们对经济不平等的强调和对其他不平等的忽视使我尤为不安。公平不全是经济问题，而且在我们满足了基本物质需要之后，公平与经济问题越来越不相关了。重要的是等级顺序！总是存在超级明星。苏联经济垮了，但苏联人培养了自己的高尚节操。人们不明白或干脆否认的是（因为其颠覆性），普通人对智力产出没有贡献。极少数人在智力上的超凡统治地位比财富分配不均更令人不安，因为这种差距与收入差距不同，没有哪种社会政策能够消除它。

白厅研究会的迈克尔·马莫特（Michael Marmot）指出，处于等级顶端的人寿命更长，即使考虑疾病的因素。马莫特令人印象深刻的研究表明，单单社会等级就能影响寿命。人们计算出，赢得奥斯卡奖的演员平均比其他演员多活 5 年。在社会等级较为扁平的社会，人们的寿命更长。胜者相当于杀了其他人，因为在社会等级悬殊大的社会，后者的寿命更短，不论经济状况如何。

我不知道如何改变这一点。购买假如同伴成功你就能获得赔付的保险会有效吗？是不是应该取消诺贝尔奖？为经济学颁发诺贝尔奖对社会或人类知识没有好处，但那些为医学和物理学中真正的贡献颁发的诺贝尔奖也有负面影响，它们把其他人赶出了人们的视线，并从他们那里偷走了寿命。这里是极端斯坦，我们必须接受这一点，并找到把它变得易于接受的办法。

第十五章

# 钟形曲线——智力大骗局[1]

由于钟形曲线的不确定性计量方法忽视了跳跃性或者不连续变化发生的可能性及影响，因此无法适用于极端斯坦。使用它们，就好像只看见小草，而看不见参天大树。虽然发生不可预测的大离差的可能性很小，但我们不能把它们当作意外而置之不理，因为它们的累积影响非常强大。

忘掉你在大学听过的一切统计学或概率理论吧。假如你没上过这类课，那更好。让我们从头说起。

## 高斯与曼德尔布罗特

2001年12月，我从奥斯陆去苏黎世，在法兰克福机场转机。

我在机场有足够的空闲时间，这是我尝一尝欧洲黑巧克力的大好机会，尤其是我成功地说服自己在机场消费的卡路里是不算数的。收银员找

① 本章详细讨论钟形曲线，非专业（或直觉不强的）读者可以跳过这一章。或者，假如你是一个不知道钟形曲线的幸运者，也可以跳过这一章。

给我一张10德国马克的纸币。德国马克不久后就会退出流通，因为欧洲将改用欧元。我把它作为一种告别纪念保留。欧元诞生之前，欧洲有许多种货币，这对印刷商、货币兑换商，当然还有我这样的外汇交易商来说是好事。当我吃着我的欧洲黑巧克力，若有所思地看着这张纸币时，差一点儿噎着。我突然发现，而且首次发现，它上面有一样很有意思的东西。这张纸币上印着高斯的头像以及他的高斯钟形曲线。

这是极度的讽刺，因为与德国货币最不相关的就是这一曲线：马克与美元汇率在20世纪20年代的短短几年间从1美元兑换4马克变为1美元兑换4万亿马克，这说明钟形曲线在描述汇率变动的随机性时毫无意义。只需要出现一次这种情况就能让你抛弃钟形曲线——只要一次，你只需要想一想它的后果。但这张纸币上印着钟形曲线，旁边是高斯博士，他长相平庸，看上去有一点儿严厉，显然不是我想与之在阳台上一起消磨时光、喝茴香酒、漫无边际地闲聊的那一类人。

真是令人震惊，钟形曲线竟然成为风险管理工具，被监管者和穿深色西服、以乏味的方式谈论货币的中央银行人员使用。

**图 15–1　最后的10德国马克纸币**

注：上面印着高斯的头像，他的左边是平均斯坦的钟形曲线。

## 减少中的增加

高斯的主要理论是，大部分观察结果集中在中等水平附近，也就是平均值附近；随着对平均值的远离，偏离平均值的可能性下降得越来越快（呈指数下降）。假如必须以一句话来表示这一理论，那就是：离中心（也就是平均值）越远，可能性的下降速度便越快。下面的数字显示了这一点。我以一个高斯变量为例，例如身高（对它做了简化，使演示更清楚），假设平均身高（男人及女人）是 1.67 米。我把一个偏离单位定义为 10 厘米。然后我们在 1.67 米之上逐渐增加高度，并考虑人们身高为这个高度的可能性。[①]

比平均值高 10 厘米（高于 1.77 米）：6.3 分之一

比平均值高 20 厘米（高于 1.87 米）：44 分之一

比平均值高 30 厘米（高于 1.97 米）：740 分之一

比平均值高 40 厘米（高于 2.07 米）：32 000 分之一

比平均值高 50 厘米（高于 2.17 米）：3 500 000 分之一

比平均值高 60 厘米（高于 2.27 米）：1 000 000 000 分之一

比平均值高 70 厘米（高于 2.37 米）：780 000 000 000 分之一

比平均值高 80 厘米（高于 2.47 米）：1 600 000 000 000 000 分之一

比平均值高 90 厘米（高于 2.57 米）：8 900 000 000 000 000 000 分之一

比平均值高 100 厘米（高于 2.67 米）：130 000 000 000 000 000 000 000 分之一

比平均值高 110 厘米（高于 2.77 米）：36 000 000 000 000 000 000 000 000 000 000 000 000 000 000 000 000 000 000 000 000 000 000 000 000 000 000 000 000 分之一

① 为了简便，我对数字进行了一点儿编造。

我相信，在22个偏离单位之后，也就是比平均值高出220厘米，可能性会变为一个古戈尔分之一（古戈尔是1后面加100个零）。

我列出一系列数字的目的在于表现出加速。看看比平均值分别高出60厘米和70厘米的情形：只增加了10厘米，可能性就从10亿分之一变为7 800亿分之一！从70厘米增加到80厘米时，可能性就从7 800亿分之一变成1 600万亿分之一！①

这种急剧下降的概率使你能够忽视意外。只有一种曲线能描述这种下降，那就是钟形曲线（以及它的非突破性同胞）。

## 曼德尔布罗特分布

作为比较，下面看看在欧洲成为富人的可能性。假设这里的财富具有突破性，也就是满足曼德尔布罗特分布。（这不是对欧洲财富的准确描述，只是为了简化突出突破性分布的原理。）②

### 突破性财富分布

净资产高于100万欧元：62.5分之一

高于200万欧元：250分之一

---

① 高斯分布最容易产生错误理解的地方，在于它在尾部事件估计上的脆弱和不足。4西格玛的概率是4.15西格玛的两倍。20西格玛的概率是21西格玛的1万亿倍！也就是说，西格玛值的一个微小差错将导致对概率的极大低估。对于某些事件，我们的错误可以达到上万亿倍。

② 我在整个第三部分将以一种或另一种形式表达的主要观点如下：当你假设有且只有两种可能的例子时，一切在观念上都变得简单——不具突破性的（比如高斯分布）和其他（比如曼德尔布罗特随机性）。我们之后会看到，抛弃对不具突破性的理论的应用足以消除对世界的某些想象。这就像负面经验主义：通过确定什么是错的来获得知识。

高于 400 万欧元：1 000 分之一

高于 800 万欧元：4 000 分之一

高于 1 600 万欧元：16 000 分之一

高于 3 200 万欧元：64 000 分之一

高于 32 000 万欧元：6 400 000 分之一

这里概率下降的速度是固定的（或者没有下降）！金额每翻一倍，概率变为原来的 1/4，不管金额多大，不管是 800 万欧元还是 1 600 万欧元。简而言之，这就是平均斯坦和极端斯坦的区别。

回忆一下第三章对突破性和非突破性的比较。突破性意味着不存在使你慢下来的阻力。

当然，曼德尔布罗特的极端斯坦可以有多种形式。比如财富极度集中的极端斯坦——如果财富翻番，概率只降低一半。结果在数量上会与上面的例子大不相同，但符合相同的逻辑。

### 极不公平的财富分形分布

净资产高于 100 万欧元：63 分之一

高于 200 万欧元：125 分之一

高于 400 万欧元：250 分之一

高于 800 万欧元：500 分之一

高于 1 600 万欧元：1 000 分之一

高于 3 200 万欧元：2 000 分之一

高于 32 000 万欧元：20 000 分之一

高于 64 000 万欧元：40 000 分之一

在高斯分布中，我们会看到下面的结果。

**高斯分布的财富分配**

净资产高于 100 万欧元：63 分之一

高于 200 万欧元：127 000 分之一

高于 300 万欧元：14 000 000 000 分之一

高于 400 万欧元：886 000 000 000 000 000 分之一

高于 800 万欧元：16 000 000 000 000 000 000 000 000 000 000 000 分之一

高于 1 600 万欧元：……我的任何一台电脑都无法进行这项计算

我想用这些数字定性地说明两类分布的不同。第二种是具有突破性的，它的变化不受阻力影响。请注意，突破性的另一个叫法是幂律。只是知道我们处于一个幂律环境并不能让我们获得很多信息。为什么？因为我们必须计算现实生活中的参数，这比在高斯框架下困难得多。只有高斯分布能够很快显现出特性。我的建议就是只把它当作看待世界的一般方法，而不是精确的解决办法。

## 记住什么

记住：高斯钟形曲线都受到一种阻力影响，因而偏离平均值的概率下降得越来越快，突破性分布或者曼德尔布罗特分布则不受这种限制。这基本上就是你需要知道的。①

① 请注意，变量不一定具有无限的突破性；可能存在一个非常遥远的上限，但我们不知道具体在哪里，所以我们把具体情况当作具有无限突破性。技术上讲，一本书的销量不可能超过地球上的居民数量，但这种上限已经大到可以被认为不存在。而且，重新包装一下，这些书或许能够卖给同一个人第二次，谁知道呢。

## 不平均

让我们更近距离地观察不平均的本质。在高斯框架下，随着离差的扩大，不平均程度降低，因为概率在加速降低。在突破性框架下不是这样：不平均程度保持不变。超级富人中的不平均与中等富人中的不平均程度是一样的，它没有缓和。①

想想下面的例子。从美国人群中随机挑选两个年收入加起来为 100 万美元的人。他们分别的收入最可能是多少？在平均斯坦，最可能的组合是各 50 万美元。在极端斯坦，最可能的是 5 万美元与 95 万美元。

这种倾斜在图书销量中更为明显。如果我告诉你两位作者的书一共销售了 100 万册，最可能的情况是一位作者的书销售了 99.3 万册，另一位的销售了 7 000 册。这种情况比每位作者分别销售 50 万册的可能性大得多。对于大的总数，其构成会越来越不对称。

为什么会这样？用身高问题对比一下。如果我告诉你两个人的身高加总为 4 米，你会认为最可能的情况是两人各 2 米，而不是一人 1 米，一人 3 米；甚至也不是一人 1.5 米，一人 2.5 米！身高高于 2.5 米的人几乎没有，所以这种组合不太可能存在。

## 极端斯坦与 80/20 法则

你听说过 80/20 法则吗？它是一种标志性的幂律，实际上幂律的发现

---

① 2006 年 8 月我修改本书时住在马萨诸塞州戴达姆市的一家酒店，这家酒店位于我小时候参加过的一个暑期夏令营附近。在那里，我有点惊异地看到许多有体重问题的人，他们在大厅里走来走去，还造成电梯堵塞。后来我发现美国肥胖接纳协会（National Association of Fat Acceptance）的年会正在那里召开。由于大部分成员都极为肥胖，我无法辨认哪个代表体重最重：在这个极度肥胖的人群中存在某种公平（比我看到的这些人还要胖得多的人已经死了）。我相信，在美国富人接纳协会的年会上，会有一个富人让其他人都相形见绌，即使在超级富人当中，也会有一小部分人占有总体财富的大部分。

正是从它开始的。当时维尔弗雷多·帕累托观察到意大利80%的土地被20%的人占有。有人运用这一法则指出，80%的工作由20%的人完成；或者80%的工作只产生20%的结果。

从数学公理上讲，这一法则的表述不一定是最令你吃惊的：它可以很容易地被改称为50/01法则，也就是50%的工作由1%的人完成。它使得世界看上去更加不公平，但这两个法则其实是完全一样的。为什么？假如存在不平均，那么在80/20法则的那20%当中也存在不平均，即少数人完成大多数工作。其最终结果是，大约1%的人完成稍稍超过50%的工作。

80/20法则只是比喻的说法，它并不是法则，更不是严格的规律。在美国出版业，分配比例更可能是97/20（也就是97%的图书销量来自20%的作者）。如果只看非虚构类作品，情况更严重（8 000种图书中的20种占据一半的销量）。

请注意，这并非完全来自不确定性。某些情况有80/20的集中度，但同时具有可预测性，这使人们很容易做决策，因为你可以事前确定那重要的20%在哪里。这些情况很容易控制。例如，马尔科姆·格拉德威尔在《纽约客》的一篇文章中写道，对囚犯的大部分虐待行为出自极少数邪恶的狱警。把这些狱警清除掉，虐囚率就会大大下降。（相反，在出版业，你无法事先知道哪本书能赚大钱。战争也是，你无法事先知道哪场战争会威胁大量地球居民。）

## 小草与大树

我将在此总结并重申本书此前提出的观点。由于钟形曲线的不确定性计量方法忽视了跳跃性或者不连续变化发生的可能性及影响，因此无法适用于极端斯坦。使用它们，就好像只看见小草，而看不见参天大树。虽然发生不可预测的大离差的可能性很小，但我们不能把它们当作意外而置之不理，因为它们的累积影响非常强大。

传统的高斯方法只关注平均水平，把意外当作附属问题。我们还有另一种方法，它把意外当作起点，把平均水平当作附属问题。

我已经强调过，有两种不同的随机性，它们具有本质的不同，就像空气与水。一种不关心极端情况，另一种受到极端情况的严重影响；一种不会产生黑天鹅，另一种会。我们不能使用同一种方法讨论气体和液体。即使能，我们也不能把这种方法称为“近似”。一种气体不可能与一种液体“近似”。

处理最大值不会与平均值相差太大的变量时，高斯方法对我们很有用。如果数量受到向下的拉力，或者如果存在物理上限，使得非常大的数值不会出现，那么我们在平均斯坦。如果存在强大的均衡力量，当情况偏离均衡时会迅速校正，你也可以使用高斯方法。否则，请忘记它。这就是为什么大量经济学研究以均衡概念为基础：别的好处不说，它起码使你能够把经济现象当作高斯变量处理。

请注意，我并不是在告诉你平均斯坦的随机性不会产生某种极端情况，而是说它们很少发生，加起来也不会有重大影响。这些极端情况的影响小得可怜，而且随着总体的增大而下降。

更专业的说法是，如果存在巨人和侏儒，二者之间的差异达到几个数量级，你仍然可能处于平均斯坦。为什么？假设你以 1 000 个人为样本，其中既包含侏儒也包含巨人。你可能会在样本中看到许多巨人，而不是极少数巨人。你的平均值不会受到额外增加的一个巨人的影响，因为你预期到巨人是样本的一部分，所以你的平均值会比较大。也就是说，最大观测值不会偏离平均值太远。平均值总会涵盖两类人——巨人与侏儒，所以两者都不会太罕见，你只有在极少数情况下才会遇到超级巨人或超小侏儒，这种情况是一个偏离单位较大的平均斯坦。

请再次注意如下原则：事件越稀有，我们对其概率估计的错误越大，即使使用高斯方法。

让我为你展示高斯钟形曲线是如何把随机性从生活中抹去的，这正是它流行的原因。我们喜欢它，因为它带来了确定性！怎么做到的呢？通过平均化，我将在下面讨论。

## 咖啡杯会跳起来吗

第三章对平均斯坦的讨论中提到，个体不可能对总体产生影响。随着总体规模的增加，这一特点越来越强。平均值会越来越稳定，所有样本都是相似的。

我一生中喝过许多杯咖啡（它是我最上瘾的东西）。我从未遇到杯子从桌上跳起两英尺的情况，咖啡也从来没有自动从杯子里流到这份书稿上。要想发生这类情况，需要的可不仅仅是对咖啡上瘾。它可能需要超过人们想象的时间才会发生，概率太小了，是1后面加上许多零分之一，我用全部的业余时间可能都写不完这个数字。

但从物理上讲，我的咖啡杯是可能跳跃的，这是非常低的可能性，但仍是可能的。粒子一直在跳跃。但为什么由跳跃的粒子组成的咖啡杯本身不跳呢？原因很简单，要让杯子跳起来，所有粒子必须向同一个方向跳跃，并且连续这样同步跳几次（同时导致桌子向相反方向移动）。我的咖啡杯的数万亿粒子不可能同时向一个方向跳；在宇宙的整个历史中这种情况也不会发生一次。所以我可以安全地把咖啡杯放在写字台的边缘，去操心更严重的不确定性来源。

安全的咖啡杯演示了高斯变量的随机性是可以通过平均来消除的。如果我的咖啡杯是一个大粒子，或者能够表现为一个大粒子，那么它的跳跃就是一个问题。但我的杯子是由数万亿非常小的粒子组成的整体。

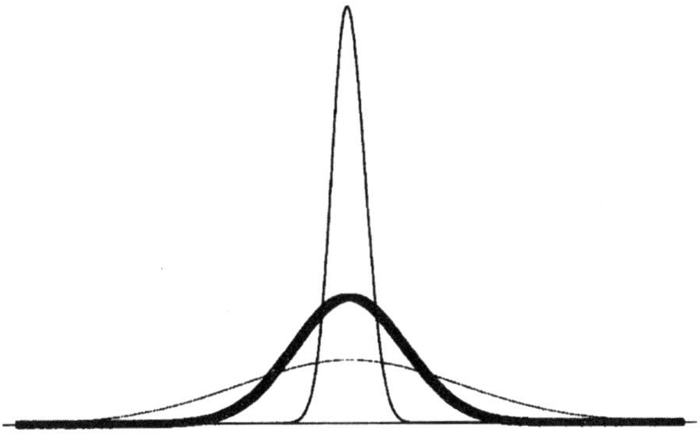

**图 15–2 大数定理的原理**

注：在平均斯坦，随着样本规模的增大，被观测到的平均值越来越稳定，在图中可以看到，曲线越来越窄。这就是一切统计理论的工作原理（或者所谓的工作原理）。平均斯坦的不确定性在平均化之下消失了。这就是人们常说的“大数定理”。

赌场经营者非常明白这一点，这就是他们从不亏本的原因（如果经营得当的话）。他们不让赌徒下大注，而喜欢让许多赌徒下很多受限制的小注。赌徒的总赌注可能有 2 000 万美元，但你不需要为赌场担心：每注平均可能只有 20 美元；赌场对最大赌注设了上限，因此赌场老板晚上可以安心睡觉。所以赌场收入的变化会小到可笑的地步，不管总赌注有多大。你永远不会看到谁带着 10 亿美元离开赌场，在宇宙的整个历史中都看不到。

上面的例子就是平均斯坦最高法则的应用：当你有大量赌徒时，单个赌徒对总体只可能造成微小的影响。

其结果就是，对高斯变量平均值的偏离，或者说“误差”，不会造成麻烦。它们很小，可以忽略。它们只会在平均值附近引起温和的波动。

## 爱上确定性

如果你在大学上过（无聊的）统计课，不明白教授为什么兴奋，不知道“标准差”是什么意思，不要担心。标准差的概念在平均斯坦以外毫无意义。

假如你上过审美神经生物学或者殖民地时期之后的非洲舞蹈课程，这显然对你更有好处，也更具娱乐性。从经验主义的角度，这一点很容易看出来。

高斯变量之外不存在标准差，即使存在，也无关紧要，并且说明不了什么。但事情却变得更糟了。高斯变量家族（有许多朋友和亲戚，比如泊松分布）是唯一能用标准差（以及平均值）描述的分布。你不再需要别的东西了。钟形曲线满足了那些容易上当的人对简化论的需求。

还有一些在高斯世界之外没有意义或没有重大意义的概念：相关性，以及（更糟糕的）回归。它们在我们的方法中根深蒂固，在商业谈话中不听到“相关性”这个词是很难的。

要想了解相关性在平均斯坦以外多么没有意义，只需要看一看涉及两个极端斯坦变量的历史序列，比如债券和股市，两只股票的价格，或者美国儿童图书销量变化和中国化肥产量，又或者纽约房地产价格和蒙古股市收益率。计算这些成对变量在不同子期间的相关性，比如 1994 年、1995 年、1996 年，等等。计算结果很可能表现出严重的不稳定性，它取决于计算的期间。但人们谈论相关性时仿佛它是某种真实确定的东西，人们倾向于把它实际化、具体化，并赋予它物理属性。

同样的具体性假象也会影响所谓的“标准”差。选取任何价格或价值的历史序列，将之分割为子序列，计算“标准”差。奇怪吗？每个子序列会有一个不同的“标准”差。那为什么人们还要谈标准差呢？想想吧。

请注意，正如叙述谬误一样，当你拿过去数据计算出单一的相关性或标准差时，你忽略了它们的不稳定性。

## 怎样制造灾难

如果你使用“统计显著性”这种说法，请小心它所带来的确定性假象。人们有可能把观测误差按照满足高斯分布的条件处理，而这要求它必须来自高斯环境，比如平均斯坦。

为了看清高斯方法的误用多么普遍以及危害多么大，请看一部由多产作家、大法官理查德·波斯纳（Richard Posner）撰写的（无聊的）书《大灾难》（*Catastrophe*）。波斯纳哀叹公务员对随机性的误解，建议政府的政策制定者向经济学家学习统计学。法官波斯纳看上去正在努力制造灾难。尽管属于应该多花时间读书而不是写书的人，他还是有可能成为具有洞察力的、深刻的、原创的思想家。和许多人一样，他只是不知道平均斯坦和极端斯坦的区别，他相信统计学是"科学"，而不是骗局。假如你碰到他，请告诉他真相。

## 凯特勒的平均怪兽

这种叫作高斯钟形曲线的怪兽并不是高斯的杰作，虽然他对此做了研究，但他是进行理论研究的数学家，而没有像那些统计科学家一样对现实的构造发表言论。G. H. 哈迪（G. H. Hardy）在《数学家的歉意》一文中写道：

> "真正的"数学家的"真正的"数学，比如费马（Fermat）、欧拉（Euler）、高斯、阿贝尔（Abel）和黎曼（Riemann）的数学，是完全"无用"的（"应用"数学和"纯"数学都是如此）。

我之前提到过，钟形曲线是由一个赌徒编造的，他就是亚伯拉罕·棣莫弗（Abraham de Moivre，1667—1754），一个法国加尔文派的避难者，他一生中大部分时间生活在伦敦，说着口音浓重的英语。但凯特勒才是思想史上最具破坏性的人，而不是高斯。

阿道夫·凯特勒（Adolphe Quételet，1796—1874）提出了体质平均人的概念。凯特勒本人一点儿也不平均，他是"一个极具创造激情的人，一个精力充沛、具有创造力的人”。他写诗，甚至与人合写了一部歌剧。凯特勒的根本问题在于，他是一个数学家，而不是经验主义科学家，但他不知道这一点。他在钟形曲线中发现了和谐。

问题有两个层面。首先，凯特勒有一种标准化思维，他想把世界塞入他的平均理论中，从这个意义上讲，平均对他而言是“常规”。能够不考虑非常规的、“不规范的”情况以及黑天鹅事件对总体的影响是一件不错的事，但把这个梦留给乌托邦吧。

其次，存在一个严重的经验问题。凯特勒把钟形曲线应用于一切地方。他被钟形曲线遮住了眼睛，这让我再次看到，一旦你让钟形曲线进入你的头脑，就很难把它赶出来。后来，弗兰克·伊西德罗·埃奇沃思（Frank Ysidro Edgeworth）把这种将钟形曲线用在一切地方的严重错误称为凯特勒错误。

## 金色的平均主义

凯特勒为同时代的理想主义者提供了他们所渴望的产品。这个后启蒙时代的每一个人都渴望金色平均主义：财富、身高、体重等等。这种渴望包含着一种愿望的因素，再加上和谐以及……柏拉图化。

我总是记得我父亲的告诫，“美德在于适度”。很长一段时间，那就是理想。从这种意义上讲，平均甚至被认为是金色的，所有人都拥抱平均主义。

但凯特勒把这种思想带入了另一个层面。通过收集统计数据，他开始制造“平均”的标准。胸围、身高、新生儿体重，很少有什么逃过他的标准。他发现，随着对平均值的偏离越来越大，这种偏离的可能性呈指数下降。提出“平均人”的概念之后，凯特勒先生的注意力转向了社会事物。平均人具有他的习惯，按照他的方式消费，使用他的方法。

通过创造体质平均人和精神平均人，凯特勒创造了偏离平均值的范围，所有人要么在平均值左边，要么在平均值右边，他还对那些站在钟形曲线极左端和极右端的人进行惩罚。这些人成了另类。

人们应该对凯特勒同时代的科学界给予一定赞誉，他们并没有立即接受他的论点。比如，哲学家、数学家、经济学家奥古斯丁·库诺特（Augustin Cournot）认为不能纯粹基于量化标准创造一个标准人。标准应该取决于相关特性，一个领域的衡量标准区别于另一个领域的衡量标准。应该用哪一个作为标准呢？平均人会是一个怪兽，库诺特说。我将在后面解释他的观点。

假设做一个平均人有什么值得向往的话，那一定是具备某种专长，即在这项专长上他比其他人更有天赋——他不可能在一切事情上都是平均的。钢琴家平均来看更擅长弹钢琴，但在骑马方面，则不太擅长。绘图员则更擅长绘图等等。在概念上，平均人与一个在所有方面都平均的人是不同的。实际上，一个绝对平均的人应该一半男一半女。凯特勒完全忽略了这一点。

## 上帝的失误

更令人担忧的是，在奎特利时代，高斯分布被称为la loi des erreurs，即误差法则，因为其最初的应用是研究天文测量中误差的分布。你同我一样不安吗？对平均值（在这里同时也是中值）的偏离居然被当作误差！

这一概念很快风靡。人们混淆了“应该是”和“是”，而这一点获得了科学界的许可。这一概念浸润在新生的欧洲中产阶级文化中，即后拿破仑时代的商店主文化，受这种文化影响的人们对过度的财富和才华小心翼翼。实际上，对财富扁平化分配社会的梦想符合面临基因博彩的理性人的渴望。如果你必须选择下辈子降生于怎样的社会，但不知道等待你的是什么结果，你很可能选择不冒险。你会希望降生于一个没有贫富差别的社会。

赞美平均主义的一个娱乐性结果就是法国一个叫作布德热主义

（Poujadism）的政党的诞生，它起初是一场杂货铺运动——一种非无产阶级革命。那些不太被社会眷顾的人互相温暖地拥抱着。数学工具的运用反映出一种杂货铺老板的思想。高斯的数学是为这些商店主提供的吗？

## 彭加莱的救援

彭加莱本人对高斯方法非常怀疑。我猜当他看到高斯方法及类似的描述不确定性的模型时，会感到忧虑。只要想一想，高斯方法最初是用来衡量天文误差的，而彭加莱关于天体运行机制的思想则包含了更深的不确定性。

彭加莱写道，他的一位“杰出的物理学家”朋友向他抱怨，物理学家喜欢使用钟形曲线，因为他们以为数学家认为它是必备的数学工具；而数学家使用钟形曲线，是因为他们以为物理学家认为它是经验事实。

## 消除不公平影响

我在此声明，我是相信中庸和平均主义的价值的。什么样的人道主义者会不想缩小人与人之间的差距呢？没有什么比自私的超级精英思想更令人反感的了！我真正关心的问题是认知上的。现实世界不是平均斯坦，所以我们要学会接受这一点。

## “希腊人会把它奉若神明”

由于钟形曲线具有柏拉图式的纯粹，因此头脑被钟形曲线牢牢占据的人多得令人难以置信。

查尔斯·达尔文的表弟弗朗西斯·高尔顿（Francis Galton）爵士大概与他表兄一样，是最后的独立绅士科学家之一，这些科学家还包括卡文迪什、开尔文、维特根斯坦因（以他独特的方式）以及我们的大哲学家罗素。虽然凯恩斯不属于这一类，但他的思想在此之列。高尔顿生活在维多利亚时代，当时的世袭贵族和有闲阶层除了骑马和打猎之外，还可以选择成为思想家、科学家或者政治家（对那些天分不高的人来说）。那个时代有许多值得人们向往的东西：纯粹为了科学而从事科学，而不存在直接的职业动机。

不幸的是，为了对知识的热爱而从事科学并不一定意味着你会走向正确的方向。一接触并吸收“正态”分布，高尔顿就迷上了它。据说他曾声称，假如希腊人知道它，他们会把它奉若神明。也许正是他的狂热推动了高斯分布的普遍使用。

高尔顿没有数学天分，但对计量却有少见的热爱。他并不知道大数定理，但自己从数据中发现了它。他造出了梅花相位机，这是一种演示钟形曲线如何形成的弹球机器，我在几个段落以后会讲到它。确实，高尔顿只是在基因和遗传领域应用形曲线，而在这些领域的应用是正确的。但他的狂热帮助这种新生的统计方法进入了社会领域。

## 请回答“是”或“否”

我在这里谈一谈危害的程度。如果你从事的是定性的推理，比如哲学或医学，你需要寻找一些“是”或“否”的答案，而不需要考虑数量的大小，那么你可以假设你处在平均斯坦而不会产生严重的问题。低概率事件的影响不会很大。你要么有癌症，要么没癌症；你要么怀孕了，要么没怀孕，等等。死亡或怀孕的程度并不相关（除非是流行病）。但如果你面对的是合计数字，其大小是重要的，比如收入、财富、投资组合的收益或图书销量，那么使用高斯分布就会有麻烦，因为高斯分布在此不适用。一个数字就能瓦解你的所有平均值，一次亏损就能抹平一个世纪的利润。你再也不能说“这是意外”。“当然，我可能亏钱”再也传递不了任何信息，除非你能对亏损进行量化。你可能亏掉所有净资产，也可能亏掉日均收入的一小部分，这是有区别的。

所以，我在本书较早的章节曾经提到，经验心理学及其对人类本性的研究不受钟形曲线应用的影响。这些研究是幸运的，因为它们的大部分变量可以适用传统的高斯统计方法。在衡量样本中有多少人有心理偏差或犯错误时，这些研究通常只需要回答“是”或“否”。单个观察结果不可能瓦解整体结果。

下面我将从头开始详细介绍一种独创的钟形曲线表现方法。

## 关于钟形曲线如何形成的想象实验

请看图 15–3 所示的弹球机。发射 32 个球，假设背板足够平衡，每个球在撞到撞针时落到右边和左边的概率相同。你所预期的结果应该是许多球会落入中间的球道，而且离中间球道越远的球道里的球数越少。

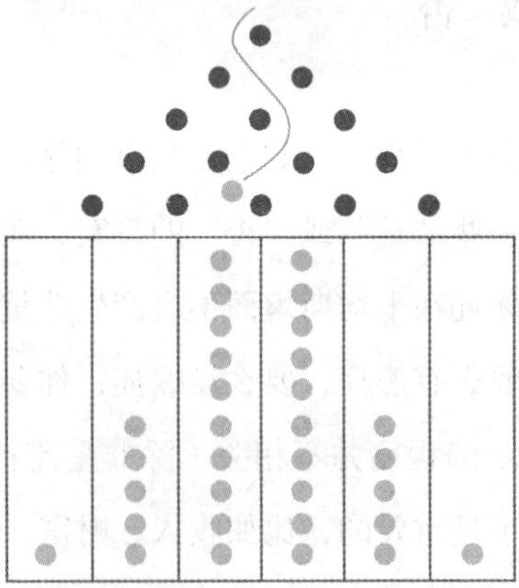

**图 15–3　梅花相位机（简化的）——弹球机**

注：释放小球，小球在每个撞针处随机落向左边或右边。图中显示的是最可能的情景，与钟形曲线（高斯分布）极为相似。图片由亚历山大 · 塔勒布提供。

下面做一个想象实验。一个抛掷硬币的人每抛一次都根据硬币的正反面向左或向右走一步。这叫作随机漫步，但与走路并没什么关系。你可以不向左或向右走，而是赢或输 1 美元，然后记下口袋里的钱。

假设我让你加入一个（合法）赌局，你要么走好运，要么走背运。抛出硬币，正面，你赢 1 美元；反面，你输 1 美元。

抛出第一次，你要么赢要么输。

抛出第二次，可能结果的数量翻了一倍。情况 1 :（赢，赢）；情况 2 :（赢，输）；情况 3 :（输，赢）；情况 4 :（输，输）。每种情况概率相同，一次输加一次赢的组合的概率则翻一倍，因为情况 2 和情况 3[（赢，输）和（输，赢）] 导致的结果是一样的。这就是高斯分布的关键。中间部分的结果抵消了，而许多情况落入中间。所以，如果每轮赌 1 美元，两轮以后你赢或输 2 美元的概率都是 25%，但有 50% 的概率不赢不输。

我们再来一轮。第三轮可能出现的结果的数量再翻一番，所以我们有 8 种可能。情况 1，在第二轮中的（赢，赢），变为（赢，赢，赢）和（赢，赢，输）。我们在前一轮的每一个结果后面分别加上赢和输，情况 2 变成（赢，输，赢）和（赢，输，输），情况 3 变为（输，赢，赢）和（输，赢，输），情况 4 变为（输，输，赢）和（输，输，输）。

我们现在有 8 种情况，每种概率相同。再次注意你可以把一些中间结果放在一起，从而抵消掉一些输和赢。（在高尔顿的梅花相位机中，一只球先落向左边再落向右边或者相反的情况占大多数，所以最后许多球在中间。）净结果或累积结果如下：（1）3 次赢；（2）2 次赢，1 次输，净赢 1 次；（3）2 次赢，1 次输，净赢 1 次；（4）1 次赢，2 次输，净输 1 次；（5）2 次赢，1 次输，净赢 1 次；（6）2 次输，1 次赢，净输 1 次；（7）2 次输，1 次赢，净输 1 次；（8）3 次输。

在 8 种情况中，3 次赢出现一次，3 次输出现一次，净输 1 次（1 次赢，2 次输）出现三次，净赢 1 次（1 次输，2 次赢）出现三次。

再来一轮，第四轮，将有 16 种概率相同的结果。4 次赢会出现一次，4 次输出现一次，2 次赢出现 4 次，2 次输出现 4 次，不赢不输出现 6 次。

弹子球例子中的梅花相位机（quincunx，名字来源于拉丁语中的 5）显示的是第五轮的情况，此时有 64 种可能的结果，很容易跟踪。以上就是弗朗西斯 · 高尔顿的梅花相位机背后的原理。高尔顿不够懒惰，而且是一个太天真的数学家。假如不建造这个精巧的装置，他本可以研究更为简单的代数学，或者做一个像这样的想象实验。

我们接着玩。继续抛，直到抛出 40 次硬币。你可以在几分钟内完成，但我们需要计算器才能算出可能结果的数量，它对我们的简单思维方法而言太困难了。你会有 1 099 511 627 776 种可能的组合，超过 1 万亿种。不要试图用手算，那是 2 的 40 次方，因为每一轮结果翻一倍。（回想一下，我们在第三轮的每一个可能结果后面分别加上赢和输，从而得到第四轮的可能结果，因此可能的结果会翻倍。）这些组合中，40 次全是正面只出现一次，40 次全是反面也只出现一次。其余的都分布在中间结果附近，也就是不赢不输。

我们已经可以看到，在这类随机性中，极端情况极少出现。这超过 1 万亿种可能中 40 次全是正面的情况只出现一次。如果你每小时抛 40 次硬币，连续得到 40 次正面的概率是如此小，以至于你真要不断地抛才看得到这一结果。假设你不时休息一会儿，去吃东西、与朋友吵架、喝杯啤酒或睡觉，你需要 400 万辈子才能看到一次 40 次全正面（或 40 次全反面）。想一想下面的情况：假设你再加一次，一共 41 次，要想获得 41 次全正面将需要 800 万辈子！从 40 次到 41 次，概率降低了一半。这是不具突破性的随机性分析框架的关键特征：出现极端离差的可能性以加速度下降。连续得到 50 次正面需要 40 亿辈子！

我们还没有完全得到钟形曲线，但已经十分危险地接近了。这只是原始高斯分布，但你已经可以看出关键点了。（实际上，你永远不会遇到纯粹意义上的高斯分布，因为它是一种柏拉图化的形式，你只能接近，但不可能达到。）如图 15–4 所示，熟悉的钟形已经开始显现了。

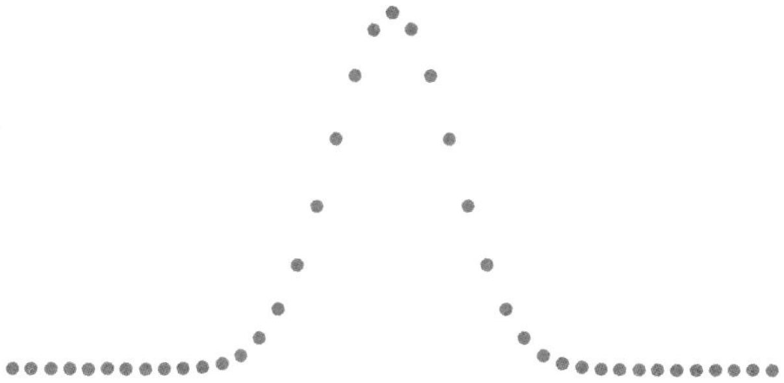

**图 15–4 获得赢面的次数**

注：抛出硬币 40 次的结果，原始的钟形曲线形成了。

我们怎样才能更接近完美的高斯钟形曲线呢？将抛硬币的过程细化。我们可以抛 40 次，每次赌 1 美元，或者抛 4 000 次，每次赌 10 美分，然后把结果加总。你可能以为两种情况的风险是一样的，但这是假象。两者的等同性之间存在一点反直觉的障碍。赌局次数变为之前的 100 倍，但赌注变为了 1/10，现在不要问原因，只要假设它们是“等同的”。整体风险是等同的，但现在我们有可能连续赢或输 400 次。概率是大约 1 后面 120 个零分之一，也就是 1 000 000 000 000 000 000 000 000 000 000 000 000 000 000 000 000 000 000 000 000 000 000 000 000 000 000 000 000 000 000 000 000 000 000 000 000 000 000 000 000 次中出现一次。

再继续这一过程。我们从抛 40 次，每次赌 1 美元，到抛 4 000 次，每次赌 10 美分，再到抛 400 000 次，每次赌 1 美分，这样我们离高斯分布越来越近了。图 15–5 显示了 –40 至 40 的分布情况，也就是 80 个绘制点（plot points）之间的分布情况。下一个会达到 8 000 个绘制点。

我们继续。我们可以抛 4 000 次，每次赌 1/10 美分。如果抛 400 000 次，每次赌 1/1 000 美分呢？作为一种柏拉图化的形式，真正的高斯曲线就是抛无穷次硬币，每次赌无穷小金额的情况。不要试图想象结果，或者试图理解。我们不可能有“无穷小”的赌注（因为如果有，那么我们就处于一个被数学家称为连续框架的事物中），好在我们有替代品。

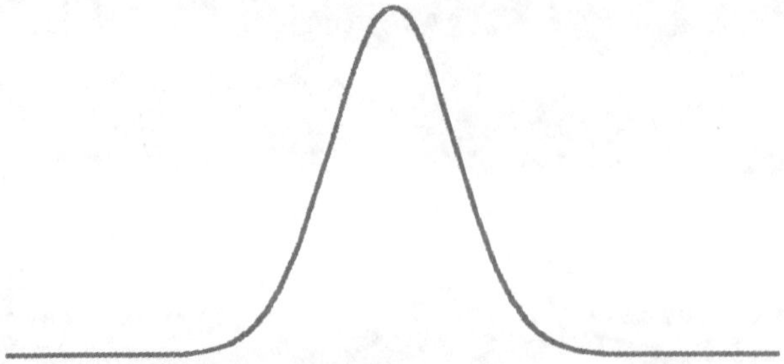

**图 15–5　更抽象的版本：柏拉图的曲线**

注：抛无穷次硬币的情况。

我们从简单的赌博转入了某种完全抽象的东西，从普通观察走进了数学的领地。在数学中，事物都有一种纯粹性。

现在，我要说明完全抽象的东西是不存在的，所以请不要试图理解图 15–5，只要知道它的用处就行了。把它当作温度计：你不明白温度是什么意思也可以谈论它。你只需要知道温度与舒适度（或其他实际考虑）的关系。你不需要关心能够从更专业的角度解释温度的粒子间的碰撞速度。温度，从某种意义上说，是你的大脑将某种外部现象转化为数字的方式。同样，高斯钟形曲线就是使得观察值落入一个正负标准差之间的概率为 68.2%的分布。我重复一次：不要试图理解标准差是不是平均偏差——不是，而许多（太多了）使用标准差这一说法的人不明白这一点。标准差只是一个参照数字，只是一种对应性，如果相关现象是高斯现象的话。

标准差经常被称为西格玛。人们还会谈论“方差”（方差是西格玛，也就是标准差的平方）。

请注意曲线的对称性。不论西格玛是正是负，结果都是一样的。小于–4 西格玛的概率与大于 4 西格玛的概率是一样的，在这里是 32 000 分之一。

读者可以看到，高斯钟形曲线的关键点在于大部分观察值集中在平均水平附近，也就是平均值，随着对平均值的偏离越来越大，偏离发生的可能性下降得越来越快（呈指数下降）。如果你需要记住一点，那么请只记住偏离平均值时可能性下降的速度。意外变得越来越不可能发生，你可以安全地忽略它们。

这一特性同样产生了平均斯坦的最高法则：鉴于较大离差的稀少性，它们对总体的影响小到可以忽略不计。

在本章较早部分关于身高的例子中，我以 10 厘米为偏离单位，展示了随着高度的增加，偏离发生可能性的降低。这些是 1 西格玛的偏差，身高表还提供了以西格玛为计量单位的“西格玛尺度”的例子。

## 方便的假设

请注意我们在带来原始高斯分布或温和随机性的抛硬币游戏中的核心假设。

第一核心假设：每次抛硬币是独立的。硬币没有记忆。前一次得到正面或反面不会影响下一次得到正面或反面的概率。你不会随着时间的推移变成“更好”的抛硬币手。如果考虑记忆，或者抛硬币的技巧，整个高斯世界都会动摇。

回忆我们在第十四章中谈到的偏好依附和累积优势。两种理论都假设今天的成功会增加你在未来成功的可能性。因此，概率取决于历史，高斯钟形曲线的第一核心假设在现实中不成立。当然，在游戏中，过去的胜利不会意味着未来胜率的提高，但现实生活中不是这样，这就是我对从游戏中学习概率感到担忧的原因。但当胜利带来更多胜利时，与原始高斯曲线的情况相比，你更有可能看到连赢 40 次的结果。

第二核心假设：没有“疯狂”的跳跃。比如，我们随机步行的步长总是已知的，步长不存在不确定性。我们不会遇到步长剧烈变化的情况。

请记住，假如这两条核心假设中有任何一条不满足，你的步骤（比如抛硬币）的累积结果就不会得到钟形曲线。视实际情况，它们可能导致曼德尔布罗特式的幅度不变的疯狂随机性。

## “高斯分布无处不在”

我在现实中遇到的一个问题是，每当我告诉人们高斯钟形曲线在实际生活中并不普遍存在，而只存在于统计学家的头脑中时，他们就会要求我“证明”这一点。这很容易，在后两章我们会看到，但没人能够证明相反的观点。每当我举出一个不是高斯分布的例子，人们就会问我这样做有什么合理性，并且要求我“给出现象背后的理论”。我们在第十一章看到了一个富者更富的模型，它可以说明为什么不应使用高斯分布。模型的构想者不得不浪费时间写关于哪些模型可以产生突破性分布的理论，似乎他们必须为此道歉一样。理论！我对这一点有一个认知上的问题，我不明白为什么我们要为世界不能满足某个理想模型找理由，而这个模型只不过是得到了对现实视而不见的人的追捧。

我的做法不是研究哪些模型会产生非钟形曲线的随机现象，因为这样做会犯和盲目理论化一样的错误；相反，我尽可能深入地理解钟形曲线，以确定它在哪里适用，在哪里不适用。我知道平均斯坦在哪里。在我看来，经常是（不，几乎一直是）那些使用钟形曲线的人不懂得钟形曲线，因此不得不对其进行合理化。

世界并不存在高斯分布的普遍性，它只是一个思维问题，产生于我们认识世界的方式。

下一章将讨论自然的尺度不变性，以及分形现象的特点。再下一章将探讨高斯分布在社会经济生活中的错误应用以及“制造理论的需要”。

我有时有一点情绪化，因为我花了大量时间思考这个问题。自我开始思考并且进行大量想象实验以来，还从来没有在商业界和统计界碰到过一个能够既接受黑天鹅思想又抛弃高斯和高斯方法的人。许多人接受我的黑天鹅思想，但无法把它贯彻到最后的结论，也就是你不可能只使用一种叫作标准差（还称之为“风险”）的东西衡量随机性；你不能期待对不确定性的特点做简单总结。要把黑天鹅思想贯彻到底，你需要勇气、努力、透过现象看本质的能力以及彻底理解随机性的愿望。它还需要你不把别人的观点奉若神明。我还发现一些物理学家抛弃了高斯方法，却落入另一个错误：对精确预测模型的轻信，主要是第十四章所讨论的偏好依附——又一种形式的柏拉图化。我无法找到一个有深刻的洞察力和科学技能、把数学当作辅助工具而不是主要目的的人。我花了近 15 年时间才找到另一位思想家，他把许多天鹅变成了灰色，这个人就是曼德尔布罗特——伟大的贝诺特·曼德尔布罗特。

第十六章

# 随机的美学

灰天鹅是可以模型化的极端事件，而黑天鹅是未知的未知。

## 随机的诗歌

一个令人忧郁的下午，我在贝诺特·曼德尔布罗特的图书馆中嗅到一些旧书的气味。那是 2005 年 8 月炎热的一天，暑热使旧法语书的胶水散发出陈旧的气味，这气味引起我浓浓的怀旧情绪。我通常能够抑制怀旧情绪，但当它以音乐或气味的形式到来时，我无能为力。这气味让我想起法国文学书，想起我父母的藏书，想起我十几岁时在书店和图书馆度过的时光，那时我周围的许多书都是用法语写的（哈），那时我以为文学高于一切。（十几岁以后我很少接触法语书。）不论我希望文学多么抽象，它仍然有物理的体现，它有气味，就是我当时闻到的气味。

那天下午我很沮丧，因为曼德尔布罗特要搬走了，而我刚刚获准可以在任何时候，只要想讨论问题（比如为什么人们没有认识到 80/20 也可以是 50/01），就打电话给他。曼德尔布罗特决定搬到波士顿地区，他不是退休，而是为一个国家实验室发起的研究中心工作。在离开他在纽约郊区西切斯特的超大住所，搬到剑桥的一间公寓之前，他邀请我去挑选我喜欢的书。

就连这些书的书名都有怀旧的意味。我塞了一箱法语书，包括1949年版的亨利·伯格森的《物质与记忆》，这好像是曼德尔布罗特在学生时期买的。（那气味令我难忘！）

在本书中一次次提到他的名字之后，我终于要正式介绍曼德尔布罗特了。他可以说是我遇到的第一个与之谈论随机性而不会感到被欺骗的有学术头衔的人。别的概率数学家会向我抛出一些有着俄语名字的定律，比如“索伯列夫”、“柯尔莫哥洛夫”、维纳测度，没有这些名词，他们便茫然无措；他们无法进入问题的核心，或者很难长时间离开旧有框架以考虑概率理论在现实中的缺陷。而曼德尔布罗特不同，我们仿佛来自同一国度，被苦闷地放逐多年之后相逢，终于能够自由自在地用我们的母语交谈。他是唯一一位令我热血沸腾的老师——我的老师通常是我收藏的图书。我一直对研究不确定性和统计学的数学家缺乏敬重，不可能将他们当作我的老师。在我的头脑中，数学家是研究确定性的，而不是研究不确定性的，他们与随机问题毫无关联。曼德尔布罗特证明我错了。

他讲一口非常地道的法语，就像我父母那一代的黎凡特人或欧洲贵族。这使他偶尔说出的带着口音但非常标准的殖民地美式英语听起来很怪。他身材高大，体态过胖（虽然我从没见过他吃很多），给人以大块头的感觉。

表面上看，曼德尔布罗特与我的共同之处在于都喜欢研究疯狂随机性、黑天鹅现象，都认为统计学很无聊（有时不那么无聊）。实际上，虽然我们是合作者，但这些并不是我们的主要谈话内容。我们谈论最多的是文学和美学，我们有时还闲聊历史上那些极有造诣的人物。我说的是造诣，不是成就。曼德尔布罗特可以讲出过去一个世纪与他合作的学术大人物的故事，我则更熟悉那些没有丰富故事的科学家。他经常提到的一个人是皮埃尔·简·德·门纳斯男爵，他在20世纪50年代遇到德·门纳斯，当时德·门纳斯是物理学家奥本海默的室友。德·门纳斯正好是我感兴趣的那类人，他是黑天鹅的代表。他来自富裕的亚历山大犹太商人家庭，像所有高雅的黎凡特人一样说法语和意大利语。他的祖先改用威尼斯式的拼写方式拼写他们的阿拉伯名字，他后来获得了匈牙利贵族头衔，进入皇室社交圈。德·门纳斯不但皈依了基督教，还成为道明会修士及闪米特和波斯语的专家。曼德尔布罗特不断问我关于亚历山德里娅的问题，因为他一直在找具有这种特点的人。

确实，极具智慧的性格正是我在一生中追求的。我学识渊博的父亲（假如他还活着，他只比贝诺特·曼德尔布罗特大两个星期）喜欢与极有教养的耶稣会修士为伴。我记得这些耶稣会的来客曾在晚餐桌上占据我的椅子。我记得其中一人有医学学位和物理学博士学位，却在贝鲁特的东方语言学院教亚拉姆语。之前他可能教过高中物理，再之前或许在医学院任教过。这种博学比科学流水线式的工作更打动我的父亲。我的基因中存在某种让我远离文化市侩的东西。

虽然曼德尔布罗特经常对一些雄心勃勃的博学家和聪明但没那么出名的科学家表示惊叹，但他并不急于向我吹嘘这些我们认为是大科学家的人。我在很长时间之后才发现他似乎曾与每个领域的大科学家都合作过，喜欢炫耀名人关系的人一定会不断提到这一点。虽然与他合作了几年，但我后来与他妻子聊天时才知道他做过两年心理学家让·皮亚杰的数学合作者。另一件让我吃惊的事是他也与大历史学家费尔南德·布罗代尔合作过，但他似乎对布罗代尔不感兴趣。他不喜欢提到约翰·冯·诺依曼，他曾与他一起做过博士后。他的标准是反的。我曾向他问起查尔斯·特雷塞（Charles Tresser）——一个我在聚会上认识的不知名的物理学家，写过关于混沌理论的论文，还在纽约附近开了一家糕饼店以增加收入。他的语气非常强烈。“一个奇人”，他这样称呼特雷塞，不停地称赞他。但当我向他问起某个著名的大人物时，他回答："他是典型的好学生，成绩好，没有深度，没有观点。"这个大人物是诺贝尔奖得主。

## 三角形的柏拉图化

为什么我把这称为曼德尔布罗特随机性或分形随机性？拼图的每一块都曾被别人提起过，比如帕累托、尤勒和齐普夫，但是曼德尔布罗特把点连成了线，把随机性与几何联系在了一起（这是最特别的地方），还给随机问题导出了自然的结论。实际上，许多数学家如今之所以有名，部分是因为曼德尔布罗特挖掘出了他们的研究，用来支持他的观点，我在本书中也采取这种策略。"我不得不找出我的先行者，这样人们才会认真对待我。"他曾经告诉我，他把人们对大人物的信赖当作说服工具。人们几乎可以为任何想法找到先行者。你总能找到对你的论点做过部分研究的某个人，并利用他的成就支持你的观点。科学的桂冠只会授予那些把点连成线的人，而不是进行随意观察的人，即使被无知的科学家称为"发明"了适者生存法则的达尔文也不是提出这一理论的第一人。达尔文在《物种起源》的序言中写道，他提出的事实并不一定是原创的，他认为"有趣的"（这是典型的维多利亚式谦虚的说法）地方在于事实的结果。最终，那些看到结果并抓住思想重点的人和看到思想价值的人赢得了时代。他们才是能够谈论相关问题的人。

所以让我描述一下曼德尔布罗特的几何学。

### 自然的几何学

三角形、正方形、圆形和其他让我们厌倦不已的几何概念或许是美丽而纯粹的概念，但它们更多存在于现代艺术建筑和建筑师、设计师、教师的头脑中，而不在自然之中。这没什么，只不过我们大部分人没有意识到这一点。山峰不是三角形或金字塔形的，树不是圆形的，直线几乎在任何地方都不存在。大自然没有上过高中几何课，也没读过欧几里得的书。大自然的几何学是不规则的，但有自己的逻辑，而且易于理解。

我说过，我们似乎天生喜欢简单的东西，而且只用学到过的东西思考：不论是砌砖工人还是自然哲学家，没有人能够轻易逃脱这种奴役。伟大的伽利略是谬误的揭穿者，但他也写下了如下的文字：

> 伟大的自然之书一直在我们面前翻开，真正的哲学就在里面……但我们无法阅读，除非我们首先学会它的语言和特征……它以一种数学语言写就，特征就是三角形、圆形和其他几何形状。

伽利略的眼睛不好吗？就连以思想独立著称的伟大的伽利略也不能认清大自然。我相信他的屋子有窗户，而且他会不时地走近自然：他应该知道三角形在自然界中不能轻易找到。我们被如此轻易地洗脑了。

我们要么眼睛瞎了，要么无知，要么二者兼有。大自然的几何学不是欧几里得的几何学，这一点如此明显，但没有人——几乎没有人看得到这一点。

这种（物理上的）盲与致使我们相信赌博代表随机性的游戏谬误如出一辙。

## 分形

先来让我们看看什么是分形，然后再看它是如何与幂律或突破性法则联系在一起的。

“分形”（fractal）一词是曼德尔布罗特创造的，它是用来描述不规则和支离破碎的几何图形的，它来自拉丁语中的fractus一词。分形是几何图形在不同尺度上的重复，显示出越来越小的自相似图形。小的局部在某种程度上与整体具有相似性。我会努力在本章展示分形如何应用于以曼德尔布罗特的名字命名的一类不确定性：曼德尔布罗特随机性。

树叶的脉络看上去像枝条，枝条看上去像树，岩石看上去像缩小的山峰。当一个物体改变大小时，没有发生质的变化。如果你从飞机上看英国的海岸线，就像是拿着放大镜在看。这种自相似意味着计算机或者更具随机性的大自然可以使用这种巧妙而简单的迭代法则，造出看上去极为复杂的形状。这对电脑绘画非常有用，但更重要的是，它就是自然的几何学。曼德尔布罗特设计了一种叫作曼德尔布罗特集的数学图形，这是数学史上最著名的图形。它在混沌理论的追随者中流行了起来，因为它通过使用一种巧妙的微型递归法则产生出越来越复杂的图形。“递归”的意思是对某一事物自身无限使用某种法则。你可以把图形分解为越来越小的图形，永无止境，你会不断看到能够辨认的图形。图形永不重复，但它们互相具有相似性——一种强大的家族相似性。

这些图形在美学上占有重要的地位。想一想它的三个应用：

**视觉艺术：**现在大部分电脑绘制的图形都是基于某种曼德尔布罗特分形的图形。我们在建筑、绘画和许多视觉艺术中都能看到分形，当然，这些作品的创造者并没有意识到这一点。

**音乐：**慢慢地哼出《贝多芬第五交响曲》开头的4个音符：嗒、嗒、嗒、嗒。然后用这个4音符小节替换每个音符，这样你就得到了一个16音符的小节。你会看到（或者听到）每一个较小的音节都与原来那个大的音节相似。巴赫和马勒都写过由小乐章构成的大乐章，而这些小乐章又与大乐章相似。

**诗歌：**艾米莉·狄更生的诗歌就是分形的：长的段落相似于短的诗

句。一位评论家说过:"措辞、韵律、修辞、语势、语气都在有意识地重复。"

分形最初使贝诺特 · 曼德尔布罗特在数学界被称为下等人。法国数学家被吓坏了。什么?图形?天哪!这就像给一群正统的老祖母放色情电影。于是曼德尔布罗特在纽约州北部的一个IBM研究中心充当了知识流亡者。IBM允许他做任何喜欢做的事情。

但普通大众(主要是电脑狂们)看到了问题的关键。曼德尔布罗特的书《自然界的分形几何学》在25年前问世时火了一把。它在艺术界传开,进入了美学研究、建筑设计甚至大型工业应用领域。甚至有人请曼德尔布罗特去当医学教授——据说肺是自相似的!他的演讲现场挤满了各种各样的艺术家,这为他赢得了数学摇滚明星的称号。计算机时代使他成为历史上最具影响力的数学家之一,我是指他的研究成果的应用,而不是指他被象牙塔接受。我们会看到,除了广泛的应用之外,他的研究还有一个不一般的特点:极为易懂。

简单介绍一下他的生平。曼德尔布罗特1936年从华沙到了法国,那时他12岁。由于在纳粹占领法国期间动荡不安的隐秘生活,他没有接受传统枯燥的高卢教育,主要靠自学成才。后来他深受叔叔佐列姆的影响。佐列姆是法国著名的数学家,在法兰西学院担任教授。贝诺特 · 曼德尔布罗特后来定居美国,大部分时间当产业科学家,间或从事不同的学术研究。

计算机在曼德尔布罗特的新科学思想中有两个作用。首先,我们已经看到,分形图形可以用一种简单的施加于自身的法则产生,而这正是计算机(或大自然)的理想自动行为。其次,在这种视觉图形的产生当中,存在数学家与所生成图形的辩证关系。

下面让我们看看它与随机性的联系。实际上,曼德尔布罗特数学生涯的开始也是偶然事件。

## 极端斯坦与平均斯坦的视觉方法

此刻，我正盯着我书房里的地毯。如果使用显微镜，我将看到非常粗糙的纹理。如果使用放大镜，纹理会平滑一些，不过仍然很粗糙。但我站着看时，它是平整的，就像一张纸一样光滑。肉眼看到的地毯与平均斯坦和大数定理对应：我看到的是波动的加总，而这些波动是互相抵消的。这就像高斯随机分布：我的咖啡杯不会跳起来的原因在于所有运动粒子相互抵消了。同样，把小的高斯不确定性加起来就得到确定性：这就是大数定理。

高斯随机分布不是自相似的，所以我的咖啡杯不会从桌上跳起来。

现在，想一想爬山。不论你爬到多高的高度，地球表面都是崎岖不平的，即使到达 3 万英尺的高度还是一样。当你飞越阿尔卑斯山时，你会看到起伏的山峰而不是小石头。所以有些地表不属于平均斯坦，改变分辨率不会使它们看起来更平滑。（请注意，只有当你到达非常高的高度才会看到平滑的效果。我们的地球表面对太空中的观察者来说是平滑的，但这是因为它看上去太小了。假如从更大的行星观察，那上面有让喜马拉雅山相形见绌的山峰，那么观察者必须站在更高更远之处，才会觉得山峰看起来平滑。同样，如果地球拥有更多人口，但平均财富不变，很可能某个人的净资产将大大超过比尔 · 盖茨。）

图 16–1 和图 16–2 演示了如上情形：看图 16–1 的人会以为图上是一个掉在地上的镜头盖。

回想一下英国海岸线。如果从飞机上看，它的轮廓不会与你在海边看到的有很大差别。尺度的改变并没有改变形状或者平滑度。

图 16–1　看上去，一个镜头盖掉在了地上

图 16–2　图上物体实际并不是镜头盖

注：这两张照片演示了尺度不变性：地表是分形的。把它与人造物相比较，比如汽车或房子，能很容易看清这一点。

资料来源：斯蒂芬 · W. 惠特克罗夫特教授，内华达大学，里诺市。

## 明珠暗投

分形几何学与财富分配、城市规模、金融市场收益、战争死亡率或行星大小有什么关系呢？下面让我们把点连成线。

这里的关键是分形的数字或统计方法（在某种程度上）对不同的尺度都适用，比率是不变的，这点与高斯分布不同。图 16–3 演示了另一种自相似关系。我们在第十五章看到，巨富与一般富人是相似的，前者只是更富而已。财富是独立于尺度的，或者更精确地说，财富对尺度的依赖性是未知的。

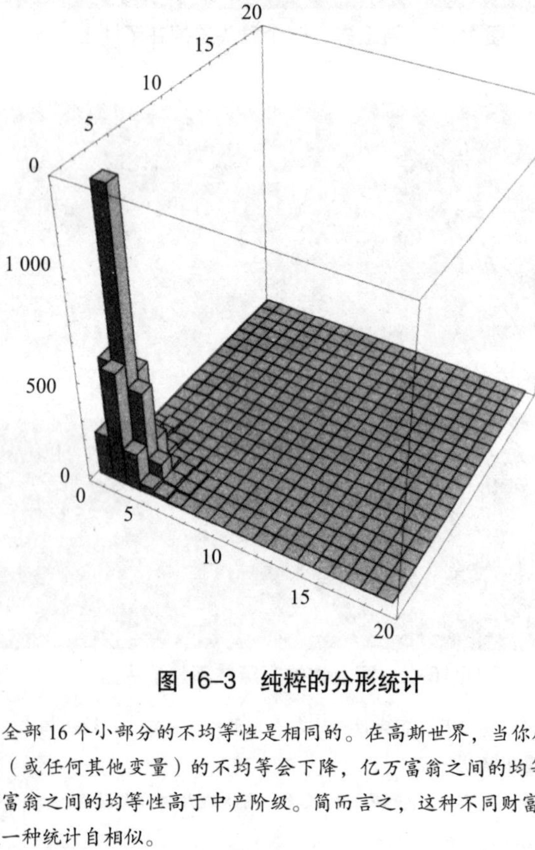


图 16–3 纯粹的分形统计

注：图中全部 16 个小部分的不均等性是相同的。在高斯世界，当你从更高的角度看时，财富（或任何其他变量）的不均等会下降，亿万富翁之间的均等性高于百万富翁，百万富翁之间的均等性高于中产阶级。简而言之，这种不同财富水平之间的不均等性是一种统计自相似。

20 世纪 60 年代，曼德尔布罗特向经济学界提出了关于商品和金融证券价格的观点，所有的金融经济学家都无比兴奋。1963 年，时任芝加哥商学院院长的乔治 · 舒尔茨邀请他担任教授。乔治 · 舒尔茨后来成为罗纳德 · 里根政府的国务卿。

舒尔茨一天晚上又打电话来取消了邀请。

在我写这本书时，已经过了 44 年，经济学和社会科学统计学领域没有发生什么大事，只有一些微不足道的粉饰文章宣传世界只受温和随机性影响，但诺贝尔奖照发不误。一些不懂曼德尔布罗特中心思想的人写了一些文章“证明”曼德尔布罗特的错误，你总是可以找到“确证”相关过程为高斯随机过程的数据，因为总有不发生稀有事件的时期，就像你总能找到一个谁也没有杀谁的下午以“证明”人们的无辜。我要重申，由于归纳的非对称性，就像人们更容易否定无罪而不是承认无罪一样，人们更容易抛弃钟形曲线而不是接受它；反过来，人们更难以抛弃分形理论而不是接受它。为什么？因为一个事件就能否定高斯钟形曲线的论断。

简而言之，40 年前，曼德尔布罗特把珍珠交给经济学家和喜欢造简历的市侩，却被他们抛弃了，因为这些观点好得让他们无法接受。这真可谓明珠暗投。

在本章余下的部分，我将解释为什么我能用曼德尔布罗特分形理论描述大量的随机性，却不必接受它的精确应用。分形能够充当默认环境、粗略估计和框架。它不能解决黑天鹅问题，也不能把所有的黑天鹅现象变为可预测事件，但它极大地淡化了黑天鹅问题，因为它使这些大事件更易于理解。（分形理论把它们变成灰色。为什么是灰色？因为只有高斯现象能给你确定性。之后我会更详细地解释这一点。）

## 分形随机性（警告）[①]

我在第十五章的财富数据表中已经演示了分形分布：如果财富从 100 万翻倍变为 200 万，至少拥有这一财富的人数就减为 1/4，是 2 的指数倍。如果指数是 1，那么至少拥有这一财富的人数会将减为 1/2。指数被称为“幂”（所以有“幂律”这一术语）。我们把某事件高于某一水平的发生次数称为“超过数”，200 万的超过数是财富超过 200 万的人数。分形分布的一个特点（另一个特点是突破性）是两个超过数[②]的比率等于两个相应水平的比率的负幂指数次方。我们来演示这一点。假设你“认为”每年只有 96 种书能够卖出超过 25 万册（去年的实际情况就是如此），并且你“认为”指数大约为 1.5。你可以推测大约 34 种书能够卖出超过 50 万册：用 96 乘以 $(500\ 000/250\ 000)^{-1.5}$。我们可以继续计算，大约 8 种书能够卖出超过 100 万册，也就是 96 乘以 $(1\ 000\ 000/250\ 000)^{-1.5}$。

**表 16–1　不同现象的假设指数**

| 现　象 | 假设指数（近似） |
| --- | --- |
| 单词的使用频率 | 1.2 |
| 网站点击数量 | 1.4 |
| 美国图书销量 | 1.5 |
| 接到电话的数量 | 1.22 |
| 地震强度 | 2.8 |
| 月球环形山的直径 | 2.14 |
| 太阳耀斑的亮度 | 0.8 |
| 战争强度 | 0.8 |
| 美国人的净资产 | 1.1 |
| 每个姓氏的人数 | 1 |

① 非专业读者可以跳过此节直到本章末。

② 用对称的方法，我们也可以考虑低于某一水平的发生次数。

（续表）

| 现　象 | 假设指数（近似） |
|---|---|
| 美国城市人口 | 1.3 |
| 市场动荡 | 3（或更低） |
| 公司规模 | 1.5 |
| 恐怖袭击中的死亡人数 | 2（但也可能低得多） |

资料来源：M. E. J. 纽曼

我们来看看观察不同现象得到的指数。

我要先说明这些指数没有很高的精确度。一会儿我们就会知道原因，但现在，让我们暂时记住我们并不是观测这些参数，而只是猜测，或者为了统计的目的推测。有时我们很难知道真正的参数，假如它真的存在的话。我们先来看看指数的实际影响。

表 16–2 显示了发生概率极低的事件的影响。它列出了样本中最高的 1% 和 20% 的观测值对整体的贡献。指数越小，它们的贡献越大。但看看这个过程有多么敏感：在 1.1 到 1.3 之间，贡献率能够从 66% 下降到 34%。指数变化 0.2 能使结果产生巨大的变化，而一个简单的计算错误就能产生这样的差异。这个差异绝不是微不足道的：想一想，我们根本不知道精确的指数是什么，因为我们无法直接计算它。我们能做的只是从历史数据中估计它，或者依赖能让我们有点概念的模型理论，但这些模型可能有潜在缺陷，使我们无法盲目地将它们应用于现实。

**表 16–2　指数的意义**

| 指数 | 最高的 1% 观测值对总体的贡献 | 最高的 20% 观测值对总体的贡献 |
|---|---|---|
| 1 | 99.99% | 99.99% |
| 1.1 | 66% | 86% |
| 1.2 | 47% | 76% |
| 1.3 | 34% | 69% |

（续表）

| 指数 | 最高的 1% 观测值对总体的贡献 | 最高的 20% 观测值对总体的贡献 |
| --- | --- | --- |
| 1.4 | 27% | 63% |
| 1.5 | 22% | 58% |
| 2 | 10% | 45% |
| 2.5 | 6% | 38% |
| 3 | 4.6% | 34% |

注：显然，有限样本不可能出现 100% 的情况。

所以请记住，1.5 的指数只是近似，它本身是很难计算的，它不是天上掉下来的，至少来之不易，而且计算时很可能存在巨大的样本误差。你会发现销售超过 100 万册的图书并不一定是 8 种，可能是 20 种，也可能是 2 种。

更重要的是，指数从某个“临界值”开始起作用，对大于这个临界值的数产生影响。它可能从 20 万册书开始，也可能从 40 万册开始。同样，财富在比如 6 亿美元以上时开始出现不均衡的加剧，而在低于这个数字时呈现不同的特征。你怎么知道临界值在哪里？这是一个问题。我跟我的同事分析了大约 2 000 万条金融数据。我们都有同样的数据集，但我们从来没能在指数上达成一致。我们知道这些数据符合分形幂律，但明白不可能得出精确的数字。不过知道分布是具有突破性的而且是分形的，对于我们做决策已足够了。

## 上限问题

有些人做过研究，并认同分形有“某个上限”。他们认为，财富、图书销量和市场回报率都存在一个临界点，超过这个点后它们不再是分形的。他们提出了“截面”的说法。我同意，可能存在一个分形终止的点，但它在哪里呢？在实践中，说存在一个上限但我不知道它在哪里，与说没有上限是同一回事。提出任何上限都极有可能是错的。你可以说，我们把 1 500 亿美元作为分析的上限吧。然后另一个人说，为什么不是 1 510 亿美元？或者，为什么不是 1 520 亿美元？所以我们把变量当作无上限也是一样。

## 当心精确的东西

我从经验中总结了一些诀窍：不论我想计算什么指数，最终都可能高估它（请注意较高的指数意味着大离差的影响更小），也就是说，你看到的比你没有看到的较不具有黑天鹅的特征。我称之为化装舞会问题。

假设我生成了一个指数为 1.7 的随机过程。你看不到生成的机制，只能看到产生的数据。如果我问指数是多少，你很可能算出 2.4 之类的结果。即使你有 100 万个数据点，仍可能算错，原因在于有些分形过程要过很久才会显露出特征，于是你低估了这种冲击的严重性。

有时一个分形过程会让你以为它是高斯过程，尤其当采样点很高的时候。在分形分布中，极端离差出现的概率极低，足以迷惑你：你根本没有意识到它是分形分布。

## 再说一摊水

读者已经看到，不论我们假设世界符合怎样的模型，我们都难以知道模型的参数。所以，对于极端斯坦，归纳问题再次出现，这一次比本书之前提到的更为严重。简而言之，如果某个机制是分形的，它就能够产生很大的值，因此有可能出现大的离差，但可能性有多大，频率有多高，很难准确知道。这与一摊水问题很相似：很多种形状的冰块融化后都可能形成一摊水。作为一个从现实寻找可能的解释模型的人，我与那些做相反事情的人面临截然不同的问题。

我刚刚读了三本“大众科学”书：马克·布坎南的《改变世界的简单法则》、菲利普·鲍尔的《临界点》和保罗·奥默罗德的《为何多数事情归于失败》，它们总结了对复杂系统的研究。这三位作者展现了一个充满幂律的世界，这是一个我相当赞同的视角。他们还指出，许多幂律现象具有普遍性，在各种自然过程和社会群体的行为中有一种奇妙的相似性，这一点我也赞同。他们提出各种关于网络的理论支持他们的研究，并显示了自然科学中的所谓临界现象与社会群体的自我组织之间的联系。他们把产生崩塌事件、社会传染和信息瀑布的过程联系在一起，对此我也赞同。

普遍性正是物理学家对有临界点的幂律问题感兴趣的原因之一。在许多情况下——既包括动态系统理论也包括统计学模型，变量在临界点附近的许多特征独立于相关动态系统。临界点处的指数对于同一群体内的许多系统可能是相同的，即使系统的其他方面各不相同。我几乎同意这种普遍性观点。最后，三位作者都建议我们使用统计物理学的方法，并要像躲瘟疫那样避免使用计量经济学方法和高斯式的非突破性分布，我对此再赞同不过了。

但三位作者要么得出了精确的结论，要么鼓吹对精确的追求，因此落入了混淆正向过程与反向过程（问题与反向问题）的陷阱。对我而言，这是最大的科学和认知错误。他们并不是唯一的犯错者，几乎每一个与数据打交道但并不基于这些数据做决策的人都会犯同样的错误，这是又一种叙述谬误。在缺乏反馈过程的情况下，你会认为模型证实了现实。我同意这三本书中的观点，但不同意它们的应用方式，当然也不同意作者赋予它们的精确性。实际上，复杂性理论应该让我们对现实的精确模型持更加怀疑的态度。它不会让所有天鹅变白，这是可以预料的：它把它们变灰，而且只变灰。

我在前面已经提到，从认知上讲，世界对于自下而上的经验主义者来说是另一个世界。我们享受不起坐下来研究主宰宇宙的方程的奢侈；我们只是观察数据，对产生数据的真实过程做出假设，根据进一步的信息对方程进行“校准”。随着事件的逐步展开，我们把看到的与曾期望看到的做比较。发现历史是向前发展而不是向后发展通常是一个低调的过程，对知道叙述谬误的人来说尤其如此。虽然人们以为商务人士都很自大，但其实这些人在决策与结果、精确模型与现实的差距面前经常感到卑微。

我所说的是现实的迷雾、信息的不完整性和世界推动者的不可见性。历史不会向我们透露它的想法，我们必须猜测。

## 从表象到现实

上面的观点把本书的各个部分连接在一起。许多人学习心理学、数学或进化论，并试图把它们应用到商务中。我的建议正好相反：研究市场中大量存在的、未知的、强大的不确定性，从而理解对心理学、概率论、数学、决策理论甚至统计物理学都适用的随机性的本质。我们将看到叙述谬误、游戏谬误和伟大的柏拉图化谬误的各种狡猾表现，我们将看到怎样从表象进入现实。

第一次遇见曼德尔布罗特时，我问他，为什么像他这样本来有许多有价值的事可做的、有地位的科学家会对金融这样的庸俗课题感兴趣。我认为从事金融和经济学的人只不过是学到各种各样的经验现实，在他们的银行账户里存上大笔现金，然后就去追求更大更好的东西。曼德尔布罗特的回答是：“数据，数据的金库。”实际上，所有人都忘了他最先从事的是经济学，然后才是物理学和自然几何学。与如此浩繁的数据打交道令我们感到卑微；它会导致我们犯错误——在表象与现实之间的路上走反了方向。

下面探讨统计循环问题（或称统计回归问题）。假设你需要用历史数据确认某个概率分布是高斯的、分形的或别的什么，你需要确定你是否有足够的数据支持你的论断。我们如何知道数据是否充分呢？根据概率分布来判断，概率分布确实能够告诉你是否有足够的数据对你的推论提出“置信”。如果是高斯钟形曲线，只需要几个数据点就够了（大数定理再次起作用）。而你如何知道相关分布是不是高斯分布呢？好吧，通过数据。于是，我们需要数据告诉我们概率分布是什么，又需要概率分布告诉我们需要多少数据。这是一个突出的循环问题。

假如你事前就假定分布是高斯分布，这种循环问题就不会出现。出于某种原因，高斯分布很容易表现出其特点。极端斯坦的概率分布不会这样。所以选择高斯分布从而借用某种通用法则是一件很方便的事。正是由于这个原因，高斯分布被选为默认分布。我一直反复强调，事前假定高斯分布对少数领域而言是可行的，比如犯罪统计、死亡率等平均斯坦问题，但对特性不明的历史数据和极端斯坦问题则行不通。

那么，为什么与历史数据打交道的统计学家不明白这一点呢？首先，他们不喜欢听到他们的整个事业被循环问题取消了。其次，他们没有在严格意义上面对他们的预测结果。我们在马克利达基斯竞争实验中已经看到，他们深陷于叙述谬误中，不愿意听这些。

## 再次强调，当心预测者

让我把问题再拔高一点。我之前提过，人们试图用许多时髦的模型解释极端斯坦的起源。实际上，这些模型主要分为两类，偶尔也有别的方法。第一类包括类似富者更富（或强者更强）的简单模型，人们用它们解释人口在城市的聚集、微软和家用录像系统对市场的统治、学术声望的产生等。第二类主要是“渗流模型”，它们不考虑个人的行为，而考虑个人行为作用的环境。当你向一个多孔的表面泼水时，表面的结构比液体更重要。当一粒沙子击中一堆沙子时，沙堆表面的组织结构才是是否会出现崩塌的决定因素。

当然，大部分模型都试图达到精准预测，而不仅限于描述，这令我感到生气。它们是描述极端斯坦起源的不错工具，但我坚持认为现实的"创造者"对它们的符合程度似乎不足以使它们对精确预测有帮助，至少对你目前在关于极端斯坦的文献中看到的问题都不行。我们再一次面临严重的校准问题，所以我们应该避免在对非线性过程进行校准的过程中经常犯的错误。回忆一下，非线性过程比线性过程有更高的自由度（我们在第十一章讨论过），也就是说你更有可能用错模型。你也会不时读到某些提倡使用统计物理学模型描述现实的书或文章。菲利普·鲍尔的书具有启发性和知识性，但那样的书不会得出准确的量化模型，不要只看它们的表面价值。

让我们看看能够从这些模型中获得什么。

## 又一个令人愉快的解决方案

首先，由于假设分布是突破性的，我认为任意大的数字都是可能出现的。也就是说，不均等性不会在某个已知的上限上消失。

假设《达·芬奇密码》卖出了大约 6 000 万册。(《圣经》卖出了 10 亿册，但让我们忽略它，我们应当把分析局限在由单个作者完成的通俗书上。) 虽然我们从没见过卖出 2 亿册的通俗书，但我们可以认为其出现的可能性并不为零。每三种《达·芬奇密码》这样的畅销书里可能有一种超级畅销书，虽然还没有真的出现过，但我们不能排除它的可能性。而且，每 15 种《达·芬奇密码》这样的畅销书中，可能有一种超级畅销书能够卖出 5 亿册。

把同样的逻辑应用于财富。假设地球上最富者拥有 500 亿美元。一种不可忽略的可能就是下一年一个身家为 1 000 亿美元或更多的人会横空出世。每 3 个身家超过 500 亿美元的人当中就可能有一个身家超过 1 000 亿美元的人。身家超过 2 000 亿美元的人出现的概率更小，是前一种可能性的 1/3，但也不是零。甚至出现身家超过 5 000 亿美元的人也存在微小的可能性，而不是零可能性。

这说明：我可以推断在历史数据中没有看到的事情，但这些事情应该仍然属于概率王国。有一本看不见的畅销书没有在过去的数据中出现过，但你必须考虑它。回忆我在第十三章的观点：它使对一本书或一种药品的投资可能得到比历史统计数据显示的更好的回报，但它也可能使股票市场发生历史上最严重的损失。

战争的本质是分形的。有可能发生死亡人数超过第二次世界大战的战争，这可能性不大，但可能性不是零，尽管这样的战争在历史上没有发生过。

其次，我将用自然界的例子帮助说明准确预测的问题。山在某种程度上与石头相似：它与石头有亲缘关系，这是一种家族相似性，但并非完全相同。这种相似性被称为“自仿”（self-affine），这不是精确的“自相似”（self-similar），但曼德尔布罗特没能让人们记住“自仿”的概念，表示精确相似性而非家族相似性的“自相似”一词却流传开来。与山和石头一样，10 亿美元以上的财富分布与 10 亿美元以下的财富分布也不完全相同，但两种分布有“亲缘关系”。

再次，我之前说过，世界上有大量以校准为目的的经济物理学（把统计物理学应用于社会和经济现象）论文，它们旨在从现象中剥离出数字，并试图预测未来。可惜，我们无法从“变迁”中预测危机或传染病。我的朋友迪迪尔 · 索尼特试图建立预测模型，我很喜欢，只是我不能用它们进行预测，但请别告诉他，否则他可能会停止造模型。我不能像他希望的那样使用它们，这并不是否定他的工作，只是要求人们有开放的思维，这种思维与有根本缺陷的传统经济学模型不同。索尼特的有些模型可能很不错，但不是全部。

## 灰天鹅在哪里

我整本书都在写黑天鹅。这并不是因为我爱上了黑天鹅，作为人道主义者，我恨它——我恨它造成的大部分不公平和对人类的伤害。因此我希望消除许多黑天鹅现象，或者至少缓和它们的影响，以保护人们不受伤害。分形随机性是减少意外事件的一种方式，它使有些黑天鹅变得更明显，使我们意识到它们的影响，从而把它们变成灰色。但分形随机性不能产生准确的答案，它的好处在于如下几点：如果你知道股市可能崩盘，像美国 1987 年那样，那么这一事件就不是黑天鹅；如果你使用指数为 3 的分形分布，1987 年的崩盘就不是意外；如果你知道生物科技公司能够研制出一种超级轰动的药物，比历史上的所有药物都轰动，那么它就不是黑天鹅，假如这一药物真的出现，你也不会感到意外。

因此，曼德尔布罗特的分形理论使我们能够考虑到一些黑天鹅，但不是全部。我之前说过，有些黑天鹅现象发生是因为我们忽视了随机性的来源，有的则是因为我们高估了分形指数。灰天鹅是可以模型化的极端事件，黑天鹅则是未知的未知。

我曾与这个伟大的人坐下来讨论这个问题，同往常一样，我们的谈话变成了一种语言游戏。在第九章我提过经济学家对奈特不确定性（不可计算）与奈特风险（可计算）的区分，这一区分不可能新到我们的词汇表还没有收录，所以我们在法语中寻找。曼德尔布罗特提到他的一位朋友兼英雄：贵族数学家马塞尔–保罗 · 舒森伯格（Marcel-Paul Schützenberger）。

舒森伯格是一个优雅博学的人，他很容易对事物感到乏味（与本作者一样），无法继续研究出现收益递减的问题。舒森伯格认为上述区分在法语中就是hasard和fortuit的区别。hasard源自阿拉伯语az-zahr，意思是掷骰子式的偶然性，也就是可理解的随机性；fortuit是我的黑天鹅，具有纯粹的意外性和不可预测性。我们求助于佩蒂特·罗伯特（Petit Robert）编写的法语字典，发现确实存在这样的区别。fortuit似乎与我的认知迷雾相对应，表示意外而不可量化的事物；hasard更像游戏类随机性，由法国著名赌徒查瓦利埃·德梅瑞（Chevalier de Méré）早期的赌博文献提出。令人惊讶的是，阿拉伯人为不确定性引入了另一个词：rizk，意思是特性。

我再次重申：曼德尔布罗特研究灰天鹅，我研究黑天鹅。所以曼德尔布罗特驯服了我的许多黑天鹅，但不是全部，也不是完全驯服。但他用他的方法为我们展现了一线希望，一种思考不确定性问题的方式。如果你知道那些野生动物在哪里，你真的会安全许多。

## 第十七章

# 洛克的疯子——在错误的地方出现的钟形曲线[①]

人们不明白一个根本的非对称性：只要一个反例就能够推翻高斯分布（正态分布），但上百万次观察也不能完全证明高斯分布的适用性。为什么？因为高斯钟形曲线不允许出现大的离差。

我在家里有两个书房：一个是真正的书房，有有趣的书和文学资料；另一个与文学无关，我并不享受那里的工作，在那里我要把问题分解为事实，并进行集中思考。在非文学书房里，有一整面墙的统计学和统计学史书籍，我一直没有勇气把它们烧掉或扔掉，虽然我发现它们除本身的学术应用之外别无用处。我不能在教室里使用它们，因为我向自己保证，就算饿死也绝不教垃圾知识。为什么我不能用它们？因为这些书里没有一本考虑极端斯坦——没有一本。少数几本是统计物理学家写的，而不是统计学家写的。我们向人们传授平均斯坦的方法，却让他们在极端斯坦中自生自灭。毫无疑问，我们在冒最大的风险：我们面对极端斯坦的问题，却“近似地”使用平均斯坦的方法。

① 本章简单讨论本书关于金融和经济学的整体观点。如果你认为不应把钟形曲线应用于社会变量，并且与许多专业人士一样，你已经相信“现代”金融理论是危险的垃圾科学，那么你可以跳过这一章。

商学院和社会科学院系的几十万学生以及商界人士仍然在学习“科学”方法，而这些方法都以高斯理论为基础，都陷入了游戏谬误。

本章讨论将伪数学应用于社会科学导致的灾难，真正的主题或许是颁发诺贝尔奖的瑞典学院给社会造成的危害。

## 短短 50 年

我们先来讲讲我的商业生涯。请看图 17–1。在过去 50 年中，金融市场最极端的 10 天代表了一半的收益。50 年中的 10 天！同时，我们陷入无聊的探讨。

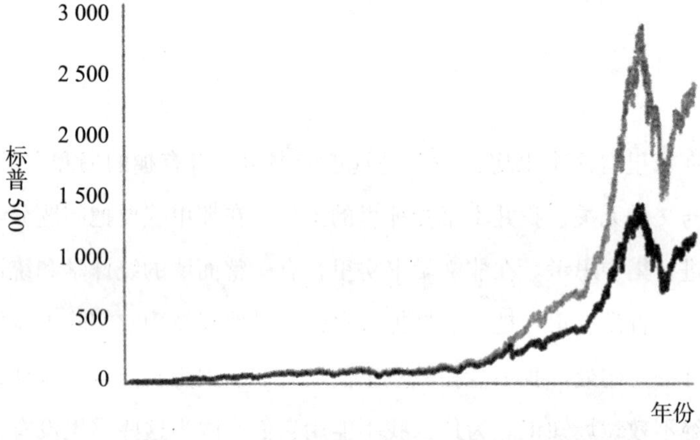


**图 17–1　去掉单日涨幅最大的 10 天后，美国股市收益的巨大差异**

显然，任何需要大于 6 西格玛的数字来证明市场属于极端斯坦的人都应该去检查一下大脑。已有数十篇论文指出过高斯家族概率分布的缺陷以及市场的突破性。请注意，多年来，我自己已经对 2 000 万条数据进行了反向与正向的统计研究，这使我鄙视任何以高斯分布描述市场的人，但人们就是无法接受这一点。

最奇怪的是，商务人士在听我演讲或听我讲案例时通常同意我的观点，但当他们第二天走进办公室时，又会回归他们习惯的高斯方法。他们的思维具有领域依赖性，所以在会议上他们可以进行批判性思考，但在办公室却不行。而且，高斯方法可以给他们数字，这似乎“比什么都强”。对未来不确定性的计算结果满足了我们对简单化的内在需要，即使它把不能用如此简单的方式描述的事物压缩成一个数字。

去掉过去 50 年中美国股市单日涨幅最大的 10 天，我们会看到市场收益的巨大差异，而传统金融学仅仅把这些单日大幅上涨当作异常。（这只是这类例子中的一个。虽然对于随意的阅读来说，它很具有说服力，但还有许多从数学的角度看更具说服力的例子，比如 10 西格玛事件的发生率。）

## 后来者的背叛

我以 1987 年的美国股市崩盘作为第一章的结尾，正是这次崩盘使我大举发展了我的黑天鹅思想。就在崩盘之后，我指出那些用西格玛（标准差）衡量风险和随机性大小的人都是骗子，所有人都同意我的观点。如果金融世界满足高斯分布，那么像这次崩盘的情况（为标准差的 20 多倍）需要宇宙寿命的几十亿倍时间才会发生一次（看看第十五章的身高例子）。鉴于 1987 年的情况，人们相信稀有事件会发生，并且是不确定性的主要来源。但他们就是不愿意放弃高斯方法这一主要测量工具——“嗨，我们没别的啦”。人们需要一个参照数字，但这两种方法是不相容的。

我不知道的是，1987 年并不是高斯方法第一次显露出欺骗性。曼德尔布罗特在 1960 年左右向经济学界提出突破性分布的观点，并向人们展示高斯曲线不能描述当时的市场价格。但在兴奋之后，人们意识到他们不得不重新学习。当时一位具有影响力的经济学家、已故的保罗·库特纳（Paul Cootner）写道：“就像之前的丘吉尔首相一样，曼德尔布罗特不是向我们许诺乌托邦，而是向我们许诺血、汗、苦役和眼泪。假如他是正确的，我们几乎全部的统计工具都是过时或毫无意义的。”我要对库特纳的话做两点更正。首先，我要把“几乎全部”替换为“全部”。其次，我不同意血和汗的说法。我认为曼德尔布罗特的随机理论比传统统计学易懂得多。假如你是新入行的，就不要依赖老的理论工具，也不要对确定性有很高的期望。

## 任何人都可能成为总统

现在简单看一下“诺贝尔”经济学奖，它是瑞典银行为纪念阿尔弗雷德·诺贝尔设立的，根据希望撤销该奖的诺贝尔家人的说法，诺贝尔现在或许正恶心得在坟墓里翻滚。一位激进的家族成员把这一奖项称为经济学家为了把经济学推到高于应有的地位而进行的公关骗局。确实，该奖曾颁给一些有价值的思想家，比如经验心理学家丹尼尔·卡尼曼和思想经济学家弗里德里克·哈耶克。但评奖委员会也已经习惯于把诺贝尔奖发给那些用伪科学和伪数学为经济学“带来严谨性”的人。在股市崩盘之后，他们授奖给两名理论学家哈里·马克威茨和威廉·夏普：他们以高斯方法为基础，建立了漂亮的柏拉图化模型，对所谓的现代投资组合理论做出贡献。很简单，假如你去掉他们的高斯假设，把价格当作突破性变量，你能找到的就只剩下吹牛。诺贝尔委员会可能验证过夏普和马克威茨的模型，其作用就像网上出售的江湖偏方，但斯德哥尔摩似乎没人考虑这一点。委员会也没有征求我们这些实践者的意见；相反，它依赖于某种学术审查，而在有些学科，这种审查可能已经腐败到骨子里了。这次颁奖之后，我做了一个预测：“在这两个人能够获得诺贝尔奖的世界里，任何事都有可能发生。任何人都可能成为总统。”

可以说瑞典银行和诺贝尔委员会在很大程度上推动了高斯现代投资

组合理论的应用。软件销售商能够把这种“斩获诺贝尔奖”的方法卖出几百万美元。用它怎么可能有错呢？奇怪的是，业内每个人一开始就知道这一理论是错的，但人们习惯了这种方法。据说美联储主席格林斯潘曾说：“我宁愿听一个交易员的意见，也不愿听数学家的意见。”同时，现代投资组合理论开始传播。我要反复说下面的话，直到声音嘶哑：社会科学理论的命运取决于其传染性，而不是其正确性。

后来我才意识到，受过高斯方法训练的金融专业人士正在占领商学院，进而占领MBA课程，单美国每年就培养出10万学生，他们全都被一种伪投资组合理论洗脑了。任何经验观察都不能阻止这种认识上的传染性。人们似乎认为，教会学生基于高斯理论的分析方法总比什么也不教好。它看上去比罗伯特 · C. 默顿（社会学家罗伯特 · K. 默顿之子）所说的“奇闻逸事”更科学。默顿写道，在投资组合理论之前，金融学只是“奇闻逸事、拇指规则和对会计数据的操纵”。投资组合理论“把这种知识大杂烩变成严谨的经济学理论”。鉴于其多少有些知识严肃性，也为了将新古典经济学与一种更诚实的科学做比较，请看19世纪现代医学之父克劳德 · 伯纳德说过的一句话：“现在只讲事实，科学以后再说。”你应该把经济学家送进医学院。

所以，高斯[①]占领了我们的商业和科学文化，与它直接相关的西格玛、方差、标准差、相关性、R平方和夏普比率等字眼充斥于金融界的行话之中。如果你阅读一份共同基金的招股说明书，或者某对冲基金投资组合的说明，它们很可能向你提供据说能评估“风险”的定性数字，其计算将基于上述从钟形曲线或其家族派生的术语中的某一个。例如，如今养老保险

① 诚然，高斯方法也经过反复的成功与失败，人们使用了所谓的补充性“飞跃”、压力测试、体制转换或者精巧的GARCH方法，虽然这些方法代表了人们付出的巨大努力，但它们都没能弥补钟形曲线的本质缺陷。这些方法在尺度上不是不变的。这就解释了为什么将精密的方法用于实际生活会失败，就像马克利达基斯竞争实验显示的那样。

基金的投资策略和基金选择由依赖于投资组合理论的“顾问”审查。如果出了什么问题，他们会说他们依赖的是标准的科学方法。

## 更大的恐怖

事情在1997年变得更加糟糕。瑞典学院再次将诺贝尔奖发给以高斯方法为基础的迈伦·斯科尔斯（Myron Scholes）和罗伯特·C. 默顿，他们改进了一个老的数学公式，使它与现有的高斯一般金融均衡理论兼容，于是得到了经济学界的认可。这个公式现在“能用了”。它有许多被人们遗忘的先行研究者，包括数学家兼赌徒爱德华·索普（Edward Thorp）。他撰写了畅销书《击败庄家》（*Beat the Dealer*），告诉人们如何在玩21点时赢钱，但人们却认为是斯科尔斯和默顿发明了这种方法，实际上他们只是使它被学术界接受而已。那个公式就是我的谋生之道。交易员比学术界更知道它是怎么回事，因为他们日夜担心风险，只不过他们很少有人能够用术语表达想法，所以我感觉我代表的是他们。斯科尔斯和默顿使这个公式变得依赖高斯分布，而他们的“先驱者”没有对它做过这类限制。[①]

崩盘后的几年对我来讲极具娱乐性。我参加了关于不确定性的金融和数学会议。所有演讲者，不论是否获得过诺贝尔奖，在谈到概率时都不明白自己在说什么，于是我便用我的问题刁难他们。他们“对数学深有研究”，但当你问他们概率从哪里来时，他们的解释清楚地显示他们陷入了游戏谬误。在那些低能的专家身上，你能够发现一种专业技巧与无知的混合。我没有得到一个有智慧的回答或者一个非情绪化的回答。由于我质疑

---

① 请记住我也曾做过期权。期权不但长期受益于黑天鹅事件，而且是不成比例地受益，而斯科尔斯和默顿的“公式”忽略了这一点。期权的收益如此巨大，你甚至根本不需要正确估计可能性：你可以错误地估计概率，但仍然能获得惊人的收益。我称之为“双重泡沫”：对概率的错误估计和对收益的错误估计。

的是他们的全部研究，所以我用上了各种攻击性的字眼：“鬼迷心窍”、“唯利是图”、“空想”、“散文家”、“游手好闲”、“陈词滥调”、“实用主义”（这个词对学术界是侮辱）、“学术化”（这个词对商界是侮辱）。成为被怒骂的对象并不是那么糟糕的事，你会很快习惯并只关注别人没有说什么。交易员受过如何面对暴怒的训练。如果你在一个混乱的交易场所工作，某个由于赔钱而情绪极差的人可能会咒骂你直到他的声音嘶哑，然后忘掉这件事，一小时后请你去参加他的圣诞聚会。所以你对辱骂要变得麻木，尤其在你学会想象那个辱骂你的人是某种缺乏自制力的吵闹的猴子的变种的时候。只要保持镇定和微笑，专心致志地分析那个说话者而不是他说的话，你就会赢得这次争论。针对智者本人而不是针对思想的情绪化攻击，是一种很高的奉承，它说明那个人对你的观点根本讲不出有见地的话来。

心理学家菲利普·泰洛克（第十章的专家颠覆者）在我的一次演讲之后表示，他对听众表现出来的强烈抵触感到吃惊。但人们如何解决这种认知上的抵触会有很大差别，因为这种差别对他们所学的一切的核心和他们使用并将继续使用的方法进行攻击。有一点很明显，那就是几乎所有攻击我的思想的人都是把它扭曲后再攻击，比如他们会攻击“全都是随机和不可预测的”而不是“大多是随机的”，或者混淆了我的观点，向我证明钟形曲线在有些物理领域是有效的。有人甚至不得不修改我的生平。在瑞士卢加诺的一次研讨会上，迈伦·斯科尔斯一度暴怒，对我的思想的一个改编版发起攻击。我可以从他脸上看到痛苦。有一次在巴黎，一位把部分精力花在研究高斯分布的某个微不足道的子特征上的数学界大人物勃然大怒，因为当时我提出了关于黑天鹅在市场中发挥作用的经验证据。他气得满脸通红，呼吸困难，开始辱骂我玷污了学术，不知廉耻。他甚至大喊“我是科学院院士”来加强他辱骂的权威性。（第二天我的书的法语版就售罄了。）最有趣的是史蒂夫·罗斯，这个被认为比斯科尔斯和默顿具有更高智慧的经济学家和可怕的辩论对手，只能通过指出我演讲中的小错误或不准确的地方来反驳我的观点，比如“马克威茨不是第一个”，这说明他对我的主要观点提不出看法。其他将生命中的大部分时间花在这些思想上的人则在网上进行破坏行为。经济学家经常提到米尔顿·弗里德曼的一个奇怪论点，那就是模型不一定要有现实假设，这使他们有了造出极具欺骗性的数学模型的借口。问题当然就是这些高斯化的模型没有现实假设，也无法产生可靠的计算结果。它们既不具现实性，也不具预测性。请注意我所遇到的思维偏见：人们在小概率事件上会犯错，比如每 20 年定期发生一次的事件。假如他们只有 10 年会受它的影响，他们就认为自己是安全的。

我无法让人们理解平均斯坦和极端斯坦的区别，人们向我提出的许多观点都试图向我显示钟形曲线在社会中的应用很不错——去看看信用局的记录等。

我不能接受的一个评论是：“你是正确的。我们需要你提醒我们这些方法的缺陷，但不能把它们全盘否定。”也就是说，我既要接受把事情简单化的高斯分布，又要接受大的离差的可能性，他们没有认识到这两种方法的不相容性，似乎一个人可以只死一半一样。在 20 年的争论中，这些投资组合理论的使用者没有一个人解释他们是如何在接受高斯框架的同时接受大的离差的——没有一个人。

## 证实

一直以来，我看到了太多足以使卡尔·波普尔愤怒的证实谬误。人们会找来没有跳跃性变化或极端事件的数据，向我“证明”可以使用高斯分布。这就如同我在第五章证明辛普森不是凶手的“证据”。整个统计学界都把证据的缺乏当作事件没有发生的证据。而且，人们不明白一个根本的非对称性：只要一个反例就能够推翻高斯分布，而上百万次观察也不能完全证明高斯分布的适用性。为什么？因为高斯钟形曲线不允许出现大的离差，而极端斯坦的方法并不排斥长期的平淡无奇。

本来，我并不知道曼德尔布罗特的研究在美学和几何学之外也很重要。与他不同，我并没有被放逐：我从实践者和决策者那里获得了许多赞许，尽管不是从他们的研究人员那里。

但突然之间我得到了最没有想到的证据。

## 它就是黑天鹅

小罗伯特 · 默顿和迈伦 · 斯科尔斯是一家大型投机性证券公司的创始合伙人，该公司就是长期资本管理公司，我在第四章提到过。它聚集了学术界的顶尖人才，他们被称为精英。投资组合理论是他们进行风险管理的灵感来源，他们会进行精密的“计算”。他们成功地把游戏谬误放大到整个金融业。

然后，1998 年夏天，由俄罗斯金融危机引发的一系列大事件发生了，这些事件在他们的模型之外。这是一只黑天鹅。长期资本管理公司破产，并几乎把整个金融系统拖下水，它的影响太大了。由于他们的模型排除了大离差的可能性，所以他们把自己置于可怕的风险之下。默顿和斯科尔斯的思想以及现代投资组合理论开始动摇了。损失太惨重了，惨重到我们无法再忽略知识的闹剧。我和许多朋友以为投资组合理论家会面临烟草公司的命运：他们害得人们损失了积蓄，并很快为自己的高斯方法造成的后果负责。

但这并没有发生。

相反，商学院的MBA们继续学习投资组合理论。期权定价公式继续被冠以布莱克–斯科尔斯–默顿的名字，而不是其真正发现者的名字，如路易斯 · 巴切里亚（Louis Bachelier）、爱德华 · 索普等。

## 如何“证明”

小默顿是新古典经济学的代表人物，我们在长期资本管理公司的例子中已经看到，新古典经济学最有力地体现出了柏拉图化知识的危险。[1]从他的方法中我看出如下模式。他以僵硬的柏拉图化的假设为起点，完全不具现实性，比如高斯概率分布以及许多同样令人厌烦的分布。然后他提出“定理”和“证明”，数学逻辑严谨而漂亮。定理与现代投资组合理论的其他定理也相符，后者又与别的定理相符，一整套关于人们如何消费、储蓄、面对不确定性、花钱和预测未来的理论体系因此建立了起来。他假设我们知道事情发生的概率。可恶的“均衡”一词总是会出现，但这整套理论就像一个完全封闭的游戏，一种规则齐全的垄断。

运用这种方法的学者就像洛克（Locke）定义的疯子：一个“从错误的前提进行正确推理的人”。

优雅的数学有这样一个特点：它完全正确，而不是99%正确。这一特点能够取悦不喜欢模糊状态的机械头脑。不过，你不得不在某些地方作弊，才能让世界符合完美的数学，你不得不在某些地方做无意义的假设。但我们在哈迪的话中已经看到，专业的、“纯粹的”数学家是尽可能诚实的。

所以令人感到疑惑的是，像默顿这样的人居然想当无懈可击的数学家，而不是专注于让模型符合现实。

这就是你从军人和负责安全的人的思维中可以学到的东西。他们不在乎“完美”的游戏推理，他们想要的是具有现实意义的假设。最终，他们关心生命。

---

① 我选出默顿是因为我发现他非常突出地体现了学术愚昧。我从他寄给我的一封7页的愤怒而带有威胁色彩的信中发现了他的弱点，这封信给我的印象是他对我们如何交易期权并不熟悉，而期权正是他的研究对象。他似乎以为交易员依赖于“严格”的经济理论，就好像鸟必须学习（糟糕的）工程学才能飞一样。

我在第十一章提到过，有些人以伪前提作为“正式思考”游戏的开始，从而制造“严格的”理论，比如默顿的导师保罗·萨缪尔森和英国的约翰·希克斯（John Hicks）。这两个人破坏了凯恩斯的思想，并试图把它形式化。（凯恩斯对不确定性感兴趣，不喜欢各种模型产生的封闭型思维的确定性。）其他喜欢正式思考的人包括肯尼思·阿罗（Kenneth Arrow）和杰勒德·德布鲁（Gerard Debreu）。这4个人都是诺贝尔奖获得者，都处于一种数学导致的幻想状态，迪厄多内（Dieudonné）认为这些模型过于抽象，超过了必要的程度，这使它们完全无用，但最终他自己被孤立了，这是反对者通常的下场。①

如果你对他们的研究提出质疑，就像我质疑小默顿一样，他们会要你提供“严格的证据”。所以他们制定了游戏规则，你得按他们的规则行事。我是一个实践者，我的工作是从事复杂但从经验主义角度可以接受的数学，所以我无法接受假装的科学，也不接受追求确定性的失败科学。这些新古典模型的建立者是不是在做着更糟糕的事情？他们有没有可能编造确定性的假象？

我们来看一看。

怀疑经验主义者提倡相反的方法。我关心前提甚于关心理论，我希望把对理论的依赖降至最低，我希望脚踏实地、减少意外。我宁愿追求大体的正确，而不是因追求精确而犯错。理论的简洁通常意味着柏拉图化和缺陷，它诱使你为了简洁而简洁。理论就像药物：经常无用，有时必要，只考虑自我，偶尔致命。所以必须小心、谨慎地使用，并且要有成人的监督。

表17–1总结了我推崇的现代怀疑经验主义者与萨缪尔森的盲从者之

① 中世纪医学也以均衡思想为基础，其是自上而下和类似神学的。幸运的是，其实践者失业了，因为他们无法与自下而上获得经验的外科医生竞争，后者是具有临床经验的兼任外科医生和牙医的曾经的理发师，在他们之后诞生了非柏拉图化的临床医学。我今天活着应当感谢自上而下的学院派医学在几个世纪之前失去了市场。

间的差别，这种差别可以推及各种学科。

表 17–1　两种不同的随机方法

| 怀疑经验主义和非柏拉图学派 | 柏拉图式的方法 |
|---|---|
| 对柏拉图边界以外的事物感兴趣 | 专注于柏拉图边界以内的事物 |
| 尊重有勇气说“我不知道”的人 | “你总是批评这些模型。它们是我们仅有的东西。” |
| 胖子托尼 | 约翰博士 |
| 认为黑天鹅是随机性的主要来源 | 认为正常波动是随机性的主要来源，事后能发现一些起伏 |
| 自下而上 | 自上而下 |
| 通常不穿西装 | 穿深色西装、白衬衣；以一种乏味的语调说话 |
| 宁愿追求大体的正确 | 因追求精确而犯错 |
| 最少的理论，把理论化当作疾病来抵制 | 一切事物必须符合某种大的通用社会经济学模型和“严格的经济理论”，对“描述性的东西”皱眉 |
| 不相信能够轻易计算事物的可能性 | 把一切建立在我们能够计算事物可能性的假设上 |
| 例子：塞克斯都·恩披里克和以经验为基础的、理论最小化的经验医学派 | 例子：拉普拉斯式的机械主义，把世界和经济当作时钟 |
| 从实践发展直觉，从观察到书本 | 依赖科学论文，从书本到实践 |
| 不受任何科学的启发，使用复杂的数学和计算方法 | 受物理学启发，依赖抽象数学 |
| 思想以怀疑主义为基础，以未读的书为基础 | 思想以信念为基础，以自认为知道的东西为基础 |
| 以极端斯坦为起点 | 以平均斯坦为起点 |
| 精巧的技术 | 可怜的科学 |
| 谋求在较大的范围内的近似正确 | 谋求在以精确假设为前提的狭隘模型下的完全正确 |

我表达了我在金融方面的观点，因为这是我提炼思想的领域。下面让我们来研究据说更有思想的人群：哲学家。

第十八章
# 骗子的不确定性

我对黑天鹅的应对办法是避免让我的思想被同化。但在避免上当之外，这种态度受制于一种行为方式（不是思维方式）：如何将知识转化为行动，并从中找出那些有价值的知识。

这是第三部分的最后一章，主要讨论游戏谬误的一个主要表现：那些应该提醒我们注意不确定性的人不但没有做到这一点，还通过一种秘密途径误导我们，让我们相信事物的确定性。

## 游戏谬误归来

我用赌场解释过游戏谬误，并且认为简化的游戏随机性不能代表真实生活的随机性。请再看一看第十五章的图 15–2。掷骰子的结果会很快相互抵消，我可以确定地说，在轮盘赌上，赌场很快就能击败我，因为输赢会互相抵消，而不是因为技术（这就是赌场的优势）。你玩的时间越长（或者赌注越小），由于平均作用，赌博过程中的随机性越小。

游戏谬误存在于以下随机环境：随机走动、掷骰子、抛硬币、布朗运动（花粉颗粒在水中的运动）等。这些环境具备一定随机的性质，但并不是真正的随机性，称之为原始随机性或许更准确。就其根本而言，基于游戏谬误的全部理论都忽略了一层不确定性，更糟糕的是它们的支持者不知道这一点！

这种只关注小的而不是大的随机性的方法有一个后果严重的应用，就是较大不确定性原则（greater uncertainty principle）。

## 发现骗子

较大不确定性原则认为，在量子物理学中，人们不能（在任意精确的情况下）测量某些成对的值，比如粒子的位置和动量。你不得不受较差测量结果的限制：在一个值上达到精确，就不能在另一个值上达到精确。所以，在理论上存在不可降低的不确定性，它是科学无法消除的，永远存在。这种极小不确定性由沃纳·海森堡（Werner Heisenberg）于1927年发现。我认为这一不确定性原则与不确定性毫无关系。为什么？首先，这一不确定性是呈高斯分布的。一般来说，它会消失，想一想，没有哪个人的体重能够对1 000人的总体重产生重大影响。我们可能永远无法确定粒子的未来位置，但这种不确定性非常小也非常多，它们互相抵消。看在柏拉图的分上，它们抵消了！它们服从第十五章讨论的大数定理。而大部分其他类型的随机性都不会抵消！如果说地球上有什么不是那么不确定的话，那就是大量亚原子粒子的总体行为！为什么？因为我已经说过，对于一个由大量粒子组成的物体，其粒子本身的波动会互相抵消。

但政治、社会和天气不存在这种方便的特性，我们显然无法预测它们，所以当你听到“专家”用亚原子粒子讨论不确定性问题时，很可能这个专家是骗子。实际上，这或许是发现骗子的最佳途径。

我经常听到人们说“我们的知识当然存在局限”，然后用较大不确定性原则解释为什么“我们不能把所有事物模型化”。我之所以听到过这样的话，是因为迈伦·斯科尔斯在研讨会上说过。我现在在纽约，时间是2006年8月，我正试图回到黎巴嫩艾姆云的古老村庄。贝鲁特机场由于以色列和黎巴嫩的冲突而关闭。没有正式的航班时刻表告诉我这场冲突何时会停止，如果它会停止的话。我不知道我的家是否还会在，艾姆云是否还会存在于地图上，请回忆一下，我家的房子被摧毁过一次。我不知道冲突是否会变得更为激烈。当我展望我的亲戚、朋友和房产在这场冲突中面临的结果时，我面临着实实在在的知识局限。谁能告诉我，为什么我应该关心最后归于高斯分布的亚原子粒子？人们无法预测自己会对新买的东西保持多久的新鲜感，他们的婚姻会持续多久，他们的新工作会怎么样，但他们把亚原子粒子当作“预测的局限性”的来源。他们愿意相信用显微镜都看不见的东西，而忽略立在他们面前的庞然大物。

## 哲学家对社会有害吗

我还要更进一步：抓小放大的人对社会是有害的。他们的意图是好的，但引用我在第八章提到的巴斯夏的观点，他们对我们是一种威胁。他们在浪费我们对不确定性的研究，因为他们只关注不重要的部分。我们的资源（认知的和科学的）有限，或许太有限了。那些分散我们注意力的人提高了黑天鹅降临的风险。

这种对不确定性概念的廉价化体现了人们对黑天鹅现象的无知，这个问题值得进一步讨论。

由于金融和经济学界的人们沉迷于高斯分布而不能自拔，我便寻找那些有哲学思维的金融经济学家，想看一看他们的批判思维如何处理这个问题。我找到了一些。其中一个人先是获得了哲学博士学位，4年后又获得了金融学博士学位；他在两个领域都发表了论文，还出版过大量金融教科书。但他让我失望了：他似乎对他关于不确定性的观点进行了划分，好让他从事两个截然不同的领域——哲学和数量金融学。归纳、平均斯坦、认知迷雾或高斯假设问题对他都不是真正的问题。他写的大量教科书把高斯方法塞入学生的头脑，他似乎忘记了自己是一个哲学家。然后他在写与哲学有关的学术文章时，似乎又突然想起自己是个哲学家。

同样的领域特殊性问题导致人们从手扶电梯下来后直奔台阶式健身器，但这种问题发生在哲学家身上就危险得多，因为他们把我们有限的批判思维浪费在简化的问题上。哲学家喜欢对其他哲学家称为哲学的人云亦云的问题进行哲学思考，但当他们不思考这些问题时，他们就把哲学思维抛在了身后。

### 实践问题

虽然我反对钟形曲线、柏拉图化和游戏谬误，但我的主要问题并不在统计学家身上，毕竟，他们是一群做计算的人，不是思想家。我们对哲学家却应该苛刻得多，因为他们的思维官僚主义会封闭我们的思想。捍卫批判思维的哲学家比其他领域的人有更高的责任。

## 多少维特根斯坦因可以在大头针上跳舞

一群穿着半旧衣服（但看上去很有思想）的人聚集在一个房间里，静静地看着一位演讲嘉宾。他们都是职业哲学家，正参加纽约地区一所大学举办的每周一次的著名研讨会。演讲者坐在那里，埋头于一堆打印出来的纸中，用一种单调的声音读着纸上的文字。我很难跟上他的讲话，所以做了一会儿白日梦，然后再也无法跟上他的思路。我只是模模糊糊地知道，讨论的中心思想是关于火星人入侵你的大脑，控制你的意志，同时不让你知道这一点的某个“哲学”争论。对这一问题似乎有多种理论，但演讲者的观点与其他人不同。他用了一点时间讲述他对于这些进行头脑抢劫的火星人的研究有何独特之处。他的独白（55分钟坚持不懈地宣读打印材料）结束之后，是简短的休息时间，然后又是55分钟关于火星人植入芯片和其他古怪猜想的讨论。讨论中他还偶尔提及维特根斯坦因。（维特根斯坦因总能够被提起，因为他的思想足够模糊，所以似乎与任何问题都相关。）

每个星期五下午4点，这些哲学家的薪水会被打到他们各自的银行账户。他们收入的一定比例——平均为16%——会以大学年金计划的形式自动进入股票市场。这些人的专业就是对我们想当然的东西提出质疑；他们接受的训练就是讨论神的存在、真理的定义、红色的红、意义的意义、真理的各种理论表达的区别、概念与非概念表征……但他们盲目相信股市以及他们的年金计划经理。为什么会这样？因为他们认为人们就应该这样处理积蓄，因为“专家”告诉他们要这样做。他们质疑自己的推理，却一秒钟也不怀疑对股市的自动投资。这种怀疑主义的领域依赖性与那些医生身上表现出来的特征（我们曾在第八章看到）如出一辙。

除此以外，他们还可能毫不怀疑地相信我们能够预测社会事件，纳粹集中营能够让你变得冷酷，政客比他们的司机更了解正在发生的事，美联储主席拯救了经济等等。他们还可能相信国籍（他们总是在一位哲学家的名字前面加上“法国”、“德国”或“美国”），似乎这与这位哲学家的观点有什么关系。与这些只对被人们束之高阁的问题抱有好奇心的人待在一起令人窒息。

## 当你需要波普尔时他在哪儿

希望我已经足够透彻地表达了我作为一名实践者的观点，那就是你不能从书本到问题，而是应该相反，从问题到书本。在这种方法面前，那些以赚取学术资历为目的的人说的大部分空话都会失效。如丹尼尔·丹尼特的玩笑所说，学者不应该是一座图书馆用来建造另一座图书馆的工具。

当然，我在此说的话已经有哲学家说过，至少是真正的哲学家说过。下面这段话是我尤为尊敬卡尔·波普尔的原因，是我在本书中引用而不攻击的少数观点之一。

> 哲学学派的衰落是由于人们错误地以为可以在不受哲学以外的问题的迫使下研究哲学……真正的哲学问题的根总是在哲学以外，如果这些根腐烂了，它们也会死亡……哲学家会轻易忘掉这些根，他们“研究”哲学，而不是被非哲学问题强迫思考哲学。

这种思想或许能够解释波普尔在哲学以内的失败和在哲学以外的成功，尤其是在科学家、交易员和决策者角色上的成功。（他的思想很少被哲学家研究，他们更喜欢写关于维特根斯坦因的文章。）

请注意，我并不想把我的黑天鹅思想拉入哲学辩论，我所说的柏拉图化并不是那么形而上学。许多人与我争论：假如我认为数学能够在另一个宇宙起作用，或者诸如此类，我是否违反了“本质主义”（也就是说我的观点没有柏拉图式的本质）。让我来澄清一下：我是一个理智的实践者，我并不是说数学与任何现实中的事物都无关；我的整个观点是，从认知的角度讲，我们将数学的可能空间问题本末倒置了，我们有可能使用了错误的数学并被其蒙蔽。我确实相信有些数学是有用的，但它们并不像那些“证明者”以为的那样容易被人们理解和接受。

## 主教与分析师

我对那些攻击主教却崇拜证券分析师的人尤为恼火，他们把怀疑主义用在宗教上，却不用在经济学家、社会科学家和骗子统计学家身上。这些人通过证实谬误告诉你，宗教对人类来说是可怕的，并举出死于宗教裁判所和各种宗教战争的人数，但他们不会告诉你多少人死于民族主义、社会科学或者越南战争。就连牧师生病时都不去找主教，他们最先求助于医生。我们求助于伪科学家和“专家”时别无选择。我们不再相信教皇不谬性，但我们似乎相信诺贝尔不谬性，如我们在第十七章看到的。

## 比想象中容易：怀疑主义下的决策问题

我一直在说，归纳与黑天鹅之间存在一个问题。实际上，事情更糟：在伪怀疑主义下，我们的问题不止一个。

1. 我无论如何也无法阻止太阳明天升起（不论我多么努力）。
2. 对于是否有来世我无能为力。
3. 对于火星人或者魔鬼要控制我的大脑我无能为力。

但我有许多种办法避免上当受骗，事情没有那么难。

作为第三部分的结束，我重申，我对黑天鹅的应对办法是避免让我的思想被同化。但在避免上当之外，这种态度受制于一种行为方式（不是思维方式）：如何将知识转化为行动，并找出哪些知识是有价值的。让我们在本书的结尾部分讨论哪些该做和哪些不该做。

结　语

# 一半对一半——如何与黑天鹅打成平手

当我受到正面黑天鹅事件的影响时，我会非常冒险，这时失败只有很小的影响；当我有可能受到负面黑天鹅事件的袭击时，我会非常保守。

最后再说几句。

在一半时间里，我是一名超级怀疑主义者；在另一半时间里，我又坚定不移，甚至有些固执地相信事物的确定性。当然，当其他人，尤其是那些被我称为文化市侩的人持轻信态度的时候，我是超级怀疑主义者；当其他人看上去持怀疑态度的时候，我是轻信者。我对证实的事物持怀疑态度，但只是在错误的代价很高的时候，而对证伪的事物不持怀疑态度。掌握大量数据并不一定能够证实什么，一个个例就可以证伪。当我怀疑存在疯狂随机性时，我保持怀疑态度；当我认为只存在温和随机性时，我选择相信。

一半时间里我讨厌黑天鹅，另一半时间里我热爱黑天鹅。我喜欢为生活带来细节、正面意外、画家阿佩勒斯式的成功、不必花钱的礼物的随机性。很少有人理解阿佩勒斯故事中的美。实际上，大部分人通过压抑自己体内的“阿佩勒斯”来避免犯错。

一半时间里我对自己的事务超级保守，另一半时间里我超级冒险。这似乎并没有什么特别，只不过我在其他人冒险的地方实行保守主义，在其他人谨慎的地方冒险。

**我不怎么在意小的失败，而是在意大的终极性失败。**我更担心“极具前景”的股票市场，尤其是“安全的”蓝筹股，而不是从事投机的公司，前者代表看不见的风险，后者则不会造成意外，因为你知道它们的波动性有多大，并且可以通过只进行小额投资来控制亏损面。

**我不担心广为人知和耸人听闻的风险，而担心更为险恶的隐藏风险。**我不担心恐怖主义，而担心糖尿病。我不担心人们通常担心的问题，因为它们显而易见，我担心我们的意识和正常过程以外的事物。（我也必须承认我担心的东西不多，因为我努力只担心人们能够处理的事情。）我不担心困境，而担心失去机会。

最终存在一个小小的决策法则：当我能够受到正面黑天鹅事件影响时，我会非常冒险，这时失败只有很小的影响；当我有可能受到负面黑天鹅事件的袭击时，我会非常保守。当某个模型中的错误对我有好处时，我会非常冒险；当错误对我有害时，我会非常多疑。这可能并不十分有趣，但这正是别人没有做到的。例如，在金融业，人们使用脆弱的理论来管理风险，把狂野的思想置于“理性”的审视之下。

一半时间里我是思想者，另一半时间里我是一个理智的实践者。我对学术问题保持理智和务实，对实际问题保持哲学思考。

一半时间里我很肤浅，另一半时间里我想避免肤浅。对于美学我很肤浅，对于风险和回报我避免肤浅。我的唯美主义使我把诗歌置于散文之上，把希腊人置于罗马人之上，把尊严置于优雅之上，把优雅置于文化之上，把文化置于学识之上，把学识置于知识之上，把知识置于智力之上，把智力置于真理之上。但这一区别只是针对不受黑天鹅影响的事。我们的本性喜欢理性，除了面对黑天鹅的时候。

我认识的一半人称我对权威不敬（你已经看到我对那些柏拉图化的教

授们的评价），一半人称我奉承权威（你已经看到我对休特、拜耳、波普尔、彭加莱、蒙田、哈耶克和其他人的崇拜）。

一半时间里我讨厌尼采，另一半时间里我喜欢他的散文。

## 当错过列车时不再痛苦

我曾经得到另一条改变生活的建议，与我第三章从朋友那里得到的建议不同，它实用、明智、有效。我在巴黎的同学、后来的小说家让-奥利维尔·泰德斯克（Jean-Olivier Tedesco）认为我不必跑着赶地铁，他说："我不会去追赶列车。"

藐视命运。我一直教我自己拒绝追赶时间表。这可能只是一条很小的建议，但它印在了我的脑海里。从拒绝追赶列车中，我体会到"优雅"的真正价值和行为中的美学，这是一种控制我的时间、行程和生活的感觉。错过列车，只有在你追赶它时才是痛苦的！同样，不能达到别人期望你达到的成功，只有在它也是你所追求的东西时才是痛苦的。

你凌驾于争斗与名利思想之上，只要你愿意这样选择。

只要是你的决定，放弃一份高薪职位带来的回报会超过金钱带给你的效用（这似乎很疯狂，但我试过并且确实如此）。这是向命运说"随你怎么样"的第一步。如果你确定了自己的标准，那么你能更好地掌控自己的生活。

大自然给了我们一些防御机制：如伊索寓言写到的一样，其中之一就是把我们不能（或没有）吃到的葡萄想成酸的，但如果你更加主动地在之前就鄙视并拒绝葡萄，你的满足感会更大。主动出击，主动辞职，只要你有勇气。

你在一个自己设计的游戏里更加难以失败。

从黑天鹅的角度讲，这意味着只有你让小概率事件控制自己的时候，你才会受到它的影响。你应当掌控自己的生活，把这当成你的目标吧。

不过，所有这些思想，所有这些归纳的哲学，所有这些知识问题，所有这些疯狂的机会和可怕的损失，在下面这个形而上学的问题面前都变得简单：我有时惊异于为什么人们会因为一顿不好吃的饭、一杯冷咖啡、一次社交挫折或粗鲁的接待而伤心一天或者感到愤怒。

回忆一下，我在第八章讨论过人们难以看到自己生活中发生的事件的真实概率。我们很容易忘记我们活着本身就是极大的运气、一个可能性微小的事件和一个极大的偶然。

想象一个10亿倍于地球的行星边上的一粒尘埃。这粒尘埃就代表你出生的概率，庞大的行星则代表相反的概率。所以不要再为小事烦恼了。不要再像一个忘恩负义者：得到一座城堡，还要介意浴室里的霉菌。不要再检查别人赠送给你的马匹的牙齿，请记住，你就是黑天鹅。最后，谢谢你读我的书。

后记 1

# 从白天鹅到黑天鹅

叶夫根尼娅进入了写一本新书所需的漫长冬眠期。她住在纽约，与文字相伴，她发现在那里最容易找到平静。她长期混迹于人群之中，希望碰到尼罗，好对他进行一番讽刺，或许羞辱他之后，再次集中注意力就会容易许多。她注销了电子邮件账户，转而用手写，因为她觉得这样可以平复心情，她雇了一个秘书帮她打字。她用了 8 年时间写、擦、修改，不时对秘书发火，面试新秘书，静静地重写。她的公寓充满了烟味，纸张散落在各处。与许多艺术家一样，她对完成的作品仍不满意，但她知道它比第一本书更深刻。她嘲笑那些赞美她以前作品的人，因为她现在认为它肤浅、仓促、未经提炼。

当贴切地取名为《环》(*The Loop*)的新书上市时，叶夫根尼娅明智地避开媒体，不顾别人的书评，与外部世界隔绝。如她的出版商所料，书评是一片赞美之词。但奇怪的是，很少有人买。人们一定是在没有阅读的情况下谈论这本书，她想。她的书迷一直在等这本书，并且已经谈论它好几年了。这位出版商收集了许多粉色眼镜，过着花花公子般的生活，他现在在叶夫根尼娅身上下了大注。他没有别的重头戏，未来也没有。他需要大赚一笔，好支付他的别墅款和给感情疏离的妻子协议款以及购买新的捷豹敞篷车（粉色）。他确信等待已久的叶夫根尼娅的书是一个赚钱的大好机会，他想不明白为什么几乎所有人都称它为杰作却没人买。一年半以后,《环》终于售完。此时已陷入严重财务危机的出版商以为找到了原因：书“简直太长了”！叶夫根尼娅应该写本短点的书。在写了一段长长的但令人放松的感人情节之后，叶夫根尼娅想起了乔治 · 西默农（Georges Simenon）和格雷厄姆 · 格林（Graham Greene）的畅销小说中的人物。他们生活在一种麻木而平庸的状态下。二等人物是有魅力的，叶夫根尼娅想，而她一直喜欢魅力胜过美丽。

所以叶夫根尼娅的第二本书也是黑天鹅。

后记 2

# 强大与脆弱——更深层次的哲学与经验的反思

## 向最古老、最具智慧的大自然求取真经

此番动笔，距离《黑天鹅》一书完稿已有 3 年之久了。对于《黑天鹅》一书，除了几处用于澄清的脚注，我没有做任何改动。3 年以来，我围绕黑天鹅理论已写了十几篇颇具“学者风范”的论文。然而，这些文章读来却味同嚼蜡，因为但凡学术论文，大多用于学术大会陈列，使人索然无味甚至敬而远之，除了书痴与为做学问而做学问的学生，极少有人去潜心阅读。同时，我会在本文中凸显“下一步该怎么办”——你不但可以将一匹马牵进水里，还可以设法使它饮水。因此，本文旨在更深入地探讨一些问题。如 3 年前的《黑天鹅》一样，本文开头会文学一些，但随着内容的逐渐展开，它会一步步学术起来。

成功写成这篇冗长似书的文章，我要归功于丹尼尔·卡尼曼。在这个世界上，我最要感谢的人就是他，是他使我相信，我有责任做自己不想做的事情。

### 论长途漫步

3 年以来，我经历了诸多变化，其中大部分的变化都是令人鼓舞振奋

的。像聚会一样，一本书会使你交到意想不到的好运，并且会使你有机会得到更多的聚会邀请。在那段艰难的日子里，别人都把我讽刺为巴黎的商人（极端粗俗的代表）、伦敦的哲学家（学究的代表）、纽约的预言家（当时我曾给出了错误的预言）以及耶路撒冷的经济学家（极端现实主义的代表）。而现在，别人都把我恭奉为以色列的预言家（这需要我付出很多的努力）、法国的哲学家、伦敦的经济学家和纽约的商人（商人在纽约备受尊重），这又令我受用不起。

知名度的提高给我带来了许多麻烦，我经常会收到攻击性邮件，有一次甚至收到了一封来自一名已破产的雷曼兄弟公司[①]前员工的死亡威胁信。更令我烦恼的是，几乎每一个小时我都会接到一次土耳其和巴西记者的采访邀请。我不得不花费大量时间写信拒绝参加应酬，尽管我知道与我一同参加的不是衣冠楚楚的现代派红人，就是温文尔雅的古典派名人，当然其中也不乏附庸风雅的谄媚之辈。不过，花时间参加这些聚会的确也带来了诸多好处。我会遇上很多与我志同道合的人，遇上很多之前我做梦都想见到的人，也会遇上一些我此前社交圈子里从未涉及的领域中的人，他们都会为我带来令我眼前一亮的思想。我经常会遇到一些我仰慕已久并熟悉其作品的人物，他们在后来都成了我的合作者与批评者。我永远不会忘记，我意外地收到了一封来自斯皮罗·马克利达基斯关于马氏竞争（参见本书第十章）的邮件，还收到了一封来自乔恩·艾尔斯特的邮件。艾尔斯特是一位罕见的博学的学者，他将古人的智慧融到了现代社会的科学思想中。我还见到过多名小说家与哲学家，比如路易斯·德·伯尼尔斯、威尔·塞尔夫、约翰·格雷（哲学家格雷，不是心理学家格雷）以及罗德·马丁·瑞斯，他们的作品我都曾拜读过。在见到他们时，我有幸听到了他们对我作品的评价。

---

① 雷曼兄弟公司是一家硬件条件奢华的金融机构，于2008年金融危机时突然破产。

就这样，通过朋友圈子、咖啡、甜点、红酒和机场的安检线，我得以领教口头交流的魅力，我逐渐懂得，与人交流的力量远比书面交往更为强大。有些人在面对面时讲的话永远不可能体现在书面文字上。我遇到了鲁里埃尔·鲁比尼。（据我所知，鲁比尼是唯一一位真正预测到2008年经济危机的职业经济学家，也许也是经济危机方面唯一一位真正独立的思想家。）同时，我还认识了许多我从未谋面的各行各业的人士，比如迈克尔·斯彭斯和巴克利·罗瑟这两位从科学意义上讲真正优秀的经济学家。同时，皮特·贝弗林与耶切茨科尔·齐尔博尔也不断向我提供我所需要的信息，前者主要向我提供生物学方面的资料，后者主要向我提供认知科学方面的资料。就这样，他们使我学会了正确地思考。

我一直在与许多人保持着交流。我有一个疑问，那便是我仅发现有两个人可以在长途漫步的时候进行对话，他们是斯皮罗·马克利达基斯和耶切茨科尔·齐尔博尔。多数人散步时都会走得很快，他们错误地将散步当作一种锻炼，而不懂得散步时应当保持缓慢的节奏，直至忘记自己是在散步。我真想整日待在雅典（斯皮罗生活的城市），沉浸于自己最陶醉的街头闲荡。

## 我的错误

当然，读者对本篇仍会字斟句酌。在看过一些消息和报告之后，我并没有觉得有必要对第一版做什么删节或改动（除了排版错误和小的疏忽），仅有两件事情除外。首先，乔恩·艾尔斯特指出了我的一个错误。我曾经写过，叙述性的错误遍布历史研究，因为我认为，预言与伪造绝对不会证实历史。艾尔斯特对我解释说，有时候，历史理论的确会避免叙述性错误，并遭受经验主义的拒绝。这时，我们会发现有关的资料或考古遗址产生出能够对抗某些叙述的信息。

因此，关于艾尔斯特提到的这一点，我意识到，阿拉伯思想的历史并不完全可靠，我已经陷入了置过去历史中的不断变化于不顾的怪圈。同时，我还意识到，过去在很大程度上同样是一种预测。我意外地发现，自己喜欢上了有关阿拉伯哲学的书籍中的传统智慧，这一智慧与现行的资料叙述充满了矛盾。我曾经夸大了阿威罗伊与阿–伽扎里之间辩论的重要性。像所有其他人一样，我认为，这首先是一件了不起的事情，其次，这对阿拉伯哲学家是毁灭性的打击。这成为最近被一些学者（比如迪米特里 · 古塔斯和乔治 · 萨利巴）所解开的诸多误解之一。将阿拉伯哲学理论化的人多数都不懂得阿拉伯语言，因此他们（比如里奥 · 施特劳斯）想象了很多细节。为此，我感到颇为羞愧，因为阿拉伯语是我的母语之一，而我现在却在引用不懂阿拉伯语的学者（他们过于自信，然而却并不博学）不知从哪里搞来的资料。我深深赞同古塔斯关于确认偏误的观点："看上去，人们在一开始总是对阿拉伯哲学存有偏见，从而只关注能够支持他们偏见的信息，并且在不经意间证实了这一偏见。"

再次提醒读者，我们要慎重对待历史。

## 强大与脆弱

《黑天鹅》一书完稿之后，我曾经一度因我在第十四章中提到的某些体系的脆弱性的问题陷入了沉思。这次深思使我相信，银行体系是即将产生的诸多问题的根源。在第六章中，我用一则老年大象的故事阐述了最年长的老师是最好的智慧老师的道理，这是因为最年长的老师阅尽沧桑，很多经历与认识都是我们的认知层次所不能企及的。正因为他们具备这些谋生本领，才使得他们能够在一个我们难以想象的复杂世界中生存下来。因此，岁月的沧桑意味着对黑天鹅更高程度的抵御能力，尽管那则关于火鸡的故事说明，年纪越长便意味着越可靠，但年纪越长却不一定越好。不过，几十亿年的存在一定比 1 000 日的生存更具有说服力。毫无疑问，我们周围最古老的系统便是大自然。

从某种程度上，这是后古典时代的黎凡特地区的医学经验主义者（比如尼科米底亚的美诺多托）经验主义观点背后的理由。这些医学经验主义者是唯一否认现实世界中的怀疑与决策的人，同时也是唯一将哲学应用于所有需要之处的人。他们建议用最简短的解释与理论记录最复杂的现实，描述现实时避免究其原因，拒绝事物的一般性。他们对理论知识的视而不见得到了中世纪学者们的进一步发挥，这些学者们推崇更加外在的学识。对历史的简单记录缺乏一种哲学或科学精神。在当时，即便是哲学，较之现在更像是一种决策智慧，这种智慧当时被应用在了医学中，“医学是哲学的姊妹”。[①]

将只重特例而不重普遍规律的做法置于一边才能使知识规范化，这也是学者们一直以来所致力的目标。当然，对于经验与年纪（过多的特例积累），比如拥有哲学博士学位的约翰博士，也要给予适度的宽容。这在古典物理学中可能会行得通，但在更复杂的领域却不可以。在医学历史上，这一点夺去了无数病人的生命，特别是在临床医学诞生之前。同时，在社会领域，这一点也造成了诸多损失，特别是在当下时刻。

上了年纪的老师所教导你的核心点，是要使用虔诚的字眼与教义（你不需要理解却需要践行的规则），而不是福音布道的要旨（你能够理解并且使你具备明确目的性的规则）。

显然，大自然是一个复杂的系统，她拥有错综复杂的关系网与非线性

① 经验主义并非不讲求理论、信仰与因果。经验主义是要避免经验缺失，其对于你将犯的错误有着预置的偏见。面对一系列事实或数据的经验主义者不会放弃信仰（这便引发了经验主义与更为古老的怀疑论之间的渊源），而其他人会选择放弃特性化或理论。根本的观点在于避免确认偏误（经验主义者倾向于选择否证偏误，较卡尔·波普尔早了 1 500 多年）。

特征以及一个强大的生态体系。如果没有这些，大自然在很久以前便崩溃了。大自然是一位历尽沧桑的老人，但她却拥有超凡的记忆力。大自然这位老人永远不会患上阿尔茨海默综合征。实际上，有证据表明，即便是我们人类，只要饮食起居有度（少吃白糖、面包和白米），养生得体（少投资股票，少参与经济研究或者阅读诸如《纽约时报》之类的东西），也不会轻易地丧失大脑功能。

下面，我来概括一下我的关于大自然如何应对正面与负面黑天鹅事件的观点。在利用正面黑天鹅事件方面，大自然要远远胜过我们人类。

## 冗余保险

大自然喜欢冗余，冗余有三种形式。第一种是防御性冗余，这是最容易理解的。这是一种保险型的冗余，能够确保你在困境下依靠充足的备件生存下去。看一下我们人类的身体，我们拥有两只眼睛、两个肺、两个肾，甚至两个大脑（公司高管人员可能除外），在多数情况下，这些器官的功能远远超过我们的实际需要。因此，冗余就意味着保险。

冗余的对立面是天真的优化。我会告诉每个人不要去参加一些所谓正统的经济课，并告诉他们经济会使我们垮掉。（我们将会看到，我们有证据证明经济会搞垮我们。但是，正如我在书中所提到的，我们并不需要这些证据，我们需要看到的是科学严谨性的缺乏和道德的缺失。）之所以如此，是因为这在很大程度上依靠天真优化的观念。这一观念由保罗·萨缪尔森进行了数学化处理（拙劣的），这一数学行为为具有错误倾向的社会的建立做出了贡献。经济学家会认为，两个肺与两个肾的效率并不高，他们会考虑这些器官的物流成本。这种优化最终会伤害到你。同时，如果我们的大自然由经济学家来控制，那么我们便会被省去一个肾，因为我们并不是任何时候都需要两个肾。更为“有效”的做法是将自己的肾脏卖掉，而仅在有需要的时候使用公用肾。并且，你可以在夜间出租你的眼睛，因为你在夜间做梦时并不需要它们。

在传统经济学中，当你改变一个参数，或者随机设定一个参数的时候，几乎每一种主要观点在某种假设的修正之下都会站不住脚。我们在术语中将此称为随机化。这便是对模型误差的研究以及对变化结果的细查（我现在的正式学术专业是模型误差或者“模型风险”）。比如，如果一种风险模型假设研究中的随机类型来自平均斯坦，那么这种模型将会无视巨大差异的存在，并催生无视巨大差异的诸多风险。同样，风险管理也难以完美无缺。因此，我在描述房利美（现已破产）时使用了“坐在火药桶上”的比喻。

让我们看看关于模型误差的另外一个负面的例子：据说是由里卡多发现的以全球化为大背景的比较优势的观点。这一观点认为，国家，应当像一位顾问所说的那样，致力于“它们最擅长的事情”（更为确切地说，是抓住每一个稍纵即逝的机会）。因此，一个国家应当专门制造红酒，另一个国家应当专门生产衣服，尽管二者都具备能力既制造红酒，又生产衣服。然而，如果情况发生变化该如何呢？如果红酒价格发生波动，那么生产红酒的国家该如何去做？关于此假设（假设红酒价格是随意波动并且能够经受极端斯坦类型变化的），只是一个小小的变动便会使我们得出与里卡多截然相反的结论。大自然并不鼓励过度专门化，因为这样会限制进化，削弱动物的生存能力。

正因为如此，我发现，目前关于全球化的观点（比如记者托马斯·弗里德曼所推崇的观点）过于天真，会对社会造成极大的危害。全球化看上去会带来高效率，然而杠杆不同部分之间的交互作用会使某个点产生裂隙，从而影响整个体系，结果就像是许多脑细胞同时崩溃而引发大脑癫痫。而我们知道，运作机制复杂的大脑体系并没有达到“全球化”的程度。

关于债务，也是如此。债务会使我们陷入脆弱，特别是当我们从平均斯坦进入极端斯坦时。现在，我们在商业学院中学会了借款（教授同样讲解过属于伪科学的高斯钟形曲线），这有悖于所有的历史传统，当时，地中海文化已经形成了一种反对债务的共识。有一句谚语叫作“无债一身轻”。从经济大萧条时代走过来的年长者都将债务看作冗余，他们会建议我们以现金形式存下几年的收入，然后再进行一些风险投资，这正是我在第十一章中提到的杠铃观点：一个人在风险投资的同时保持高比例的现金存量。如果银行都这样做，那么历史上便不会发生银行危机。

我们有来自巴比伦人关于债务是恶魔的观点的资料，地中海地区的人也有避免债务的传统。这使我相信，宗教与传统的目的之一便是实施强制禁止，从而保护人们免受自身认知自大的伤害。原因何在？债务是一种暗示着未来的砝码，它对未来的可靠程度起着至关重要的作用。如果你借来 100 美元并投资于一个项目，那么如果你的项目失败，你将欠别人 100 美元（如果你的项目成功，你的情况会好很多）。如果你对未来过于自信，并且忽视黑天鹅现象（实际上我们每个人都是如此），那么债务对你来讲就是一件危险的事情。由于人们（特别是政府）都是根据预测实施借贷行为（或者把预测当作借债的认知理由），因此预测是有害的。我写完《预测的流言》（看上去能够满足心理需求的虚假预测）之后，又写了《债务的流言》——借贷会使你在预测错误时更加脆弱。

## 大，便是丑陋和脆弱

大自然并不喜欢过大的东西。陆地上最大型的动物是大象，大象之所以大，有它自身的原因。如果我射杀一头大象，我可能会坐牢，也会被我的母亲所不齿，但我却很难撼动大自然的生态。另一方面，我在第十四章中关于银行的观点（如果你去抢银行，我会“对结果的严重性不寒而栗”，

“一家银行倒下，其他银行也会相继倒下”）后来被一系列事件所印证：2008年9月，雷曼兄弟公司这家银行破产，随即使整座金融大厦倾覆。大自然不会限制不同实体之间的交互作用，而只会限制其成员的大小。（因此，我的观点并不是要停止全球化，取缔互联网。我们会发现，一家公司规模做大时，政府应停止对其实施帮助转而扶助小规模的公司，这样会更利于稳定。）

人造机构不能发展得过大还有另外一个原因。“规模经济”这一概念——随着规模的扩大，公司的经济成本降低——从表面看是促进公司规模扩大与兼并活动的因素，这一概念在集体意识中颇为流行。由于众所周知的原因，人们会持续致力于这些兼并。这对公司本身来说没有什么好处，却对华尔街的红利好处多多。同时，公司规模的扩大对公司CEO也是一件好事。我发现，当公司规模扩大之后，尽管它们看上去效率提高了，但同时它们对外部偶发事件的抵抗能力却更弱了，这些偶发事件便是现在众所周知的“黑天鹅”了。大家都想当然地认为，规模大了便会更稳定，殊不知公司规模的扩大只是迎合了华尔街分析师们的胃口。华尔街的分析师们会敦促公司出售多余的那只肾脏、冒着风险提高公司的每股收益率并提高公司的盈亏底线。然而这样做，最终只会导致公司的破产。

查尔斯·塔皮罗和我已经从数学角度发现，某些不能预见的错误和波动对于大规模机构的杀伤力要远甚于对小规模的机构。在本书中，我们对这一规模的社会成本进行了计算。不要忘了，公司破产时，公司的员工也将成为牺牲品。

政府的问题在于，它们倾向于支持那些脆弱的机构，因为这些机构规模较大，还因为政府中有一帮说客，他们道貌岸然，大肆宣扬，深为巴斯夏所不齿。就这样，大公司得到了政府部门的支持，其规模便进一步扩张，并因此也变得更为脆弱。在某种程度上，政府对卡尔·马克思和弗里德里克·恩格斯的理论深为推崇。对于那些理发店等小规模的经营实体来说，它们通常会因为受不到关照而最终销声匿迹。他们需要保持高效率，并且遵守大自然的规律。

## 气候变化与“大规模”污染

有人经常向我询问如何运用黑天鹅的观点以及我对决策的研究成果应对气候变化的问题。我建议采取的态度是顺从大自然的智慧，因为大自然比我们更具阅历，智商更高，其智慧甚至要高过科学家。对于大自然，我们永远不能完全参透——我并不信任现在预报气候变化的模式。在第十一章中，我们讲过因洛伦茨使用天气预报模式而进入人们视线的所谓的蝴蝶效应，现在我们正面对来自这一蝴蝶效应的错误放大。差之毫厘往往会导致失之千里。

污染问题已经困扰人类多年了，它对环境形成了严重的破坏。然而，现在运用这些复杂预报模式的科学家们却并不阻止我们冒着环境污染的风险（这些科学家正如经济领域的“风险专家”一样）——正是这样的一群科学家目前在为我们人类解决问题。但是，对于我所建议的模式的怀疑，并不能形成反环境保护论者和支持市场的宗教激进主义者们支持的结论。正相反，我们需要激进的自然资源保护者，因为我们现在不知道罪魁祸首在哪里。这是在无知和认知不透明条件下的一种稳妥做法。对于那些认为“我们没有证据证明自己在危害大自然”的人，最好的回应是“我们同样没有证据证明自己没有危害大自然”。证明这一点不是生态资源保护者的责任，而是破坏原有体系者的责任。同时，我们也不应当一味“纠正”已经发生的损害，因为这可能会导致我们现在尚未意识到的另外的问题发生。

基于损害中的非线性（假设危害随着爆发次数的增长不成比例地增长），以及与引起我反对“过大规模”理念的同样的数学推理，我想出了一个现实的解决方法，那便是通过污染物质传播危害（我们应该去污染吗）。下面，让我们来做一个思维实验。

第一种情况：给病人一剂氰化物、毒芹或任意一种毒药，假设这些毒药的毒性相等，并假设在这一实验中不存在超级可加性（没有协同作用）。

第二种情况：选择 10 种毒药，并向病人提供每种毒药的 1/10 剂量。

很明显，我们能够看到，通过散播毒药，第二种情况最坏的结果是与第一种情况同样有毒（如果所有的毒性物质作用原理相同），最好的结果则会接近于对病人无毒。

## 物种密度

大自然不喜欢过多的连通性与全球化（生物学的、文化的或者经济的）。本书给我带来的特权之一是见到了内森 · 梅尔沃德。我真希望再克隆几个梅尔沃德，一个放在纽约，一个放在欧洲，一个放在黎巴嫩。后来，我不断与梅尔沃德见面，每次见面都会使我产生一个伟大的想法。或者说，他那更具智慧的大脑能够帮助我重新发现自己内心深处的思想。因此，我很乐意与他合写下一部书。问题在于，与斯皮罗和那些少数几个人不一样，梅尔沃德在走路时从来不与人交谈。

梅尔沃德使我懂得了另一种解读和见证全球化如何将我们带入极端斯坦的方式：物种密度的概念。简单来讲，大范围的环境较之小范围的环境更容易衡量，因为大环境中强大者会更为强大，其代价便是弱小者的牺牲，其作用机理便是我们在第十四章中看到的优先附属机制。有证据证明，面积较小的岛屿较之较大岛屿以及大陆，其每平方米所拥有的物种数量反而更多。我们在地球上走的地方越多，得流行病的概率便越高，因为我们身体里会形成由几种细菌统治的局面，它们的繁殖较之其他细菌更为迅速。文化生活的主宰者往往是少数人。公司的规模将会变得越发不均等，时尚会变得更加风格强烈，银行业中也会存在不平等。

再次强调，我并不认为我们需要阻止全球化进程和人们的旅行。我们只是需要考虑到它们的副作用并找到平衡——很少有人能够做到这一点。我发现，一种非常奇异的严重病毒有可能在地球上蔓延开来。

## 其他冗余类型

其他更为复杂和微妙的冗余类型能够说明大自然是如何运用有益的黑天鹅现象的（对于负面的黑天鹅现象也有另外的办法）。在此，通过对不确定性的调整，我将对此进行简短讨论，因为这一点已经滞后于我对黑天鹅现象的运用工作。

生物学家们所研究的功能性冗余与机构冗余不同，它指的是同一种功能经常能够由两种不同的结构来完成。有时，会用到退化一词（杰勒德·埃德尔曼和约瑟夫·加利使用过）。

还有另外一种形式的冗余出现于一个机构能够被用于实施某种不是其核心功能的功能时。在史蒂文·杰伊·戈尔德的文章提出这一观点后，我的朋友皮特·贝弗林将其与“圣马可拱肩”联系在了一起。位于威尼斯圣马可大教堂拱门之间的必要空间造就了现代审美学的精髓。在“拱肩效应”中，某种适应形式的辅助分支会引发一种新的功能。同时，我还认为，这种适应具备一种潜在的功能，这一功能可以在适当的环境条件下发挥作用。

诠释这一冗余的最好方式是科学哲学家保尔·费耶阿本德多彩的生活经历。费耶阿本德因为一次事故而终身阳痿，然而他却结过四次婚。他生性风流，与多名有夫之妇有过瓜葛，甚至还包括他学生们的伴侣（在那个时代，教授都享有某些特权，特别是风光无限的哲学教授）。就这样，身患阳痿的费耶阿本德却同样情场得意。因此，一定是他身上的其他魅力使他能够博得女人的欢心。

大自然为人类创造嘴的初衷是吃饭，也可能是为了呼吸和其他有关于舌头的辅助功能。然而，随后出现的关于嘴的功能看上去却与大自然的初衷毫不相干。有人将嘴和舌头用于接吻，费耶阿本德则可能开发了更多功能。

在过去的3年时间里，我深深地觉得，在认知局限的情况下（关于将来的不透明性），如果没有这些冗余形式的存在，人们便难以取得进步，甚至难以生存。在今天，你不会懂得明天需要什么。这与我们从阅读亚里士多德作品中得到的目的论观点有着严重的冲突，亚里士多德的这一思想奠定了中世纪阿拉伯-西方思想的基础。在亚里士多德看来，一种东西一出现，便具备由其设计者所赋予的明确目的性，眼睛是用来看的，鼻子是用来闻的。这是一种理性主义的观点，能够验证柏拉图主义思维模式。然而，不用额外支出便拥有第二种功能的任何事物，都会为我们带来更多的机遇。拥有众多辅助功能的东西会从环境任意性和认知不透明性中受益匪浅。

以阿司匹林为例。40年前，阿司匹林主要用于退热。后来，人们又将其用于止痛和消炎。现在，阿司匹林主要被用于疏通血管、防止心脏疾病的发作。几乎所有药物都像阿司匹林这样，其主要被利用的是其次级功能。

我的办公室有些与众不同（我将功能与美学区分开来）。办公桌上，笔记本电脑打开着放在一本书上，我通常喜欢让屏幕与键盘之间存在一定的倾斜角度。这本书是安德烈亚斯·萨乐美（尼采和弗洛伊德的朋友）的一部法语自传。我可以毫不掩饰地承认，我从未读过这本书，我之所以将其摆在办公桌上，是因为它的确够厚。我觉得，认为书只是用来读并可以由电子版来取代的观点是愚蠢的。我们可以想象一下书给我们带来的功能性冗余，仅靠电子文档难以给别人留下深刻印象，也难以给自己打气。目标似乎拥有一种看不见但意义重大的辅助功能，这种辅助功能我们难以觉察到，但它们却可以充分发挥自己的作用——有时候，如同书籍的装帧那样，辅助功能成了主流。

因此，当你面对诸多功能冗余时，随机性便会有助于平衡性，但需要一个前提条件——那便是你从随机性中获得的利益要远大于你因此而受到的损害。对于许多工程设计来讲存在同样的情况，那便是一种手段往往来自其他手段。

目前，我正潜心于对药学史的研究。药学发展深受亚里士多德思想的影响，古罗马医生盖伦的理性主义方法造成了很多病人丧命，尽管如此，医生们仍认为盖伦的这些方法能够治愈人们的疾病。一般人都认为，人们都喜欢明确的目的，而不愿意面对不确定性，即便这种不确定性能够带来某些益处。对于研究来讲，其本身以及其设计和资金筹措的方式看上去是有目的性的，其致力于获得精确的结果，而不是寻求最大程度的枝节。

对此，我还有一种叫法，叫作可选择性，因为我们还可以选择从随机性中获得免费的东西——不过我还没完成，这只是半成品。这种来自第二种类型随机性的进步便是我称为“修补”或“随性修补”的东西，这也是我下一本书要讨论的课题。

### 没有区别的差异，没有差异的区别

没有区别和差异是复制的另外一种好处。在本书中，我着力于研究各种形式的不确定性、运气、随机性，以及适用简单可预见性标准的偶发事件之间缺少的实际区别。可能性达到让人相信的程度，是人们下赌注的前提，或者是一种与真正的随机性有关的更为客观的东西（后面称为“本体”）。在著名的决策管理大师歌德·吉仁泽看来，伦敦“明天有50%的概率下雨”可能是指明天有半天时间降雨，而在德国，这意味着有一半的专家认为明天会下雨，在布鲁克林的博彩市场，这又意味着有人会因为明天下雨而投入50美分赢得1美元。

对于科学家来讲，对可能性采取的措施是相同的。我们使用同一方程式来描绘一种可能性分布，不管这种可能性是一种信任程度还是由宙斯（人们所认为的主宰者）发明的某种东西。对我们来讲，对可能论者（在科学环境下依靠可能性工作的人）来讲，一个事件的可能性无论如何定义，都只是居于0至1之间的某个数值。给予它更多的名目和符号只会分散我们的注意力，并妨碍分析结果从一个区间转移到另一个区间。

对于哲学家来说，这完全是另外一码事。我先后与分析哲学家保罗·博格西昂吃过两次午餐，第一次是在《黑天鹅》第一版完成之际，第二次是在本篇完成时。在第一次午餐谈话时，博格西昂说，从哲学角度讲，将一个人信仰的理性程度与世界上的事件属性联系在一起是错误的。对我来讲，这意味着，对于各种形式的可能性，我们不能使用同样的数学语言（比如符号p）以及同样的等式。对于他的观点是否正确，是否是一个好的冗余，我足足迷茫了3年时间。后来，我又一次与他共进午餐，这次的餐馆档次更高了，气氛也更热烈了。

他向我提到了一个哲学家们经常提到的说法：没有区别的差异。后来我便意识到，有些区别是哲学家用以获取哲学上的意义的，但这些区别通常并没有实际意义。然而，你如果深究下去，会发现这些区别还是必需的，因为在环境发生变化时，它们会产生实际意义。

然后我们再来看一下它的对立面：没有差异的区别。这的确会给人造成严重的误导。人们使用的“衡量”这个词，既可以用于测量桌子的长度，也可以用于评估风险的大小。然而，第二种情况下指的是一种类似于预测的行为。“衡量”一词带有一种知识的错觉，这种错觉会给人造成极大的误解：我们会发现，对于一些常用的词语和事情，我们在心理上会感觉十分脆弱。因此，如果我们在测量桌子长度时使用“测量”一词，而在衡量风险时使用“评估”一词，那么我们便不会在黑天鹅事件中遇到更多的失败案例。

在历史上，词语混用的情况十分常见。在某段历史时期，拉丁词语felix（源自felicitas）同时被用于指某人很幸运以及很幸福。（在古文中，幸福和幸运被融合在一起是有道理的：女神Felicitas既代表着幸福，又代表着幸运。）英语中的luck（幸运）一词来自德语中的glück（幸福）。古代的人认为对幸福与幸运做出区分是没有意义的，因为他们认为所有幸运的人看上去都很幸福（他们没有认识到，很多幸福的人并没有多么幸运）。然而在现代文体中，我们需要将幸运从幸福中区分出来，从而能够在做出决定时进行心理分析。（诚然，仅凭人们在随机环境中做的决定便将幸运与幸福区分开来是十分困难的。人们会由于过分害怕自己遭遇不幸而花大价钱购买保险，这反而会使我们错误地认为，他们相信逆境更可能出现。）因此，我们可以看到，这种精确性的缺失使得古人的语言令我们感到迷惑不已。然而，对于古人来讲，区别是一种冗余。

## 对错误有充足抵抗力的社会

下面我简要讨论一下2008年的金融危机（此次危机发生于《黑天鹅》出版之后，它绝对不是一个黑天鹅事件，而只是许多体系建立在对于黑天鹅事件的无知之上，而且拒绝承认黑天鹅事件而形成的脆弱性导致的结果。我们几乎可以肯定地认为，一名不合格的飞行员迟早会导致飞机失事）。

为什么是简要讨论呢？首先，本书并非经济学类书籍，而只是描述知识不完整性以及高冲击力不确定性的效果——看上去，经济学家是地球上对于黑天鹅事件最熟视无睹的人。其次，我喜欢在事情发生之前发表自己的看法，而不是之后。然而，普通人群对于前瞻与回顾却分不清楚。那些没有预先发现经济危机来临的记者、经济学家以及政治家们则在大肆分析经济危机的不可避免性。还有一个原因是2008年金融危机对我来讲并没有很大的学术吸引力，因为这一金融危机中发生的事情之前都发生过，只不过规模小一些而已（比如，1982年的银行业危机）。对我来说，这只是一个金融上的机遇而已，这点我还会在后文中提到。的确，我重新读过自己的书之后，并没有发现任何需要增加的内容，因为历史上我们已经经历过了一切。是的，一切。

结论是显而易见的：2008年的金融危机没有任何新的内容，我们不会从中学到任何东西，并且这样的错误在将来还会重犯。在本篇中，我们会看到关于这点的证据：国际货币基金组织继续发布预告（他们并没有意识到，之前的预告没有起到作用，那些依赖于他们的可怜人将再一次陷入困境）；经济教授们仍然使用高斯曲线；目前就职于政府部门的人都在将模型错误引到工业中，从而使我们较之过去任何时候更依赖于模型。[①]

然而，这场危机却说明了我们迫切需要稳定强健的体系。这一点非常值得我们讨论。

在过去2 500年的历史中，只有傻瓜和柏拉图学派的人们（或者是更为恶劣的中央银行支持者）相信过人们梦寐以求的乌托邦理想。在第十章中，我们看到，我们不应当通过货币政策、补贴等手段在社会与经济生活中纠正错误和消除随机性，我们只需要使人类的错误与失误不再蔓延，就像大自然所做的那样。降低易变性和普通的随机性会提高黑天鹅事件发生

① 显然，由于不理解极端斯坦的结构、复杂的体系以及潜在的风险，全球的经济事业似乎都一无是处，而全球的经济事业牵扯到的大约100万人仍整日忙于经济分析、规划、风险管理和预测。

的概率——这会人为创造出一种静谧。

我的梦想是建立一个真正的理想国——一个没有专家错误、预测错误、骄傲浮躁的社会，一个能够抵制政治家、经济学家、银行家、政策研究者和流行病学家的社会。我们无法使经济学家更加科学，无法使人类更具备理性（不管这意味着什么），也无法使时尚消失。只要我们能将有害的错误分解出来，那么解决方法便很简单，这点我们会在第四象限中看到。

因此，我现在正左右为难。一方面，我希望能够在欧洲的小饭馆里陷入沉思，或是找一位能够在漫步时交谈的朋友在美丽的城市景色中谈心；另一方面，我感觉自己应当多与无趣的人交谈，将自己沉浸在无美感的媒体世界的不和谐中，去华盛顿的大街上亲眼看一看那些西装革履、道貌岸然的家伙，尽量做到坦然以对，通过克制自己的不满来捍卫自己的观点，从而使自己能够实施激进主义行动，以更进一步造福于我们的社会。事实证明，这对我的学术生命造成了极大的破坏。然而，我自有办法。办法之一是避免听取记者的问题，在回答时遵循自己最近的思路。结果，令人振奋的是，无论是记者还是公众，都没有注意到问题与答案之间并没有什么关系。

有一次，我被选入一个由 100 人组成的团体，并前往华盛顿进行为期两天的讨论，我们的目的是试图找到能够解决始于 2008 年的金融危机的方法。这些人中不乏各界知名人士。会议进行了一个小时之后，澳大利亚总理进行发言，我却由于难以继续承受而走出了会议室。看到这些人的面目，我便会感到悲痛不已。问题的关键就在于他们中没有人能够看到问题的关键所在。

这使我相信，这个世界只有一种独一无二的拯救方法，那就是按照一个非常简单的方向去设计，让世界对黑天鹅事件具有强大的抵抗力——否则这个世界一定会“爆炸”。

就这样，我又回到我的图书馆，过上了清闲的日子。在这里，我没有任何挫折感，我不在乎那些预言家们如何大放厥词，我甚至不会因那些愚人的行为而感到烦闷。这也许要归功于另一项与研究复杂体系、极端斯坦和长途漫步科学的特殊应用有关的发现。

## 为什么我总会散步，或者说体系为什么会变得脆弱？

### 另外几个杠铃

由于本书受到的关注度，我得到了复杂体系的认可。这一观点来自两名健康作家以及几名将随机性和极端斯坦的概念纳入我们对节食与锻炼的理解当中来的人。令人感到好奇的是，第一个人阿特·德·万尼同时也研究过电影中的极端斯坦（第三章）。第二个人道格·麦考夫是一名内科医生。他们二人都善于讨论健身话题，特别是阿特，他在 72 岁时看上去还像是 42 岁的希腊天神。同时，他们二人在各自的作品中都提到过黑天鹅的观点。

然后，我便有了一个令自己羞愧难当的发现。我的前半生一直在就随机性进行着思考，我写过三部关于随机性的书（其中一部是从学术角度写的），我像一名研究领域横跨数学随机性和心理学随机性的专家那样锐意进取。然而，我却忽视了最关键的一点：活的有机体（无论是人体还是经济）需要可变性和随机性。更为重要的是，它们需要极端斯坦类型的可变性和某种极端的应激物。否则，它们会变得脆弱不堪。我彻底忽视了这一点。[①]

---

① 应激物与能够毒害有机体的毒物暴露之间存在一个区别，这点类似于我在第八章中通过一个老鼠的故事讨论的辐射问题。

借用马可·奥勒留的比喻，有机体会将障碍物转变成燃料——像火那样。

由于文化环境以及自身教育经历的影响，我想当然地认为，有规律的锻炼和科学进食有益于人体健康。但是，我却没有意识到，自己已经陷入了理性主义的争论。更为严重的是，尽管我的头脑中储存着大量的事实，但我仍被洗脑了。

从捕食者–被捕食者模式（所谓的洛特卡–沃尔泰拉人口动态模型）中，我发现，人口会经历极端斯坦形式的可变性，因此捕食者一定会经历食物丰盛期，也一定会经历饥荒期。这就是我们人类，造物主将我们打造得具备经受极端饥饿与极端富足的能力。因此，人类间歇性的进食习惯是一种被迫的选择。那些支持一日三餐和适度饮食的人中，没有哪一位曾经验证这样的饮食习惯比饥一顿饱一顿的饮食习惯更健康。[①]

然而，近东信仰（犹太教、伊斯兰教和东正教）却支持这种做法——正如他们知道避免债务的必要性一样——因此他们便有了斋戒日。

我还知道，从某种程度上讲，石头与大树的尺寸是不规则的（我在第十六章中写过这一点）。我们的祖先在大部分情况下只需要拿起较小的石头，也许每10年他们仅有两次需要搬起巨型石块。因此，这一“经常性”练习的观点来自哪里呢？在更新世时期，没有人会每周3天慢跑42分钟，没有人每周二和周五会在气势汹汹的私人教练的指导下练习举杠铃，也没有人在每星期六上午11点打网球。我们会在不同的极限之间摇摆不定：我们会在追别人或被别人追的情况下快跑（有时会拼命地跑），却在其余的时间里漫无目的地漫步。马拉松是现代的一种乏味的运动（特别是在没

① 这里面有一个社会科学尺度的问题。科普作家加里·陶布斯使我相信，大部分饮食建议（关于降低食谱中的脂肪含量）与证据都是不符的。对于人们不经过经验判断便怀有对自然事物的信仰，我可以理解，而对于怀有与自然和科学根据相抵触的信仰，我却难以理解。

有精神激励的情况下）。

这是杠铃战略的另一项应用：长时间尽情地休闲。有关数据显示，长距离的散步与高强度的锻炼结合起来，其结果要远胜过跑步。

我这里所指的并不是大家在《纽约时报》健康专栏中读到的“闲庭信步”，我指的是一种不费力的步行。

另外，我们需要考虑一下能量消耗与吸收之间的负面关系：为了避免饥饿，我们狩猎，而狩猎时我们又不吃早饭，从而使狩猎加剧了我们的能量消耗。

如果你去掉了有机体的应激物，你便会影响到它的实验胚胎学和基因表达——通过与环境的接触，有些基因会发生向上（或向下）的调整。如果一个人平时不面对应激物，那么当遭遇应激物时，他便难以生存。我们可以想象一下，一个人在床上躺一年之后他的体力会如何，或者如果一个在清新自然环境中长大的人突然置身于充满各类交通工具的东京又会怎样。

我为什么用到了进化论呢？这并不是因为进化的最优性，而完全是出于认识论的原因，用一个不透明的随意链接和复杂的交互作用，我们如何能够应付一个复杂的体系呢？大自然并不是完美的，也没有证据表明大自然比人类更聪明，但大自然一定比生物学家更聪明。因此，我的做法是将基于证据的调查研究（不管那些生物学理论）与大自然较之任何人都更具权威这一理论结合起来。

后来，我便致力于极端斯坦生活方式的研究：在令人激动的城市环境中漫步与思考，偶尔小跑上一段，跑的时候我会想象自己正手握棍棒追赶银匪[①]罗伯特·鲁宾，试图将他抓住后绳之以法。我会来到任意一处举重场所，进行一次彻底的随机测试——一般是在酒店里。像灰天鹅事件一

① 银匪（banster）即银行界的流氓、强盗。——编者注

样，这些事件很少发生，但在一天的半饥饿状态过后，却使我筋疲力尽。然后，我会在数周时间里无所事事，整日在咖啡店里闲坐。甚至连测试的时间都是随意的，多数情况下都很短，不超过 15 分钟。我尽量使我的测试充满乐趣。我对体育馆的员工彬彬有礼，尽管他们认为我的测试“不可理喻”。同时，我还使自己处于一种冷热变化的状态，偶尔不穿外套便在大冷天外出。由于环球旅行和飞行时差的原因，我经常会在长时间不睡之后大睡一觉。每当我来到美食之都（比如意大利），我便会去知名餐馆放开肚皮大吃一通，令那些肥头大耳的吃客都自愧不如。然后，我便会连续几顿不吃饭，倒也没什么事。在度过了两年半时间看上去“不健康”的生活方式之后，我却发现自己的诸多身体指标发生了显著的改善——多余脂肪消失，血压恢复正常，思维更加清楚敏捷等。

因此，问题的关键在于用时间的延续换来强度的增加，从而获得享受。请大家回想一下我在第六章中提到的关于享乐的原因。人们更愿意突然性地失去很多，而不愿意循序渐进地失去少量；人们在痛苦到一定程度后，会变得麻木。因此，不愉快的经历（比如在新泽西逗留）越集中、越浓缩越好。

看待黑天鹅观点的另外一种方式是：传统的热力学会产生出高斯变化，而信息变化则来自极端斯坦。让我来做一下解释。如果你将自己的饮食与锻炼仅仅看作简单的能量不足与过剩，以及热量的吸收与消耗，那么你便会将这一体系简单地看成一种随机和机械的关联。你摄取的食物与你的新宝马车耗费的能源相当。另外，如果你将食物与锻炼看作刺激新陈代谢信号的方式（通过潜在的代谢层叠与来自网络效应的非线性，以及递归关联），那么你便将面对复杂性以及随之产生的极端斯坦。食物与锻炼都会为你的身体提供有关环境中的应激物的信息。正如我一直所说的，信息随机性来自极端斯坦。医学陷入了一种运用简单热力学的怪圈，正如经济学家将经济看作一个充满着简单联系的网络一样。[①]无论是人类还是社会，事实上它们都是复杂的体系。

然而，这些有关生活方式的观点并不仅来自自我实验或者某一种庸俗的理论。所有结论都来自有真凭实据的调查研究。饥饿（或者短暂的体能欠缺）会增强人的体质和免疫系统，并会激活大脑细胞，甚至会削弱癌细胞和预防糖尿病的发生。现在的思维方式（某些程度上类似于经济学）来自与实验法研究的同步。我能够通过最少的努力重新创造出饥饿者生活方式的 90% 的利益，而不受现代生活方式的约束（我对大自然的景色已经产生了厌倦心理，我宁愿选择在威尼斯的犹太人地区散步，也不愿意在旅游胜地波拉波拉岛游玩）。[②]

通过同样的论据，我们可以降低经济生活中 90% 的黑天鹅风险……我们所做的只是取消投机性的债务。

我的现实生活中唯一缺乏的事情便是恐慌，它也许来自突然在图书馆发现一条巨蛇，或者在深更半夜发现经济学家迈伦 · 斯科尔斯全副武装地走进我的卧室。我缺乏生物学家罗伯特 · 萨波斯基所提到的一种叫作巨大压力的有利面的东西，持续低强度的压力要远远好于短暂的高强度的压力。

有人认为，我的健康受益于长距离的散步：我每周散步的时间为 10~15 小时（但是，没有人向我解释过为什么我速度很慢的散步还能算得上是锻炼）。还有人认为，我的健康来自我仅有的几分钟的快跑。正如我解释经济差异一样，在解释两个极端的不可分割性方面，我也存在同样的

---

① 恶人们运用于“随机漫步”的金融等式是基于热传导的。

② 有观点认为，平均寿命不到 30 岁的原始人意识不到这一平均值，平均寿命需要进行有条件的分析。许多人死于早年的伤病，还有许多人却一直健康长寿地生活着。这的确是一种“被随意性愚弄”的错误：在多变性存在的情况下依赖于“平均”的概念，从而使得人们低估了股票市场的风险。

问题。如果你受到剧烈的刺激，那么你如何将刺激和康复分离开来呢？极端斯坦存在两个极端——大部分的低影响度和小部分的高影响度。我们看到，能量消耗使得大量的观察失去了意义。

如果 100 万名作家中的一名卖掉了半数的书，那么实际上会有极多的作家一本书也卖不出去。

这是一种火鸡怪圈，后面我还会谈到：俗气的人（以及美联储的领导层）会误将低不稳定性期（由稳定化政策而引起）认定为低风险期，而不是转入极端斯坦的征兆。

不要过多地干预大自然给予我们的这样一个复杂的体系（我们的身体）。

## 谨防人造的稳定性

通过同样的推理，我们会看到，我之前提到的对不稳定性的恐惧会导致对自然的影响，从而使得我们在许多领域内更加脆弱。预防小规模的森林火灾会造成大规模森林火灾的隐患，不必要的滥用抗生素会使人类在面对严重的流行病时变得十分脆弱。也许，现有抗生素无法起作用的大规模的传染病将会在法航飞机上传播。

这使我想到了另外一件事情：经济生活。我们对可变性的厌恶、对秩序的渴求，以及我们对那些感觉所采取的行动，有助于规避严重的危机。故意增大某些东西（而不是考虑到其不能摆脱应激物而让其早些消失）会使其越发容易崩溃，这一点我已经通过黑天鹅的弱点证明了。2008 年的危机还告诉我们：美国政府（或者说是美联储）在此前的数年时间里一直致力于整治商业环节，从而使我们面临严重的分裂。这便是我对“稳定化”政策以及创造一个持久性环境的批评。下面，我将讨论一下看上去不能轻易被人们所接受的黑天鹅思想。

## 对牛弹琴

让我们重新开始。黑天鹅是关于结果认识限制的，包括心理学上（傲慢与偏见）以及哲学上（数学上）的单个或者集体的知识限制。我之所以说是“结果的”，是因为我们关注的是有力的极少发生的事件，事件离我们越远，我们便越难以预测，然而这些事件却越有力。因此，黑天鹅是关于某些领域内的人的错误，这些错误因长久以来的科学习惯以及不能给人带来更多知识的泛滥的信息而越发严重。这类问题由对于打着科学旗号行骗的人的依赖而引起，或者由对于那些平庸的科学家的依赖而引起。焦点并不在于关键地方出现了无用的东西，尽管在无关紧要的地方充当傻子并没有错。

### 信号理解中的主要错误

我将简要讲述一下解读本书观点会遇到的困难。令人惊讶的是，这些困难都是一些所谓的专业人士容易遇到的，而一般的读者却很少遇到这样的障碍。这些问题如下：

1. 误将黑天鹅事件（资本化的）看作逻辑问题。（英国知识分子容易犯此类错误，其他国家的知识分子由于不十分了解分析哲学，因此不会犯下这一错误。）①

2. 认为使用我们过去绘制的地图总好过没有地图。（没有绘图经验的人会过分依赖所谓的“专家”，甚至会轻信美国联邦储备银行的职员。）

这是最为奇怪的一种错误。如果飞机驾驶员使用亚特兰大机场的地图驾驶飞机飞往拉瓜迪亚（因为没有别的地图可选），那么我想将很少有

---

① 多数知识分子将黑天鹅的思想归于波普尔或米尔（有时候归于休谟）。

乘客敢于乘坐这架飞机。思维方式正常的人宁愿自己开车或乘坐火车，甚至干脆待在家里。然而，一旦卷入经济，他们都会选择在极端斯坦中使用用于平均斯坦的做法，因为“我们没有别的选择”。上辈的人都普遍接受一种观点，即一个人应当确定一个路线清晰的目标，而不是四处奔波地去寻找“最好”的路线，这种观点对于社会科学中的哲学博士来讲是不合适的。

3. 认为黑天鹅事件对于所有观察者来说都是黑天鹅事件。（不常在布鲁克林区居住以及缺乏街头智慧和社会智慧、看不到某些人的丑恶嘴脸的人所犯的错误。）

4. 不理解反面建议的价值（“不要做”）以及写信向我询问“建设性”意见或“下一步计划”的人。（大公司高管以及希望将来成为大公司高管的人所犯的错误。）[①]

5. 不理解无所作为较之做存在潜在危险的事情要好得多。（中年人或年轻人经常容易犯这一错误。）

6. 为我的思想贴上标签（怀疑、肥尾、能量法则），将这些思想与一些不适当的研究传统等量齐观。（美国东西两岸拥有大学学历的人会犯下这样的错误。）

7. 认为黑天鹅事件涉及的是使用钟形曲线的错误（这一点可能每个人都了解），并且认为错误可以通过用一个随机数字替代另一个而消除。（伪科学教授们经常犯的错误，比如肯尼斯 · 弗兰奇。）

8. 宣称“我们知道一切”以及“没什么新奇的东西”，然后便在危机

---

① 有一个人们经常困惑的问题：人们认为我是在宣扬人人都应当相信黑天鹅事件的发生。事实上我的观点是，一旦黑天鹅事件发生，人们不能泄气。我们会看到，一些人怀疑，人们是否可以赌一赌黑天鹅事件（比如尼禄、乔瓦尼 · 德罗戈以及那位拥有一位富有表哥的贫穷科学家）的发生。这些人对有关存在的原因（而不是必要的经济原因）做出了自己的选择，尽管这种策略的经济学对于集体有着很大的意义。

中破产。（同样是这些教授们所犯的错误，他们过去在华尔街工作，现在则一文不名。）

9. 误将我的观点认为是波普尔的歪曲观点，或者将我的观点融入一个事先准备好的范畴中。（社会学家、哥伦比亚大学政治科学的教授，以及试图成为多领域专家、从维基百科学习专门术语的人会犯下这样的错误。）

10. 认为可能性（或将来状况）可以衡量，就像是温度和你妹妹的重量一样。（在麻省理工学院获得博士学位后找到工作，现在不断阅读博客的人。）

11. 特别看重实体随机性和认识随机性（真正的随机性以及来自不完整信息的随机性）之间的区别，而不看重平均斯坦和极端斯坦之间更为重要的区别。（没有爱好、没有个人问题、没有爱以及拥有很多空闲时间的人。）

12. 认为我坚持“不预测”或“不使用模式”，而不是“不使用无结果的预测”以及“不在第四象限使用模式”。（以预测为生的人会犯这样的错误。）

13. 误认为我所说的是“灾难发生了”，而不是“这就是灾难发生的地方”。（许多此前的奖金获得者。）①

的确，聪明、好奇和开放的业余人士是我的朋友。令我感到惊讶的是，我发现，使用本书作为启迪材料的业余人员以及记者（除非他是《纽约时报》的记者）较专业人士能够更好地理解我的观点。专业的读者则不是那么诚恳，他们要么走马观花，要么有自己的计划。当阅读是为了“工作”或为了达到某一目的（比如写一篇评论），而不是满足一种真正的好奇时，阅读者由于有过多的顾虑（或者没有太多）通常会快速高效地阅

① 如果对于这一点搞不清楚的人看上去混迹于经济学和社会科学领域中，而很少有读者会犯这一错误，其原因在于社会中没有这些学科背景的人几乎会立刻领会到本书的精神。

读，对专业术语等一掠而过，以尽快获取书中的核心思想。这便会对《黑天鹅》一书中所叙述的观点形成排挤，好似把我的观点排挤为标准的怀疑论、经验主义、形而上学理论、实用主义、波普尔伪证论、奈特不确定性、行为经济学、混沌理论等。然而，业余读者拯救了我的观点。亲爱的读者，感谢你们。

正如我所写的，除非你是在后面追赶一列你错过的火车，否则你便不会感到懊恼。我并没有期望自己的书成为畅销书（我想我的前一本书已经成了畅销书），尽管我不得不面对一些负面的影响。由于此书成为畅销书，我亲眼看见它被看作一部宣扬“理念”的书籍，审稿人无情地对其删改之后，将其拿到机场卖给那些“有思想”的商人们。对于这些“理念”书籍的读者来讲，阅读真正的书籍就像是给喜欢喝健怡可乐的人一瓶波尔多红酒，然后让他谈一谈饮后的感觉。通常，他们会抱怨说，他们需要“更好的预测工具”来满足最终的黑天鹅事件受害人。同时，我们还看到，在一种类似确认偏误的弊病中，骗子们总是提供人们愿意听的正面意见（应该做什么），因为人们不愿意听到负面意见（不应该做什么）。因此，“如何不破产”看上去并不是什么正当的建议，然而，事实情况是在相当长的时间内很少有公司能够不破产，如何避免走向衰亡的建议才是最可行也最直爽的建议。（当你的竞争对手遇到困难、你可以合法地占有他们的业务时，这尤其是一条好的建议。）[①]同时，许多读者（比如那些以预测或银行业为职业的读者）并不太明白，对他们来讲，“可行性的做法”只不过是放弃自己的职业，做更为道德的事情。

除了剖析人们的思维偏误，并告诉人们他们想听的事情，这类“思想

① 比如，有一桩逸事可以解释 2008 年的金融危机。2008 年和 2009 年的风云过后，巴克莱银行和蒙特利尔银行前主席马修·巴雷特抱怨说，《黑天鹅》一书并没有告诉他“该如何做”，他不能因为担心黑天鹅风险就停止业务。他从未听说过极端偏误的、脆弱的、有抵抗力的观点，这恰恰印证了我的观点：进步不是通过说教，而是通过破坏。

类书籍”经常会带有一种权威与学究的语气，就像管理顾问做的报告：竭力要你相信你做的远不如他们告诉你的多。我曾提出一个运用柯尔莫哥洛夫复杂度（一种在不丧失完整度的前提下压缩信息的方法）的简单的压缩实验。实验是最大限度地将一部书的内容降到最少，并且使其本来要传达的信息或美学效果不缩水。我的一位瑞士朋友（他不太喜欢悠闲的散步，也不喜欢拽上我到阿尔卑斯山远足）有一家公司，这家公司将书籍进行提炼，形成摘要，出售给匆忙的商业人士。他告诉我，他们公司的使命非常高尚，因为几乎所有商业书籍都可以被压缩为几页纸的内容，且保全其信息和精华。小说与哲学类书籍则不能被压缩。

因此，哲学文章只是一个开始，而不是结束。对我来讲，同样的思想存在于每一部书中。而非小说类作家则会换到另一个清晰的、在新闻层面受限的话题。我希望致力于一种对待知识的全新方式，作为长期调查研究与真正事业的开始。的确，在写作时（已有了几年的写作），我非常乐于看到我的观点在富于思考的读者中传播，激发起怀有类似思想的学者的灵感，并使他们做出超越我的举动，在认识论、设计、教育、辩护、运筹学、统计学、政治理论、社会学、气候研究、医学、法律、美学和保险方面进行研究。

幸运的是，仅用了几年的时间（严重的金融危机），文学界便认识到，黑天鹅是一则哲学故事。

## 如何抹去一个人的罪行

此书出版之后，我的思想经历了两个各具特点的阶段。第一个阶段中，我的书在各个出版国家都成了最佳畅销书，很多社会科学家和金融业者都反驳我，他们只是认为我的书卖得太多，读者们很容易便会得到我的书，因此，此书便难以反映出独创与系统的思想，而只是“大路货”，不值得阅读，更不值得评论。

第一次生活规律的变化是由于我在诸多杂志上发表了关于数学、经验主义与学者风气的十几篇有深度的文章，我之所以这样做，是为了弥补我卖掉如此多的书这一罪过。[①]然后，我的生活便进入了平静期。

本篇写到这里，没有任何人来驳斥我。的确，我在《国际预测杂志》发表的一篇论文无可争议地证明，经济学多数（甚至是全部）运用令人眼花缭乱的统计数据的文章只不过是泛泛的空话，且带有几分欺骗的意味，对于任何形式的风险管理都没有用处。显然，截至目前，尽管存在一些诽谤行为或者尝试诽谤行为（一般是由前华尔街人士或健怡可乐的爱好者发起），却没有人能够对这一想法展开正式（甚至非正式）的驳斥——不管是采用符合逻辑的数学论据，还是采用经验主义的论据。

然而，我还从黑天鹅思想中发现了一件有价值的事情。如同在《黑天鹅的世界》一书中一样，基于个人的经验，我认为"70%的生存机会"与"30%的死亡机会"大不相同，我发现，告诉研究者们"你们的办法在这一点上很起作用"比告诉他们"这一点你们并不知道"要强得多。因此，当我将一幅四象限的图展现给美国统计协会成员（他们是截至当时这个世界上最怀有敌意的群体），并告诉他们说，你们的知识可以很好地运用于前三个象限，但要小心第四象限，因为第四象限会产生黑天鹅事件，我受到了别人的认可、支持，获得了长久的友谊、清爽的感觉（健怡可乐），还受到了参加别人会议的邀请。的确，一系列的研究论文便是这样开始利用我在第四象限的工作。他们试图说服我，统计学家并不会为这些偏差负责。这些偏差来自社会科学界的人士，他们在不理解统计方法的情况下便运用这些方法。（后来，我在正式的实验中证实了这一点，后面我们还会

① 至今，我已经写过了14篇有学者风范（但却异常乏味）的文章。（这些文章写起来乏味，读起来同样乏味！）尽管如此，我还在不断地写新的文章，每年发表三篇。

提到。)

第二次生活规律的变化来自 2008 年的金融危机。不断有人邀请我参加辩论，但我却不再感激他们，因为我越来越难听到复杂的争论，我会抑制住自己的笑，甚至连傻笑都没有。为什么要笑呢？是为了证明。此证明不是赢得某项争论的智力证明，不。我发现，学术界不会自愿改变其想法，除非注入物理学这样的真正科学。这是一种不同的感觉：将注意力集中于一场谈话是非常困难的，特别是当谈话关于数学，并且你能够挣到数百倍于试图告诉你你“错了”的研究员的年薪那么多钱时。

## 穿越沙漠

在《黑天鹅》出版之后，我经历过一个困难的心理时刻，这个心理时刻就像经历干旱与迷茫、漫无目的地穿越沙漠。在这个艰难时刻，面对潜在的危险，我会大喊：“火！火！火！”我看到人们不但置之不理，反而大加批评，仿佛他们在说“你用‘火’这一词是不合适的”。比如，在一次名为 TED（其能够将科学家与思想家变成低俗的马戏团演员一样的艺人）的大会上，大会主持人抱怨说，我的演讲风格不符合他的口味，并将我关于黑天鹅的演讲从互联网上撤掉。当然，他随后对我在 2008 年金融危机发生之前发出的警告大加赞赏。[①]

所提供的大部分论据都称“时代不同了”，因而本 · 伯南克（此刻担任美联储主席）提出了“稳健时期”的观点。伯南克被感恩节火鸡陷阱所欺骗，他没有认识到，进入极端斯坦需要每天的积累。

同时，当我谴责模型时，社会科学家会坚持认为，“所有的模型都是

---

① 尽管他有些极端，但这种虚假却并不罕见。很多我所警告过的忠诚的人以及读过我的书的人，后来都因为我没有提前告诉他们这场危机而谴责我——他们已经无法记起。一头刚刚开化的猪很难回想起它过去见过的一颗珍珠，因为它当时根本不知道那是什么。

错误的，但有些模型是有用的”，他们没有认识到，真正的问题在于“有些是有害的”。这非常有害。胖子托尼经常说，“只凭一张嘴”。因此，马克·施皮茨纳格尔和我重新开始了针对黑天鹅的“强化”客户的工作（帮助人们接近于第十一章中讲到的杠铃）。我们坚信，在潜在风险的压力之下，银行系统将会崩溃——这一事件将是白天鹅。随着系统中风险的累积，天鹅的颜色由灰色逐渐变为白色。我们等得越久，事情便越严重。本书出版之后一年半，美国银行系统便崩溃了。我们一直在等待（通过使客户对黑天鹅具备强大的抵抗力而保护他们）。然而，对黑天鹅的接受——以及不是出于个人考虑而放弃反驳，使得我们对于保护的需求较之从前更为担心。

希腊神话中的安泰巨人在与地球失去接触之后便会体力殆尽，同理，我需要与真实世界中的真实事物接触，而不是一味致力于在和别人的争论中获胜以及让别人相信我的观点（人们几乎总是相信那些他们已知的东西）。将自己置入真实世界中，通过介入商业，使我的思想武装我的生活，会产生一种治疗效果，尽管这一点难以证明。书籍的运用给了我一种无所顾忌的力量。2008 年金融危机发生前几个月，我在一次聚会上遭到了哈佛大学心理学家的攻击。尽管他对可能性理论一无所知，但他却似乎对我和我的书恨之入骨。（最不道德和残忍的毁谤者是那些将竞争书摆在书架上的人。）正是由于他的极端愤怒，我觉得他有些可笑，甚至有一种与他同谋的感觉。我想知道，另外一名作者的心理状态会发生何种变化，这位作者与我在各方面都十分相像，只是他没有经商和冒险的经历。只要你用行动来证实，不管成功与否，对于别人的观点，你都会感到更加不为所动。

最终，从我的争论中，我得到了关于下列事情的证据：黑天鹅事件在很大程度上是由使用现成的方法而引起的，然后基于伪造的结果建立错误的信心。我除了对人们为什么使用来自平均斯坦的方法感到困惑之外，还对一个更大的问题感到不解：几乎所有专门研究可能性方法的人都不知道他们在讲什么，这一点在我与众多强人们（至少4人获得过诺贝尔经济学奖）辩论之后得到了确认。的确如此。这一问题是可以评估，而且很容易测试的。你能够拥有金融“量子”学术，学生们不断地使用“标准偏误”写论文，但却并不能直观地理解它的含义，因此你可以通过向他们提问关于数字的非数学、真正概念上的意义而难住他们。我们的确难住了他们。丹·戈尔茨坦[①]与我运用可能性工具对专业人士进行了实验。我们惊讶地发现，有97%的人连基本问题也回答不上来。后来，爱默尔·索耶尔和罗宾·霍加尔斯将这一点在令人厌恶的计量经济学领域（如果对这一领域进行监督，那么这一领域将不复存在）进行了测试——同样，大多数研究者不理解他们所使用的工具。

关于本书的接受问题，我已经一吐为快了。下面让我们进入分析性更强的领域。

## 亚斯伯格综合征和本体论的黑天鹅

如果黑天鹅是关于认知限制的，那么从这一定义中，我们会看到，它不是关于某个客观定义的现象，比如下雨或车祸——这是特定目击者所不能预测的。

因此，我感到不可理解，为什么有如此多的与众不同的聪明人会因为有人能够预测到某些黑天鹅事件（比如长城，或“9·11”恐怖袭击事件），便随便质疑这些事件是否为黑天鹅现象？当然，“9·11”恐怖袭击事件对于那些死难者来讲是黑天鹅事件，否则他们绝不会自己去冒险。然而，对于那些谋划并执行这次恐怖袭击的恐怖分子们来讲，这当然不是什么黑天

① 丹·戈尔茨坦与我一直就人类的各种不同的任意性直觉进行实验。他走起路来很快。

鹅事件。我曾经不止一次地重复说过，在火鸡看来是黑天鹅的事件，对于屠夫来讲却算不上是黑天鹅事件。

同样，2008 年的金融危机对于这个星球上几乎所有的经济学家、新闻记者和金融家们（他们之中应当包括本书第十七章提及的愚蠢的罗伯特·默顿和迈伦·斯科尔斯）来说的确是黑天鹅事件，但对于本书作者，它却丝毫算不上。（另外，那些看上去似乎“预测”到这一事件的人中，仅有很少人能够预测到一定的深度，从这一点可以看出另外一种经常出现的错误。）由于极端斯坦中事件的非典型性，我们会发现，黑天鹅并不只是关于某些事件的发生本身，还关系到事件的深度与结果。

## 亚斯伯格综合征的可能性

对客观黑天鹅现象的考虑，除了完全忘掉黑天鹅现象的存在之外，关于人类“心理理论”或“民族心理学”的未完全发展问题，看上去是一件危险的事情，这一点对所有观察者来讲都是如此。有些自以为是的人，经常会将问题归咎于别人与自己的异见。根据研究者的调查，这些人通常从事设计或物理工作。我们在第九章见过一个这样的人——约翰博士。

我们可以通过“虚假信任测试”的某一变种来对儿童的心智发育不全问题进行测试。参加测试的有两名儿童，一名儿童将一件玩具放在床下，然后离开房间。在他离开房间期间，第二名儿童（被测者）将这件玩具拿走并藏在一只盒子里。在第二名儿童返回房间时，我们问他第一名儿童会到哪里去找他的玩具。4 岁（心智开始萌芽）以下的被测者会认为第一名儿童会从盒子里去找玩具，而 4 岁以上的儿童会说第一名儿童会从床下找玩具。在大约 4 岁时，孩子们会逐渐意识到，别人不一定知道自己所知道的信息，别人的想法可能与自己的想法不同。这一测试能够帮助我们发现轻微的自闭症：尽管我们拥有极高的智慧，但对很多人来讲，站在别人的角度思考问题，基于别人的思想看待这个世界，却是个很难的事情。对于具备一定能力却患有轻度自闭症的人的状况，有一个专门的名称：亚斯伯格综合征。

关于人类性格的两个极端，心理学家西蒙·拜伦–科恩做了大量研究，并用两种能力对它们进行了区分：系统化的能力，移情与理解他人的能力。按照他的研究，纯粹系统化的人心智不健全，他们适合于设计及相关职业；移情能力强的人适合于更为社会化（或文学类）的职业。胖子托尼当然属于更为社会化的范畴。男性更多地属于系统化的范畴，而女性更多地属于移情的范畴。

请注意，一个并不令人感到惊奇的事实是，患有亚斯伯格综合征的人对模糊性极端厌恶。

有关研究表明，大学教师们大都是系统化的，他们都属于黑天鹅盲点的范畴。在本书第十七章中，我将这类人称为“洛克的疯子”。除了乔治·马丁和我在1998年做过一次计算，我没再见过任何一次有关黑天鹅愚蠢性和系统化心理的直接测试。在这次计算中，我们找到了证据，证明来自主要大学的所有金融与量化经济学教授（这些教授做过套利基金）最终都会不顾别人的谴责而反对黑天鹅。这一倾向并非随机的，原因是有1/3~1/2的非教授人员在当时都做这类投资，其中名声最大的要数诺贝尔奖获得者迈伦·斯科尔斯以及罗伯特·C. 默顿（默顿是上帝创造出来供我阐明我关于黑天鹅盲点的观点的①）。他们在金融危机期间都遇到过困难，结果是他们的长期资本管理公司破产。请注意，对于亚斯伯格综合征的讨

① 罗伯特·默顿是本书第十七章中的一位反面人物，据说他的思想高度机械化（他甚至对机械很感兴趣，使用机械隐喻来代表不确定性）。他的出现似乎就是为了向世人证明危险的黑天鹅的愚蠢性的。2008年金融危机结束之后，他为那些经济学家的冒险辩护，并认为“这之所以是黑天鹅事件”，只是因为他没有看到其发生，因此他的这些理论不是错的。他并没有进一步指出，既然我们看不到这些事件的发生，我们便需要对它们有更强的抵御能力。

论大惊小怪（认为亚斯伯格综合征与承担风险相矛盾，对社会有危害）的人，同样会反对起用一个视力大大下降的人去开校车。我读过弥尔顿、荷马、塔哈·侯赛因和博尔格思（盲人）的作品，但我却不会让他们过多左右我的思想。我会选择由工程师们设计出的工具，但更倾向于让那些不受风险盲目性影响的人来完成社会的风险决策。

## 未来盲目性回归

现在请回想一下第十二章中关于在过去与未来之间不恰当转换的问题，这一情况类似于孤独症，处于这一情况下的人们看不到第二次序关系——主体不会运用过去的过去与过去的将来之间的关系来映射现在的过去与现在的将来之间的关系。一位名叫阿兰·格林斯潘（美联储前主席）的先生曾经赴国会解释说，由他及继任者伯南克所推波助澜的银行危机是难以预测的，原因是这“之前从未发生过”。而国会中没有一个人能够运用智慧站出来反驳：“阿兰·格林斯潘，您之前从未去世过，80 多年了从来没有过，这是否意味着您会长生不老呢？”我在第二部分中写的那位可怜的银匪、前财政部长罗伯特·鲁宾提出过同样的论断。他曾经写过一部关于不确定性的长篇大论的书（具有讽刺意味的是，此书与《黑天鹅》一书由同一家出版社的同一批职员出版）。[①]

我发现（当时我甚至一点都不吃惊），没有一位研究者研究过经济中大的偏误是否能通过过去大的偏误进行预测——也就是说，大的偏误是否

① 实际上，这一论断可用以证实道德风险以及不正当（极有可能被掩饰）牟利。鲁宾曾将花旗集团利润中的 1 亿美元据为己有，这样做的潜在风险偶尔会爆发。鲁宾有自己的理由——“这之前从未发生过”。他将钱据为己有，而我们纳税人（包括学校教师和发型师）则不得不为公司和损失惨重者买单。我将这称为在向那些对黑天鹅事件不具备抵抗能力的人们以及那些我们之前认为不具备抵抗能力的人们支付红利的过程中存在的道德风险因素。这一“之前”令我气愤不已。

有先例有什么意义。这是被错过的基础研究之一，所谓基础，是指像检查病人是否仍在呼吸以及灯泡是否拧紧了一样必不可少。然而，却没有人愿意试着做一下。大事件并不一定非要有先例，这一点并不难理解：第一次世界大战史无前例；1987 年股票市场在一天之内骤跌了 23%，而之前一天最大的跌幅只有 10% 左右——几乎所有事件都是如此。我的研究结果认为，一般事件可以预知一般事件，但极端事件，也许是由于人们对它们缺乏准备而显得更为激烈，因此仅凭过去而进行预测几乎是不可能的。

实际上，人们对这一观念没有丝毫的认识，对此我深感惊奇。特别令我感到惊奇的，是人们将过去发生的最大偏差作为参照事件来预测未来的最大偏差，他们没有想到，如果他们在这一历史参照事件发生的前一天运用同样的方法，那么这件历史参照事件自身又该如何解释呢？①

这些人拥有经济学博士学位——有些人是教授，其中一人还是美联储主席（在写到此处时）。高学历会不会使他们对于这些基础概念视而不见呢？

正如没有上过商学院的拉丁诗人卢克莱修所写的，我们将我们所见过的任何形式的最宏大目标作为最可能发生的事情。

## 可能性必须是主观的②

这会引发一个值得深度探讨的问题。许多研究者并没有很快地意识到，黑天鹅仅能够对不完整的世界做出回应，或者说，有些研究人员不得不突出这一主观品质（比如，约亨·荣德写了一篇关于黑天鹅思想的富有

① 的确，下一部分中，我们将看到，是否能够接受诸如“我的关于对错的判断方法是对还是错”在我们面对可能性时将起到关键作用。这会让“约翰博士”们对自己的信仰深信不疑，他们无法理解概率（更高形式的可能性，即所涉及的可能性可能为错误的可能性）。

② 非技术性读者应当跳过本节的剩余部分。

见地的文章，然而，在这篇文章中，他又感到他需要想尽一切办法强调黑天鹅思想主观性的一面），将我们带到有关可能性定义中的历史问题中去。历史上，有许多关于可能性哲学的探讨。不同的人，其世界观也不尽相同。这一现象说明，不同的人对于此项研究仍具有不同的可能性。因此，科学研究者们要接受非亚斯伯格思想需要一定的时间，不同的人不管是否理性，会向未来世界的不同状态分派不同的可能性，这便是所谓的“主观可能性”。

弗兰克·普兰顿·拉姆齐和布鲁诺·德·费耐蒂分别于1925年和1937年对主观可能性做过阐述。这两位智慧巨人对可能性的研究表明，可能性可以被看成一种确信度的量化（请按照你对某件事情即将发生的确信度在0至1之间给出一个数）。在决策过程中出现的这些一致性约束显而易见：你不能打赌说明天有60%降雪的可能性和50%不降雪的可能性。行为者应当避免违反一种叫作“荷兰赌”的约束。也就是说，你不能通过一系列局限于某种损失的赌注来矛盾地表达你的可能性，比如，你的表达看上去会令人感觉各自独立的偶然事件的发生概率加起来超过100%。

这里还存在一种区别，即“真正”的任意性和来自我称之为认知局限性（知识缺乏）的任意性之间的区别。与认知性不确定性相比，本体论不确定性是一种任意性，在这种任意性中，未来并非由过去所暗示（甚至不由任何事情所暗示）。我们行为的复杂性无时无刻不在产生这种任意性，从而使得这种不确定性相比来自知识缺陷的认知不确定性更为重要。

这意味着，对于所谓的“非遍历性”系统，没有一种叫作远期的东西。在遍历性系统中，某事物远期发生的可能性并不受即将发生事件（比如说明年的到来）的影响。在赌场中玩轮盘赌赢得许多钱的人，如果持续赌下去，并且赌场中有机关，那么他迟早会倾家荡产。技术不过关的人最终都会失败。因此，一般来讲，对于中间时期所采取的路线（研究者将此称为路线依赖缺失），遍历性系统是一成不变的。非遍历性系统没有真正的远期特性——它倾向于路线依赖。

我相信，从哲学上来讲，认知性不确定性与本体论不确定性之间的区别是非常重要的，但在现实世界中又是完全不相关的。我们难以将认知性不确定性与更为基本的不确定性脱离开来。这种情况便叫作“没有区别的差异”（与之前提到的不同），它会形成误导，因为它会转移真正的问题：参与者们会对此小题大做，而不是专注于认识局限性。我们回想一下，怀疑是要付出代价的，当然，在需要怀疑的时候，我们也应当怀疑。

在实际生活中，并没有一种叫作“远期”的东西，重要的是远期之前所发生的事情。使用“远期”概念（数学家们口中的渐进特性）的问题，在于它经常会使我们对于远期之前发生的事情视而不见，这便是我后面将要讲到的预渐进性。根据向这条渐进线收敛的速度，不同的功能有不同的预渐进性。然而，不幸的是，我一再向学生们重申，生活就发生在预渐进线上，而不是发生在不切实际的远期中，预渐进线（或近期）具备的一些特性与那些存在于远景的特性存在明显的不同。因此，即便理论能够起到作用，它也要与内容更加丰富的近期现实接轨。很少有人能够理解，一般来讲根本不存在诸如可达到的远期之类的东西，除非通过解数学方程的方式。在一个复杂的体系中假定一个远期，你还需要假定没有新情况的出现。同时，你可能会拥有一个关于世界的完美模型，这一模型没有关于象征分析的任何不确定性，但却存在一定的不明确性。让我们回想一下第十一章中提到的洛伦茨蝴蝶效应。由于非线性的原因，这种在最微不足道的参数水平下的精密的小的不确定性，可能会渗透向某种模型输出水平下的很大的不确定性。比如，气候模式便深受这一非线性之苦，即便我们拥有正确的模式（当然，我们没有），一种被称为校准的参数的小幅度变化就会彻底将结论颠覆。

当我们谈到不同类别的可能性分布时，我们将会进一步讨论预渐进性。现在，我要说的是，数学与哲学的许多区别都被过分夸大了，因为人们首先启动某一模式，然后将其应用于现实，最后再将其分类，而不是先看现实情况，然后再看什么适合这一情况。

## 温度计上的可能性

这一在现实中被误用的区别与早先讨论过的另外一种不完善的被经济学家称为奈特风险（可估算）与奈特不确定性（不可估算）的分隔存在相似性。虽然所有事物都多少有些不可估算（不常见的事情更是如此），但这一点却假定某些事情是可以估算的。我们都知道，温度可通过温度计来测量，因此，我们必须同样认识到，未来可能性是“可衡量的”。在下面的部分中，我们会看到，小的可能性更不可估算。

我想指出的另外一个缺陷，是存在于社会科学中的一种令人匪夷所思的不切实际且不严谨的研究传统——“理性期待”。在理性期待中，观察者们接收到了同样的数据，然后被指引着得出了同样的结论，尽管他们最初的假定存在明显的不同（通过一种叫作贝叶斯推理的更新机制）。为什么不严谨呢？原因是我们需要快速认识到，在现实生活中人们很难取得一致看法。如本书第六章所述，这部分是由于诸如确认偏误等的心理扭曲，从而导致对数据的分歧。然而，人们之所以不能达成观点一致，还有数学方面的原因：如果你使用来自极端斯坦的可能性分布，我使用来自平均斯坦（或不同于极端斯坦的其他东西）的可能性分布，那么我们便永远不能达成一致，这只是因为，如果你假定极端斯坦，你便不会很快地改进（或改变你的想法）它。比如，如果你假定平均斯坦，并且没有看到黑天鹅事件的发生，那么你最终便会将黑天鹅事件排除在外。如果我们假设自己在极端斯坦，那么这便不会发生。

最后，如果某人假设“任意性”既没有认知性，又不具备主观性，或者对“本体论任意性”和“认知性任意性”之间的区别大题小做，这意味着其患有某种科学自闭症（这一自闭症渴望系统化）以及对任意性根本不理解。这一假设使得观察者能够达到全知，并通过完美的现实主义和不违背一致性原则的方式进行计算。余下的便成为“任意性”，或者成为源自偶然力量（这种力量不会因知识与分析而减弱）的拥有另外一个名称的东西。

有一个角落值得我们去探索：成年人究竟为什么能够在不苟言笑地接受苏联–哈佛模式的自上而下的方法后，前往华盛顿以这些方法为基础制定政策？同样，我们为什么不能假设，事件是由人以同样的方式经历的？我们为什么会严肃地看待“客观”可能性的概念？

在对时间与事件的动力学概念心理进行了探索之后，让我们讨论中心问题，我甚至将这一问题称为哲学中最为有用的问题。

## 现代哲学历史中最为有用的问题（也许）

我要学会直言不讳。在《黑天鹅》（及有关论文）问世之前，对于真实世界中真正的演员来讲，多数的认识论和决策理论都只不过是乏味的心理游戏和前奏。思想史的几乎全部内容都是关于我们已经知道或认为自己知道的东西。《黑天鹅》在思想史上第一次（据我所知）进行了尝试，向我们提供了一幅我们因无知而受到伤害的图，为知识的脆弱性设定了系统的限制——还向我们提供了不适用于这幅图的确切范畴。

作为对经济学家和银行家（已破产的）最为常见的“批评”的回应，我不会说“灾难发生了”，而会说“在第四象限发生了灾难”，这点我将会在下部分进行讨论。

另外，更进一步说，尽管诸如归因于哥德尔的局限性会产生巨大的哲学结果，但我们对此并不能做什么。我相信，我所展示的经验主义与统计学知识具备合理（如果不能说是关键）的重要性，我们可以在问题解决方面运用这些局限性，其做法便是基于潜在估计错误的严重程度将决定加以分类。比如，我们可以运用这一点使社会更加安定——为第四象限的元素增加活力。

## 生活在二维空间

在人类思想史上，一个一直困扰人类的问题是如何在怀疑与受骗的交界处找到自己的位置，或者说是如何去相信和不相信。同时，由于不能帮助人们做决定的信仰是无力的，因此如何基于信仰做出决定也是个问题。所以，这并不是一个认识论的问题（关注什么是对什么是错），而是一个决定、行动和担当的问题。

当然，我们不能靠怀疑一切而存在，也不能靠相信一切而生存。然而，这一问题的哲学处理从来没有完整过，并且在几个世纪的时间里没有获得大的进展。笛卡儿学派以及他们之前约 1 800 年的学院派怀疑论者，用各自的方式拒绝了最前沿的事物。还有更为激进的做法，比如皮浪派，他们的拒绝力度很大，甚至因认为怀疑主义过于教条而拒绝怀疑主义。而中世纪经院哲学家或者现代实用主义者则确立了自己的信仰。当中世纪思想家像亚里士多德那样停滞不前时，早期的实用主义者们（包括伟大的思想家查尔斯·桑德斯·皮尔斯）让人们看到了一线希望。他们提议将更新与纠正信仰作为一项持续进行的工作（尽管在已知的可能性结构下，皮尔斯相信遍历、远期和可实现的向真理收敛的状态的存在和可获得性）。这一实用主义认为知识在反怀疑主义和易谬主义之间（在怀疑和接受两大类之间）进行严谨的互相作用。在我的研究领域（可能性）内的应用，以及也许是最复杂的程序版本，存在于伊萨克·莱维令人难懂、深刻和伟大的决定理论冒险，其包括信仰主体、信念承诺、期待距离以及教义可能性的概念。

存在一线希望，但也许离实现尚远，甚至离任何有用的事物都相当远。

让我们设想一下，我们生活在一个三维空间里，但自己却认为生活在二维空间里。如果你是一条虫子，那么这没有问题，而如果你是一只鸟，那么便行不通。当然，你会遇到许多神秘的事情，如果不增加一维空间，不管你多么精明，你都无法理解它们。当然，有时你会觉得无助。这便是多个世纪以来知识的命运，它一直被锁在二维世界里，因过于单纯而无法在课堂之外起到任何作用。自柏拉图以来，只有哲学家们才会花费时间讨论什么是真理，原因只是真理在现实生活中难以得到应用。通过将注意力集中于对错区分，认识论仍旧受困于不合逻辑及高度不完整的二维结构（个别情况除外）。迷失的第三空间当然是真理的结果、谬误的严肃以及期待。换句话说，这一空间是决定的成果，是决定产生的影响。有时候，人们会犯错误，误会看上去不合逻辑。或者，对于诸如天使的性别这一类问题，人们可能是正确的，同时，除了知识性的收集邮票之外，这看上去并没有什么用处。

简化、庸俗化、学术化和美化了的“证据”逐渐变得没有价值了。关于黑天鹅，你要保护自己免受负面黑天鹅事件之害（或者使自己受益于正面黑天鹅事件），即便你没有证据证明这些负面事件会发生，正如机场安检时，即便我们没有证据证明人们是恐怖主义者，也要在他们上飞机之前检查他们是否持有武器。我们会看到，这种对现成商品化概念的关注是那些声称自己会运用“精确”但有时会失败的人所存在的问题。

可能性的世界存在“证据”的困难，而在黑天鹅的世界，情况则更糟糕。

的确，据我所知，几乎没有任何一项决定是基于是非概念做出的。

一旦你开始对盈利以及决定的成效进行审视，你会清楚地看到，一些错误的结果可能是良性的，其他错误的结果可能是严重的。在此之前，你一定已经知道哪些错误是自然产生的，哪些错误会产生严重的结果。

但是，首先让我们看一个在知识来源中关于可能性的严重的问题。

## 罕见事件的理论依赖性

在我饭后吃甜点时，我受到了严重但却令人愉悦的侮辱，当时我在与一名雷曼兄弟公司的男性员工争论。此人曾在《华尔街日报》上发表声明说，我们看到的2007年8月的事件每一万年才会发生一次。事实情况是，在连续三天的时间里发生了三起这样的事情。《华尔街日报》刊登出了他的照片，如果你看到这幅照片，你一定会说，“他看上去并没有一万岁那么老”。那么，他是如何求出“一万年一次”的可能性的呢？当然不是来自个人经验，也不是来自雷曼兄弟公司的档案——雷曼兄弟公司诞生至今远没有一万年——它也不会继续存在一万年，就在我们的争论结束之后它就破产了。因此，他是从一个理论中得出这一低概率的可能性的：事件越久远，我们便越难以得到经验数据（只是一般性的假定，未来会类似于过去），因此便也越依赖于理论。

设想一下，罕见事件发生的频率不能通过经验观察来预测，原因是它们太罕见了。因此，我们需要一个先验模式来代表它；事件越罕见，使用标准的归纳方法（比如通过例数过去发生的事情进行频率抽样）进行预测的错误便越严重，同时对于能延伸至低可能性事件（这类事件当然不常见）领域的先验代表的依赖度也便越高。

但是，即便在低可能性之外，先验问题也总会存在。看上去似乎罕见的事件也会变得常见，但它会遍及可能性知识。我将会阐述我的两个想法，这两个想法是我与两个合作者合作产生的，他们是科学哲学家艾维塔 · 皮尔佩尔（他走路很快）和数学家拉菲尔 · 多阿蒂（他在不忙时喜欢散步）。

## 克里特预言家埃庇米尼得斯

艾维塔·皮尔佩尔和我就风险管理的认知问题争论了一番，但这一争论可被归纳为任一形式的可能性知识。这是一种通过可能性衡量的自我参照问题。

我们可以进行如下的叙述。如果我们需要数据来获得一种可能性分布，从而对关于未来行为（通过过去的结论进行分布）的知识进行衡量，同时，如果我们需要可能性分布来衡量数据充足性以及它是否能预知未来，那么我们便会面对一个严重的回归回路。这是一个自我参照的问题，类似于克里特预言家埃庇米尼得斯陈述克里特岛人是否为骗子的问题。的确，这非常接近埃庇米尼得斯的状况，因为可能性分布被用于评估真理，但却不能反映自身的正确。同时，与关于自我参照的诸多问题一样，那些与风险评估有关的问题都存在严重的后果。对于低可能性，这一问题则更为严重。

## 不可判定性定理

《黑天鹅》出版之后，自我参照问题被人们忽视了。因此，拉菲尔·多阿蒂和我从数学上重申了这一哲学问题。较之哥德尔问题，它的实际含义看上去更加具有破坏性。

在我所认识的人之中，拉菲尔也许是数学知识最渊博的——他可能比当代任何人都具备更多的数学知识，除了他死去的父亲阿德里安·多阿蒂。

在写到此处时，我们也许已采用数学以及叫作“衡量理论”（这一理论被法国人用于为可能性数学提供精确性）的数学分支进行了正式考证。这篇论文被临时称为“不可判定性：关于来自样本的预测可能性的矛盾（不将先验假设与可接受可能性结合在一起）”。

## 结果……

在真实生活中，我们并不在意简单与原始的可能性（不管事件是否发生），我们担心的是结果（事件的规模；生命或财富会受到多大的损失，还会发生哪些其他的损失；一件有益的事件会给我们带来多大的好处）。如果事件发生越不频繁，事件结果便越严重（我们设想一下，百年一遇的洪水较之十年一遇的洪水造成的损失更严重，但发生频率却更低；十年最佳畅销书的销量要大于年度畅销书的销量），我们对罕有事件贡献的预测便也会大错特错（贡献是可能性与效果的乘积），没有任何东西可以弥补它。[①]

可见，事件越罕见，我们对其作用的了解也越少。同时，我们也越需要运用推断和归纳的理论弥补这一不足。对于事件罕有性的主张，相应地缺乏精确性。因此，理论与模型错误直到最后才会显现出严重后果；对于好消息，有些表现较之其他会更加脆弱。

我认为，这一谬误在极端斯坦中更为严重。在极端斯坦中，由于缺乏尺度，或者缺乏可变任意性的渐进限度，罕见事件便更具影响力。在平均斯坦，通过比较，常规事件的集合效应起着主要作用，例外情况并不合理。我们知道它们的效果，但这一效果程度并不高，因为“大数法则”使得人们可以多样化。让我再一次对极端斯坦进行阐述。世界上不到0.25%的上市公司占据着大约一半的市场资本，世界上极少部分的小说占据了约半数的小说销量，不到0.1%的药品为制药工业赢得了超过一半的利润——同样，不到0.1%的风险事件会造成至少一半的破坏与损失。

---

① 有趣的是，贝叶斯写的一篇著名的文章使我们拥有了贝叶斯推理，但这一推理并没有给予我们“可能性”，而是给了我们期待（预测平均）。关于可能性的高度抽象的概念会使统计学家们觉得棘手。不幸的是，由于这会导致可能性概念的具体化，因此最好忘记它不是自然的。

## 从现实到表现[①]

让我们选取另外一个角度。从理论到现实世界的道路会出现两个截然不同的困难：相反的问题和预渐进性。

先看看相反的问题。让我们回想一下，通过水坑重新造一块方冰块（反向设计）要远比预测水坑的形状困难。实际上，解决方法并不是唯一的：冰块的形状可以有许多种。我发现，苏联–哈佛式的看待世界的方法（与胖子托尼风格相对）会使我们犯下混淆两个方向（从冰块到水坑；从水坑到冰块）的错误。这是关于柏拉图化思想错误的又一个例证。柏拉图化思想会使人们认为，我们心中的柏拉图思想是你在外部世界所必须遵守的。在医药发展史上，我们看到过很多将这两个方向混淆的证据，比如我前面提到的基于亚里士多德目的论的理性化药物。这一混淆是基于下面的原因。我们会假定，我们知道一种器官背后的逻辑，以及这种器官的作用，因此我们便能够在为病人治疗的过程中运用这种逻辑。在医学上，我们很难给出关于人体的理论。同样，在自己内心形成一种理论，或从书本中获得一种理论，然后将其应用于这个世界是很容易的。如果是这样，那么事情将变得无比简单。

这一关于混淆两个方向的问题对于可能性非常重要，特别是对于低的可能性。[②]

---

① 聪明的读者会看得出，罕见事件是无法估算的。这些读者可以略去本段剩余的技术性极强的部分。这是为了证明，那些深刻研读的读者们具备看清事理的能力。

② 未知分布的问题类似于伯特兰·罗素的关于“这一句子是正确的”的逻辑困难——一个句子并不能包含其自身的真实断言。我们需要应用塔斯基的解决方法：对于每一种语言，元语言都要注意这种语言的是非判断。很简单，有了可能性，概率会向每一种可能性分配信任度——或者更为普遍的，可能性分布需要被纳入概率分布（也就是可能性分布出现错误的可能性）。然而，不知什么原因，我得以使用现有的数学工具来表达。过去，我曾通过我的《动态对冲》（1997 年）一书与元分布打过交道。因此，对我来讲，分布的变化从认识论上是缺乏一般知识的程度；变化的变化从认识论上是对缺乏一般知识缺乏认识的程度——变化的变化符合分布的第四势差及其峰度，这使得这一不确定性能够很轻易地从数学上证实：肥尾=对缺乏知识缺乏认识。

正如我们用不可判定定理及自我参照论据证明的那样，我们在现实生活中并不观察可能性分布，我们只观察事件。因此，我将结果重新叙述如下：我们不知道统计特性，直到（当然）看到事实之后。通过一套观察资料，我们可以看到，许多统计分布都符合完全相同的规律——在产生这些分布的一系列事件之外对它们进行观察会产生不同的推断。当更多的理论和更多的分布能够适合一套数据，特别是在非线性或非节俭分布的情况下，① 反面问题会更严重。在非线性情况下，可能的模式/参数化家族数量会急剧增加。②

但是，在某些领域，这一问题变得越来越有趣。回想一下第八章中的卡萨诺瓦问题。对于倾向于产生负面黑天鹅而非正面黑天鹅的环境（这些环境被称为负面偏斜），低的可能性问题更严重。为什么呢？很明显，灾难性事件不会出现在数据之中，因为变量的生存依赖于这一效应。因此，这样的分布会使观察者倾向于高估稳定性和低估潜在不稳定性及风险。

事物有在过去看上去更稳定和不具风险性的特质，这一点需要严肃对待，特别是在医疗领域。流行病学的历史，并没有暗示发生大灾祸的风险会降临，从而影响整个世界。同时，我确信，在我们履行对环境的职责时，我们大大低估了潜在的不稳定性。我们会从给大自然造成的累积性破坏中经历这一潜在的不稳定性。

对这一点的一种解释已经结束。在写到此处时，美国股市大涨，情况比无知的退休者基于100年的历史数据所认为的更具风险。21世纪最初10年，美国股市上涨了23%，而金融骗子们告诉退休者们说，这段时间股市上涨了75%以上。这使得许多人的养老金付诸东流（世界上最

---

① 高斯分布是节俭的（只有两个参数）。但是，一层层地增加跳跃性问题（每一层都有不同的可能性），会开启关于参数联合的无尽的可能性。

② 我所听到的最为常见的（但没有用）的评论之一，是有些解决方法来自“有力的统计”。我不知道，使用这些技巧是如何创造出原本没有的信息的。

大的汽车制造公司也告破产），因为他们真心认可这一“经验主义”的经历——当然，这也导致许多失望的人推迟了退休计划。试想一下，我们都是经不住诱惑的人，会情不自禁地受到那些变化着的事物的影响，这些事物不稳定但看上去却很稳定。

再看看预渐进性。让我们重新讨论一下出现于近期的预渐进性，并回到柏拉图化思想。当然，理论总是令人厌倦的，而在某些情况下，当理论来自理想状况（渐进线）时，理论则会更糟。不过，这些理论会在渐进线（它的限制，比如无限性或无穷小）之外被运用。曼德尔布罗特和我已经阐明，某些渐进特性是如何在平均斯坦中很好地发挥作用的，这也是赌场生意兴隆的原因。而在极端斯坦，情况则大不相同。

大多数的统计教育基于这些渐进性、柏拉图式的特性，然而，我们生活在真实的世界里，真实的世界与渐进线的情况相去甚远。统计理论学家知道这一点或者自称知道这一点，但你认识的那些经常使用统计数据、在写文章时总谈到“证据”的人却不知道。另外，这印证了我所称的游戏化谬误：数学统计学学生们做得最多的，是假设一个类似于封闭游戏结构的结构，一般是运用一个先验的已知可能性。然而，我们的问题并不是在找到可能性之后马上进行计算，而是找到有关知识范围的真正分布。我们的许多知识问题来自这种先验与后验之间的紧张状态。

## 活生生的验证

计算低可能性没有可靠的方式。我从哲学角度阐述了计算罕见事件发生率的困难。我用几乎所有现成的经济数据（我之所以使用经济数据，是因为经济数据比较清晰），阐述了运用数据进行计算的不可能性。有一种叫作峰度的方法（读者不必尝试掌握），这一方法旨在弄清“尾巴有多肥”，即罕见事件扮演了何种角色。一般来讲，拥有一万条数据和40年时间里每日的观察，一次观察便代表着90%的峰度。取样错误对任意一条关于非高斯分布的事物状态的统计都有巨大影响，这意味着如果你弄错一个数字，你便会错过所有。峰度的不稳定性意味着，某类统计方法应当被完全禁止。这证明，所有依赖于“标准偏差”、“变化”等的东西都是假的。

同时，我还讲述过，不可能用分形得到精确的可能性——只是因为我在第十六章提到的来自观察错误的“尾指数”的很小的变化，可能性会产生巨大变化。

含义：需要避免暴露于某些领域的低可能性，我们总是无法计算它们。

### 单个事件可能性的谬论

我们回想一下第十章中关于人的寿命的例子，随着人们年龄的增大，剩余寿命的有条件预测会降低（随着你年龄的增长，你对未来的寿命预期越来越短；之所以会这样，是因为人们知道人们的寿命都有渐进的“软”顶）。以标准偏差单位表达，平均斯坦高斯变量的有条件预测为0.8(标准偏差)，高于0起点。如果高于1起点，那么偏差会达到1.52。如果高于2起点，那么偏差会达到2.37。你会看到，随着偏差的增加，这两个数会趋于相等。因此，如果标准偏差达到10，那么随机性变量预测也会是10。

在极端斯坦，情况则不尽相同。对任意变量增加的有条件预测并不会随着变量增加而汇集于起点。在现实世界中，比如股票收益（及所有经济变量），如果损失大于5个单位，那么无论使用何种测量单位（没有太大的差别），损失将都在8个单位左右。假如损失大于50个单位，那么无论使用什么测量单位，损失都大约为80个单位，同时，如果我们一直测量下去，直到样本耗尽，那么大于100个单位的损失对应的将是250单位！这一规律可以延伸到多个领域。这一点告诉我们，没有典型的失败，也没有典型的成功。你可以预测战争的发生，但你不能预测战争的后果！足以导致 500 万人死亡的战争，最终可能会使 1 000 万人（甚至更多）死亡。足以导致 5 000 万人死亡的战争，最终可能会使 1 亿人（甚至更多，我们难以估量）死亡。你可以预测某个有能力的人会“致富”，但他的财富可能是 100 万美元、1 000 万美元、1 亿美元或 10 亿美元——没有一个典型的数字。举个例子，我们有关于药品销售的预测数字，前提是一切情况正常。销售预测与实际销售数据完全没有关系——有些成功的药品在销售前已被预测将大获成功，但其实际销售量仍是预测销售量的 22 倍。

极端斯坦中缺乏“典型”事件，使得一种叫作预测市场（在预测市场中，人们对事件下赌注）的事物显得愚蠢可笑，因为预测市场认为事件都是二元的。“战争”是没有意义的：你需要预测它的破坏，但没有一种破坏是典型的。许多人都预测到了第一次世界大战的发生，但却没有人能够预测到它的规模。经济学不起作用的一个原因，是文学作品对这一点几乎完全无所适从。

因此，尼尔 · 弗格森关于事件（战争公债的价格）预测的方法论，较之单纯的预测要可靠得多，因为能够体现出政府战争成本的公债，其定价应基于事件可能性与事件结果的乘积，而不仅仅是事件的可能性。因此，我们不应只看人们是否“预测”到了某件事情，而忽略他们的言论对事件造成的影响。

与前一个谬误相关的，是人们会错误地认为，我这里所要表达的意思，是这些黑天鹅事件较之传统事件更容易发生。实际上，它们更不容易发生，但却具有更大的影响。我们来想一下，在一个赢家通吃的环境（比如艺术界）中，成功概率非常低，因此能够获得成功的人会很少，但回报率却是高得不成比例。因此，在一个肥尾环境中，罕见事件发生概率小（可能性低），但这些事件的能量却十分巨大，它们能够对整个事态造成实质性的影响。

这一点从数学上来讲是很简单的，只是不能很轻易地表现出来。我一直都喜欢给数学专业的大学毕业生们进行下列测验（这一测验要求根据直觉现场解答）。在高斯世界，超越一个标准偏差的可能性大约是16%。在更肥尾（fatter tails）分布（平均数与差异相同）的情况下，超越标准偏差的可能性又是多少呢？答案是更低，而不是更高——尽管偏差的数量下降了，但更少的偏差却具有更高的影响力。大多数毕业生的回答是错误的，这一点使人困惑不解。

再次回到压力测试。在写到此处时，美国政府正在通过采取大的偏差对金融机构进行压力测试，然后将结果与这些机构的资本进行对比。但问题在于，他们从哪里获取有关的数据呢？从历史上得来吗？历史数据存在很大的缺陷，因为我们知道，历史并不能说明极端斯坦的未来偏差。历史数据来自极端偏差的非典型性。我的压力测试的经验不会揭示出太多的风险问题——然而，风险可被用于评估模型的错误程度。

## 偏差感知心理学

关于发展非典型性的直觉脆弱，丹·戈尔茨坦与我就关于条件预测的直觉因素进行了一系列的实验。我们提出了下列类型的问题：身高高于6英尺的人中，其平均身高是多少？体重大于250磅的人中，其平均体重是多少？我们使用来自平均斯坦的变量（包括上述的高度和体重，另外加上年龄）进行实验，让参与者们猜测来自极端斯坦的变量，比如说市场资本（资本超过50亿美元的公司的平均规模有多大）及股市表现。结果清晰地表明，对于平均斯坦，我们拥有良好的直觉，但对于极端斯坦，我们的直觉却极端可怜——然而经济生活中几乎充满了极端斯坦的变量。对于较大偏差的非典型性，我们没有良好的直觉。这既解释了愚蠢的冒险行为的原因，又解释了人们为什么会低估机会的原因。

我们来看看风险设计。在数学上看来相当不错的叙述（我之前已经用生存率的例子做过说明），在心理学上却并非如此。更为糟糕的是，专业人士也会被愚弄，在感性的错误的基础上做决策。我们的研究表明，风险形成的方式会极大地影响人们对风险的认识。如果我们告诉投资者，平均下来，投资者每隔30年会倾家荡产一次，那么他们很可能仍然会选择投资。然而，如果你告诉他们，他们每年都有3.3%的概率遭遇投资亏损，那么他们很可能便会放弃投资。

乘坐飞机也存在同样的问题。我们在实验中问过受测者："假如你在国外度假，此刻正考虑乘坐当地航班参观一座海岛。安全数据显示，如果你每年乘该航班飞行一次，那么平均每1 000年会遭遇一次空难。如果你不去旅游，你便不可能参观这一海岛。那么你是否会选择乘坐飞机呢？"所有的受测者都做出了肯定的回答。然而，如果我们将第二句话改成"安全数据显示，本航班平均每1 000次飞行便会发生一次空难"，那么只有70%的人表示会乘坐该航班。在两种情况下，发生空难的概率都是千分之一，但第二种说法听上去风险更大。

## 在复杂领域中的归纳与因果问题

什么是复杂性？相对于更完整的定义，在这里我会简单地采用复杂性的功能性定义。复杂领域具有下列特征：其组成因素之间具有高度的相互依赖性，包括时间依赖性（一个变量依赖于其过去的变化）、水平依赖性（不同变量之间相互依赖）和对顶依赖性（变量A依赖于变量B的历史）。这种相互依赖性的结果是，方法取决于正面的增强反馈回路，从而引起肥尾。这就是说，其会阻止我们在第十五章中看到的中央极限定理起作用，其会在要素总和和集合情况下建立平均斯坦瘦尾，并引发高斯收敛。用通俗的话来讲，发展随着时间推移而加剧，而不会被平衡力所压制。最终，我们可以通过非线性来强化肥尾。

因此，**复杂性暗示着极端斯坦。**（反之则不一定成立。）

作为一名研究者，我只会注意复杂理论中的极端斯坦因素，而不会理会其他因素，除非这些因素能够作为我的不可预测性考虑的备份。但是，对于传统的分析和因果关系，复杂性会有其他的结果。

## 归纳

让我们再次从某个角度看一下归纳问题。在现代环境下，归纳已经超越了古老的时代，使得黑天鹅问题更为严重。简言之，在一个复杂的领域中，归纳与演绎的讨论对实际问题来讲已变得过于边缘化（除了一个有限的变量子集），亚里士多德式的差别遗漏了一个重要的方面（类似于之前讨论过的极端斯坦中的非典型事件）。即便其他诸如“原因”之类的概念也会有不同的含义，特别是在循环因果关系和相互依赖性存在的情况下。[①]可能性等价物是从传统的任意性行走模式（任意性变量在固定区域移动，与周围其他变量不发生关系）发展为渗透模式（此时，区域自身便是随机的，不同的变量之间互相作用）的。

## 蒙眼驾驶校车

哦，在写到此处时，经济学仍没有注意到复杂性的存在，这便会降低

① 对于因果关系事件，非典型性缺失的一个结果是：一起事件可能会引起战争。我们发现，这样的战争是不可定义的，因为它可能会造成 3 人死亡，也可能会造成 10 亿人死亡。因此，即便是在我们能够分辨原因与结果的情况下，我们仍不会知道很多，因为结果仍旧是非典型性的。将这一点解释给历史学家们听时，我遇到了极大的困难（尼尔 · 弗格森除外）；将这一点解释给政治科学家们听时我也遇到了极大的困难（乔恩 · 艾尔斯特除外）。请将这一点（礼貌地）解释给近东与中东问题专家们听。

可预测性。我不会过分愤怒——我和马克·施皮茨纳格尔正在设计另外一个风险管理程序，从而更加强力地应对模型错误，这一错误主要来自政府导致过量的借款和通货膨胀的赤字预算失误。

我曾经参加过一次达沃斯世界经济论坛，在我发言时，我阐述了在复杂体系中的相互依赖性以及预测退化：华尔街的亏损引发了纽约的失业，从而进一步引发了在诸如中国的失业，然后又反作用于纽约的失业，这一点是不可分析的，原因是反馈回路会产生巨大的预测错误。我使用了“凸面”这一概念，它指来自投入量（在凸面存在的情况下，测量错误率的工具不复存在）的一种不成比例的非线性反应。以色列中央银行行长、国际货币基金组织前主要官员、一部经典的宏观经济学教科书的合著者斯坦利·费舍尔，在我讲话之后找到我，批评我关于反馈回路引起不可预测性的观点。他解释说，我们拥有输入–输出发源地，它能够很好地计算这些反馈，他同时还援引了诺贝尔经济学奖获奖作品。我猜想这一经济学家是瓦西里·里昂惕夫。我看着他，觉得他很傲慢，但对自己是对是错却毫无概念（不用说，费舍尔一定没有预见到危机的发生）。即便计量经济学能够追踪反馈回路的效果，这一点也很难理解，这些模型并没有提到任何关于大规模骚乱的事情。我要重申的是，大规模骚乱是属于极端斯坦的。

问题在于，如果我是正确的，那么费舍尔的教科书及其同事的教科书便毫无意义。几乎每一种使用数学方程式的预测方法都是这样。

我竭力在非线性下解释货币政策中的错误问题：你不断增加金钱，没有取得任何结果……直到出现恶性通货膨胀。或者，不会发生任何事情。我们不应当把政府摸不着门道的玩具抛给政府。

## 第四象限，最有用问题的解决方法[①]

冒能估量之险要比衡量你冒的险更可靠。

地图上的第四象限是一个特殊的区域。在第四象限，归纳问题和经验主义的缺陷越发明显；在第四象限，缺少证据与有证据表明缺失不能混为一谈。在本部分中，我们将基于更为可靠的认识论基础做出我们的决定。

### 安息吧，戴维·费德曼

首先，我需要向一个知识超群的人表示敬意，他就是伯克利统计学家戴维·费德曼，他也许比所有人都能更好地揭示统计学知识的缺陷以及一些方法的不足之处。他与我分别时送给了我一个礼物。当时，他原打算出席我之前提到过的美国统计协会会议，但他后来因病未能参加。但是，他却让我准备参加这次会议，并让我传达关于黑天鹅的观点：做好准备；他们会向你阐述一套他们自鸣得意的论点，你需要对此做出回应。这些论点列在他的一部书的“建模者的回应”部分。在此我将大部分罗列如下。

> 建模者的回应：我们都知道，凡事没有十全十美。假设是理性的，假设不会影响大局，假设是保守的。你不能证明假设是错误的。我们只是在做着别人同样在做的事情。有了我们，决策者会更舒心一些。模型并非一无是处。对于数据，你必须要尽到你最大的努力。为了获得进步，你不得不做出假设。你必须要给予模型以怀疑的好处。错误在什么地方呢？

---

① 没有涉猎过社会科学、商业甚至是公共政策的读者，可略过本部分。

这会使我产生运用“这便是你的工具起作用的地方”话术的想法，而不是我之前所用的“这是错误的”话术。风格的变化使我获得了别人的赞赏，并帮助我渡过难关。戴维的评论还激发了我学习医学的动力，因为我需要使用定量模式引起破坏。

会议结束之后几个星期，戴维·费德曼去世了。[①]谢谢你，戴维。当黑天鹅需要时，你挺身而出了。祝你及你的思想永远安宁。

这样我们便得到了解决问题的方法。尽管存在不可判定性，但情况并非很可怕。为什么呢？我们可以简单地绘制一幅图，在这幅图上，可以看到这些严重错误。

## 决定

如果你看一下事件发生的动力，你便可以预知何种环境能够产生大事件（极端斯坦），何种环境不能产生大事件（平均斯坦）。这是我们所需做的唯一一个先验假设——唯一一个。

第一种类型的决定很简单，会形成“二元”陈列，也就是说，你只需关注某件事是对还是错。过于对或过于错并不会给你带来附加的收益或损害。二元陈列并不取决于具有高度影响力的事件，因为它们的盈利是有限的。一个人要么处于怀孕期，要么处于非怀孕期，因此如果某人处于“极端怀孕”状态，那么结果与“轻微怀孕”是完全相同的。一项叙述是正确还是错误，会带有一定的置信区间。（我将其称为M0，因为从技术上讲，它依赖于所谓的零阶矩，即事件的可能性，而不是事件的数量——-你只需

① 戴维给我留下了第二个惊奇的礼物，这是所有人给我的礼物中最好的一个：他在一篇去世后发表的文章中写道：“事实证明，统计学家们做出的反驳塔勒布的努力是没有说服力的。”这句话改变了形势，并且抵挡住了洋洋洒洒数百页的出于个人利益的攻击，因为它警示读者批判没有实质内容。你所需要的全部只是一句能够一针见血的话。

要关注“原始”的可能性。）实验室中的生物学实验以及与一位朋友关于足球比赛结果的赌注便属于这一范畴。

很明显，二元结果在生活中并不很常见，它们大部分存在于实验室实验和研究论文中。在生活中，利益通常都是不确定的，或者说至少是可变的。

第二种类型的决定更为复杂，涉及更为不明确的因素。你不只应当在意频率或可能性，你还应当在意影响，甚至是影响的功能。因此，还有另外一个层面的关于影响的不确定性。瘟疫或者战争的影响可轻可重。当你投资时，你不应在乎得与失的次数，你应当在乎累积和期望，即得与失的次数乘以得与失的数额。另外，还有更为复杂的决定（比如，当某人深陷债务时），但在此我将省略这些。

我们还应当关注：

第一，事件生成器属于平均斯坦（也就是说，发生大规模的偏误几乎是不可能的），这是一种先验假设。

第二，事件生成器属于极端斯坦（也就是说，发生大的偏误是可能的，甚至是很可能的）。

这些构成了四个象限。

### 第四象限

**第一象限**。平均斯坦中简单的二元获益：预测是安全的，生活是轻松的，人人应当快乐。然而遗憾的是，这些情况更多地出现在实验室和游戏中，而不是真实的生活中。在经济决定中，我们极少能观察到这些。举例：一些医疗决定（关于单个病人，而不是全部病人）、赌场赌注、预测市场等。

**表后记 2-1　不同获益状态的决策局面**

| M0 | M1 |
|---|---|
| “是/非” | 期望 |
| 一个人的医疗结果（健康，不是瘟疫） | 瘟疫（受感染人数） |
| 心理学实验（是/非） | 智力与艺术的成功（比如书籍销售和文献引用等） |
| 生命/死亡（对某个人，而不是几个人） | 气候效应（任何一种定量的公制） |
| 轮盘赌中的均衡赌注 | 战争破坏（伤亡人数） |
| 预测市场 | 安全、恐怖主义、自然灾害（死亡人数） |
|  | 一般风险管理 |
|  | 非融资性投资（比如退休账户） |
|  | 经济学（政策） |
|  | 赌场 |

**第二象限。**平均斯坦中的复杂获益：统计方法可能会起到令人满意的作用，尽管需要冒一定的风险。的确，由于预渐进性、依赖性缺乏以及模式错误的原因，平均斯坦模式的运用可能不会成为万能灵药。这里的确存在问题，但这些问题已在文学作品（特别是戴维·费德曼的作品）中得到了广泛的阐述。

**第三象限。**极端斯坦中的简单获益：错误不会带来太大的破坏，原因是极端事件的可能性不会影响获益。不要过多地担心黑天鹅。

**第四象限，黑天鹅区域。**极端斯坦中的复杂获益：这是问题之所在，同样这里也存在着机遇。我们可以预测一般获益，而要避免预测远期的获益。来自分布远期部分的获益较之近期部分的获益更难预测。①

实际上，第四象限由两部分组成：面向正面及负面黑天鹅的区域。这里我将主要讨论负面区域（利用正面区域过于明显，这点已经在第十三章

① 劳伦斯·邦茹认为，先验并不需要后续证实。从哲学角度讲，就是通过区域分割，使先验变得独一无二，我们正是在应用邦茹的这一思想。为此，我们避免了后续可能性，即一种可能性是否存在错误的可能性。

中关于画家阿佩勒斯的故事中讨论过）。

**表后记 2–2　第四象限**

| | I<br>简单获益 | II<br>复杂获益 |
|---|---|---|
| A<br>平均斯坦 | 第一象限<br>特别安全 | 第二象限<br>（比较）安全 |
| B<br>极端斯坦 | 第三象限<br>安全 | 第四象限<br>黑天鹅区域 |

我们建议从第四象限进入第三象限。改变分布是不可能的，但你可以避免置身于某些风险之中，这点将在下一部分讲到。

我现在能讲的关于第四象限的事情，是关于黑天鹅问题的所有质疑都应当被聚焦在那里。一个主要的原则在于，尽管在第三象限你能够运用你所能找到的最好的模型或理论并依赖它们，但在第四象限这样做是很危险的：没有理论或模型比任何理论或模型都要好。

换句话说，在第四象限，缺少证据与有证据表明缺失之间的区别变得更为明显。

下面，让我们看一下我们如何离开第四象限，或者如何减轻其效果。

## 对于第四象限我们能做什么

### 不实用错误的图：医疗学的概念

因此，我现在便可以制定出实践智慧的规则（亚里士多德的实践智慧和决策智慧）。也许，我的生命故事处于下面的两难境地。为了解释丹尼尔·卡尼曼，为了心理上的安慰，有人宁愿拿着比利牛斯山脉的地图前往阿尔卑斯山脉，并迷失其中，也不会不用地图。在针对未来和运用风险措施时，他们不会态度鲜明地这样做。他们宁愿做出一个漏洞百出的预测。因此，向一个涉世不深的人提供一种可能性建议，结果很可能会使他冒更多的风险。我计划做一个丹·戈尔茨坦测试（这是我们为理解极端斯坦中人类直觉的研究项目的一部分）。丹尼（他是个很好的散步伙伴，但他却从来不漫无目的地散步）坚持认为，做这个实验并没有什么必要。有许多研究证明，为别人做出错误的风险预测是有害的。还有许多实验证明，职业人士会受到许多他们知道与自己决策无关的数字的严重影响，比如说在预测市场前景之前写下某个人社会保障号码的最后四位。令人尊敬的德国法官会在宣判之前掷骰子，当骰子显示的数字较大时，判罚的刑期较之正常情况长出一倍。

## 负面建议

一言以蔽之，不要让自己陷入存在黑天鹅区域的第四象限。然而，要完全做到这一点却十分困难。

心理学家对于委托行为和不作为行为加以区分。尽管，所有这些在经济上都是等同的（没有亏本便是赢利），但在我们心中它们却并不等同。不过，正如我所说过的，“不要做”类型的建议从经验上讲更具有说服力。我们如何才能长寿呢？答案是远离死亡。然而，人们并没有意识到，避免了失败便是成功，而不是一味追求利益。

说大话者喜欢给人以正面的建议。书店里有许多关于成功之道的书籍，但却几乎没有一部名为“我的知识丝毫无用”，或者“生活中需要避免的10个错误”的书。

与正面建议相关的，是我们必须要有所作为，而不是无所事事，即便有时候做事情也会带来伤害。

最近，我上过一次电视，一些金玉其外的敌人不断嚷着要我给出关于如何摆脱危机的详细建议。我不可能给出“不要做什么”的建议，或者向他们指出我的领域是错误避免，而不是急救室手术。这是一门单独的学问，但同样有价值。的确，我已经花了12年的时间试图说明：在许多情况下，相对于拥有数学技巧，没有参照模型反而更好、更明智。

遗憾的是，诸多领域都缺乏严谨，即便是像基础科学这样对严谨要求最低的领域。科学，特别是学院派科学，从来不喜欢出现负面结果，更不要说有关自身限制性的言论与宣传了。奖励制度并不是为它而设。从事走钢丝及其他吸引眼球的运动，会赢得别人的尊重，因为你正走在成为“经济学界的爱因斯坦”或“下一个达尔文”的路上，而不是通过揭穿谎言来向社会展示货真价实的东西。

让我们再看一下哥德尔限制。在某些情况下，我们会接受知识的局限性，鼓吹哥德尔的“突破性”数学限制，因为它会显示出程式化和数学技能的精炼——尽管这一局限性的重要性因天气预报、危机、社会变动预报以及捐赠资金（资助有关未来“精确”局限性的研究）的去向预报的实际局限性而大打折扣。这便是我为什么认为第四象限解决方法是最常应用的关于这些局限性的解决方法。

## 医源性伤害与无政府主义标志

让我们来看一下医学（哲学的姊妹）。医学在不到一个世纪之前才开始担负起治病救人的使命（我已经十分慷慨了）。医学没有宣传的那样神奇，因为人类死亡率的降低主要来自人们对卫生习惯的认识以及（偶然间）抗生素的发明，而不是来自医学的贡献。医生在相当长的时间里只是充当了病人杀手的角色，他们意识不到“不作为”是一种正确的选择（这便是无政府主义）。斯拜罗·马瑞达克斯的研究表明，在某种程度上，医生们现在仍是如此，特别是对于某些疾病存在过度治疗的行为。

虚无主义通常被看作有害的东西。思想保守、支持顺其自然以及认为我们的医学水平还十分有限的人们，直到20世纪60年代还被看作“治疗虚无主义”的象征。应避免走上一条基于对人体不彻底理解的道路（也就是说，“这里便是极限，我对人体的认识就限于此”）的观点，被认定为“非科学”。本书作者便遇到过一些高智商的骗子，他们试图向我销售他们的医学产品。

所谓医源性伤害，是指因医疗而引起的损害，这一概念目前并没有流行起来。在医学之外，我从未见到有人使用过这一词。尽管我一直对我所谓的类型1错误情有独钟，但直到最近我才接触到了医源性伤害的概念，这要得益于一次我与散文家布赖恩·阿佩亚德的对话。这样一种重要的思想我们为什么却领悟不到呢？即便是在现代医学中，“无伤害”这一古老的理念也是在最近才被纳入进来。直到20世纪50年代，这一理念才真正出现。对此，科学哲学家乔治·冈圭朗深感不解。对我来讲，这的确难以理解：在这么长的时间里，专业人士是如何打着知识的名义行骗，却侥幸没有受到惩罚的呢？

遗憾的是，进一步的调查显示，这些医源性伤害只不过是在启蒙运动中科学得以强势发展之后再次被发现而已。哦，我这里要再次重复，古人更为明智——希腊、罗马、拜占庭和阿拉伯人对于知识的局限性有一种固有的尊崇。中世纪阿拉伯哲学家和医生阿·鲁哈威写过一篇文章，这篇文章以医源性伤害揭露了地中海文化的不合时宜。我曾经思考过，宗教通过将病人远离医生而拯救生命。你可以到阿波罗神庙旅游来满足自己的控制妄想，而不必再去看医生。有趣的是，古地中海人可能早已熟谙平衡的道理，并且将宗教部分地看作一种驯服、控制妄想的工具。

没有知识，我们不能做任何事情，除非我们知道知识的止境和运用知识的代价。后启蒙运动科学及其后来者明星科学，非常幸运地大大促进了线性物理学、化学和工程学的发展。然而，在某种程度上，我们需要放弃精密，转而将视线投向长期不被重视的事情上：能够展示出现代知识和现代方法所不能展示的东西的地图，以及科学可以引起何种伤害（或者说科学已经带来了哪些伤害）。我认为，这是最值得探寻的一点。

还有决策者的医源性伤害。对于经济活动进行更多（无条件的）监管的要求看上去是一种正常的反应。我最大的梦魇便是决策者的结果。正是这些决策者通过信用调查机构和风险测算促进了对于等级的依赖，从而弱化了整个体系。然而，每当出现问题，我们总是采取苏联–哈佛式的管理模式，从而使得投资银行家、律师以及由决策者转变而成的华尔街顾问们致富。同时，他们还服务于其他团体的利益。

## 在真实生活中减轻第四象限的影响需要（或不能）做什么？

摆脱第四象限的最为明显的做法是“截短”，你通过购买保险而摆脱置身于某些风险之中，从而将自己置于第十三章中描述的“杠铃”状态。然而，如果你做不到，且无法避免暴露于流行病中以及前表中列出的类似事物中，那么为了增加力量，我们会赞成采用下面的“智慧”规则。

**1. 尊重时间和非说明性知识。**

回想一下我对地球母亲的尊重——原因只是她的年龄。对于第四象限中的一系列数据，需要更长的时间来解释其特性。我一直感到不满的是，对于均匀分布在第四象限的银行管理人员的补偿时间间隔较短，比如每年一次，而相关的事情却只是每5年、10年，甚至15年发生一次，这便会引发观测窗与足够揭示性质的窗口之间错误的搭档。即便长期处于负收入，但银行家们仍可致富。

历久而存的事情更为可取——它们更容易达到遍历状态。但无论如何，我们都难以知晓它们能坚持到何时。[①]

请记住，考证的担子要落在破坏复杂体系的人身上，而不是保持现状的人身上。

**2. 避免优化；学会喜欢冗余。**

在前面我讨论过冗余与优化。在这里，我再讲几点。

冗余（特指床垫下藏着的储蓄和现金）与债务是相对的。心理学家们告诉我们，致富并不能带来幸福——如果你花掉自己的积蓄的话。然而，如果你将金钱藏在床垫下面，那么你便拥有了针对黑天鹅的更强的抵御能力。

再举一例。要强化投资组合，人们可以购买保险。

过于专门化也不是一件好事。可以想象，一旦你完全丢掉你的工作，你会去做什么？面对金融危机，相对于只有一份工作的华尔街分析师（预测型的），将在夜间跳肚皮舞作为第二职业的华尔街分析师受到的影响会更小。

**3. 避免低可能性赢利的预测——尽管对一般赢利没有必要。**

很明显，来自远期事件的赢利更难预测。

**4. 小心远期事件的“非典型性”。**

没有经验的人有两种方法，分别叫作“方案分析”和“压力测试”——通常基于过去（或者基于“有意义”的理论）。然而（之前我阐述过如何做），过去的不足并不能说明将来的不足，因此我们不知道为什么要进行压力测试。同样，“预测市场”在这里并不起作用，因为赌注

① 我此前提到过的造谣中伤都围绕着保险类型特性的误传以及套利策略表现以及关于黑天鹅理念的“计划加强”。当某人基于短期观察收入时，他看不到任何相关的事情，除了少量的频繁的变化（主要是损失）。这一事实便会使得误传为人所信。人们会忘记合理积累，只是记住频率，而不是总数。按照媒体的数据，真正的收益率在 2000 年为 60%，而在 2008 年则超过了 100%，其中包括相对少量的损失和其他渠道的收益。因此，推断收益率在过去 10 年里呈三位数无异于儿戏。在同期 10 年内，标准普尔 500 指数下降了 23%。

受不确定性影响。也许赌注对于二元选择有效，但在第四象限却起不到作用。

**5. 注意红利发放的道德风险。**

通过对第四象限中潜在风险的赌注设定一系列的红利，然后再写一篇感谢信是最好的。这一点我们称之为道德风险论据。正是由于这一红利错配的存在，银行家才会旱涝保收，公司管理人员也是如此。

**6. 避免风险尺度。**

基于平均斯坦的、被调整用于大规模偏误的传统韵律学没有什么用处。这便是初学者容易遇到的陷阱——较之一味假设高斯钟形曲线之外的东西，这一点更为广泛。诸如“标准偏误”之类的词语并不稳定，不能衡量第四象限中的所有东西，“线性回归”（错误在第四象限）、“夏普比率”、马克威茨最优方案、最小平方以及字面上任何机械的取自统计学教科书的东西都不能。我的问题在于，人们能够接受罕见事件的影响，同意我的看法，但仍使用这些韵律，这使我怀疑他们不是患有心理问题。

**7. 正面还是负面的黑天鹅?**

显然，第四象限能够或正面或负面地使黑天鹅显露。如果这一显露是负面的，真正的中间数更有可能被过去认识的衡量所低估，总体潜力也同样会被低估。

人的预期寿命并没有我们所期待的那么长（在全球化背景之下），原因是有关数据缺乏最核心的东西：大规模疫情。同样，风险投资收益率也是如此。

另一方面，研究发现了更为光明的过去的历史。生物技术公司（通常）会面对正面的不确定性，而银行所面对的则几乎全部是负面影响。

模型错误会使那些暴露于正面黑天鹅的事情受益。在我最新的研究中，我将其称为模型错误的“凹”与“凸”。

**8. 不要将不稳定性缺失与风险缺失混为一谈。**

将不稳定性作为稳定性指示器的传统尺度欺骗了我们，因为向极端斯坦的进化是以不稳定性的降低和大跨度跳跃的更大风险为标志的。这一点甚至欺骗了一位叫本 · 伯南克的美联储主席以及整个银行系统。它还会继续欺骗下去。

**9. 小心风险数字的表现。**

之前，我曾经阐述了风险洞察为何取决于第四象限中严重的框架问题的。在其他区域，这要和缓得多。

## 对黑天鹅拥有充分抵抗力的社会中的 10 项原则①

我在下文中阐述的“10 项原则”主要是为了阐明在后危机时代，经济生活将如何应对第四象限。

**1. 脆弱的事物在其初始阶段便会失败。**

所有事物不会等到强盛之后才失败。经济生活中的进化帮助那些拥有最多潜在风险的事物成为最强大者。

**2. 不存在损失的社会化和收获的私人化。**

所有需要脱困的事物都应当国家化，所有不需要脱困的事物都应当是自由、小规模且承担风险的。我们使自身进入了资本主义和社会主义最负面的部分。在 20 世纪 80 年代的法国，银行由社会主义者所掌握。在 21 世纪初始 10 年的美国，银行掌控着政府。这些都令人匪夷所思。

**3. 蒙面驾驶校车（并将其撞坏）的人不应当再被给予开校车的机会。**

随着 2008 年经济体系的失败，经济学机构（大学、决策机构、中央

① 本节曾在 2009 年的《金融时报》上作为一篇社论发表过。某位编辑（他一定没有读过《黑天鹅》）将我的标题改为“证实黑天鹅”。

银行、政府部门以及拥有众多经济学家的各类组织）便失去了其合理性。信任它们有能力使我们摆脱困境是不可靠和愚蠢的。同样，听取“风险专家”和商业学术界人士的建议也是不可靠的，这会使我们以失败而告终（比如风险价值）。我们要找到撇开了一切干系的真正智者。

**4. 不要让一个发放“激励”红利的人掌管一座核电站或者操控你的金融风险。**

他可能会抛却一切安全考虑，只追逐“利润”，同时却宣称自己“保守”。红利与崩溃的风险互不相容。将我们带到这里的是红利系统的非对称性。但凡激励都会遇到障碍：资本主义是关于奖励与惩罚的，而不仅仅是关于奖励的。

**5. 用简洁性弥补复杂性。**

来自全球化及高度网络化的经济生活的复杂性会遭到金融产品中简洁性的反击。复杂的经济早已成为一种杠杆形式。这是一种效率的杠杆。向这一系统增加债务会产生狂野与危险的循环周期，并消除犯错的空间。由于松弛与冗余的存在（不是债务与优化），复杂的系统会存留下来。资本主义不能避免狂热与泡沫。股权泡沫（如 2000 年）已被证明比较温和，而债务泡沫则比较凶猛。

**6. 不要将炸药给孩子玩，即便炸药上带有警告标志。**

复杂的金融产品应当被抛弃，因为除了极个别足够理性的人，几乎没有人能够理解它们。我们需要保护市民们不受自己的伤害，不受银行家兜售“套利”产品的伤害，不受那些易对经济理论家们言听计从的决策者们的伤害。

**7. 只有庞氏骗局才需要依靠信心，政府从来不需要“重拾信心”。**

在庞氏骗局（最著名的一个由伯纳德 · 麦道夫制造）中，一个人从新投资者中借款或者支取基金，然后以此偿还正试图退出投资的投资者。

一系列的谣言是复杂体系的产物。政府不能阻止谣言。简言之，我们需要调整自我，摆脱谣言，并对谣言产生抵抗力。

**8. 在吸毒上瘾者戒毒痛苦万分时，千万不要给他更多的毒品。**

运用杠杆的力量解决杠杆过多的问题并不是一种顺势疗法，而是一种否定式疗法。债务危机并不是暂时的问题，而是结构性的问题。我们需要康复。

**9. 市民不应将金融资产看作一种保值手段而对其大加依赖，也不应当依赖于那些漏洞百出的专家们的“建议”。**

经济生活应当去金融化。我们应当学会不把市场看作储值仓库：市场中并没有普通市民所需要的确定性，尽管存在“专家”的观点。投资应当被看作消遣。市民应当因其自身业务（由他们自己所掌控）而劳心，而不应因其投资（不受他们自己所掌控）而劳心。

**10. 用打碎的鸡蛋做蛋卷。**

最后，2008 年的金融危机并不是一个可以轻易解决的问题，不是像一艘破碎的船可用临时凑起来的材料修补那样简单。我们需要采用更新、更结实的材料重新打造船体，并且重新制造船的各个部分。让我们帮助那些需要被打破的事物自行消失，将债务转化为股权，将经济与商业学派机构边缘化，停止颁发诺贝尔经济学奖，禁止杠杆收购，将银行家打回原形，逐步收回那些将我们带到这里的人们的红利（要求归还支付给罗伯特·鲁宾等人的资金，这些银行家们坐享纳税者的税款），以及教育人们在管理世界时尽量少相信确定性，从而使我们自动迈进一个强大的经济时代。

然后，我们会看到，经济生活越发贴近我们的生态环境：小规模的公司、更富足的生态系统，没有投机性杠杆——一个由企业家（不是银行家）来承担风险、公司自生自灭而不被媒体报道的世界。

在讨论了商业经济冒险之后，让我们来看一下一个更文明一些的问题。

## 如何变得坚不可摧

读者朋友们，现在又到了说再见的时候了。

我现在住在艾姆云村，这是我的祖先居住的地方。村子里祖祖辈辈的人都葬在这片方圆 4 英里的土地上。他们的安息地位于黎巴嫩山考拉山谷中的一片橄榄树林。黎巴嫩山高耸入云，你只能从 20 英里开外的地方看到山上的积雪。

今天黄昏时分，我去了圣·塞尔吉乌斯，当地人称其为马尔·萨尔基斯（来自阿拉姆语）。我来到我的家族的墓地，向我的父亲和我的叔叔迪迪告别。在我放荡不羁的年龄，迪迪最看不惯的就是我那一身邋遢的衣装。我相信，迪迪现在仍生我的气。最近一次他在巴黎见到我，他平静地对我，说我穿得像个澳大利亚人。因此，我去墓地的真正原因更多是为了我自己，我希望自己为下一站做好准备。

这是我的B计划。我不住地打量着将来属于我自己的坟墓。对于一名已有了最后归宿的人，黑天鹅不会那么轻易地打垮他。

我觉得无比坚强起来。

在我的旅行过程中，我一直在阅读塞内加的作品。当我看到塞内加的作品以英语形式出现时，我感觉非常不好，因为英语已遭到了经济学家与美联储官员们的亵渎。这好比阅读用斯瓦希里语写的爱尔兰诗人叶芝的作品。

塞内加是斯多葛派哲学的伟大教师与践行者，他将希腊-腓尼基的斯多葛学派从形而上学与伦理讲道转变成为一种实际与道德的生活计划，一种实现至高之善的方式，一种不可言传的描述超级道德品质的表达方式（如罗马人所认识的那样）。除此难以企及的目标之外，他还有实际的建议，也许是我所见到的从言语转变为行动的唯一建议。正是在塞内加的教导下（在西塞罗的帮助之下），蒙田认识到，哲学化就是学会如何死去。

塞内加还教导尼采认识到了“爱之命运”，这促使尼采处变不惊，勇敢面对来自批评家们的不公平待遇以及自身的疾病。

在塞内加看来，斯多葛学派是研究损失以及寻找克服我们损失厌恶的方法的——如何最少地依赖自己现在所拥有的。回想一下丹尼尔·卡尼曼的“前景理论”以及他的同事们。如果我给你一座豪宅和一辆兰博基尼跑车，将 100 万美元打入你的银行账户，并为你提供社会关系网，然后在几个月之后将所有的一切拿走，那么你的情况一定会糟透了，因为你会宁愿所有这一切都没有发生过。

塞内加作为一名道德哲学家（对我来讲）的信誉来自这样一个事实：与其他哲学家不同，他并不诋毁财富、所有权和财产的价值。据说，塞内加是当时最富有的人之一。他已经做好了随时失去一切的准备——随时。诋毁者称塞内加在实际生活中并不像他自己说的那样是一位斯多葛派的圣人，这主要是由于他有一个引诱已婚妇女（其丈夫为非斯多葛学派人士）的习惯，但他的确已经十分接近于一位斯多葛派的圣人了。正是由于他的强大，才有了许多诋毁他的人。如果他没有斯多葛学派的理想，他相比其同时代的人会更加强大。正因为一个人富有时较之贫穷时更难具备良好品德，所以，较之富有、强大和受尊敬，贫穷、卑微和孤独更容易造就斯多葛派学者。

## 接受失去一切

塞内加在第九封使徒信中写道，斯蒂尔伯的国家被德米特里厄斯所占领，斯蒂尔伯的妻儿惨遭屠杀。后来，有人问斯蒂尔伯失去了什么，斯蒂尔伯却回答说他没有失去任何东西，他的所有东西都与他同在。此人达到了一种斯多葛学派自我满足的境界，对于逆境（用斯多葛学派的术语叫作无情）有极强的抵抗力。换句话说，对他来讲，**所有可能被剥夺的东西都**

**不值得他留恋。**

我们的生活也是如此。塞内加乐于接受失去一切，这一境界也延伸到了他自己的生活。他曾被怀疑参与一项密谋，尼禄皇帝便命令他自杀。历史记载，塞内加泰然自若地以一种标准的方式自杀而死，就像他此前每日专门操练过一样。

塞内加以“vale”结束了他的文章（以书信体写成）。人们经常会误将“vale”译作“告别”。实际上，“vale”有“强大”与“有价值”的双层含义。

# 致谢

我从撰写这本书中获得了出乎意料的快乐，实际上是它写出了它自己，我希望读者能体会到同样的快乐。我要感谢下面这些朋友。

我的朋友、顾问、小说家、企业家兼贪婪的读者罗尔夫·多贝里反复阅读了本书的几个修改版本。我还要感谢彼得·贝弗林，他是一位博学而纯粹的“思想行动者”，他有着极度的好奇心，整日都在追逐思想，搜索通常我正在寻找的论文。他逐字逐句地审读了本书。耶切茨科尔·齐尔博尔是耶路撒冷一位渴求思想的自学成材者，习惯从本原、起始看待世界，他提出了非常尖锐的问题，使我对所接受的正规教育感到羞愧，对自己不是他那样的真正的自学成材者感到不安——正是这些不一般的人，使我的“黑天鹅”思想基础达到了认知上的自由。学者菲利普·泰洛克比特尔斐时代以来的任何人更了解预言，他通读了本书，仔细审阅了我的观点。菲利普是一个有分量和严谨的人，他的不予评论胜似评论。我还要感谢丹尼尔·卡尼曼，他除了就我对人性的观点与我进行了长谈之外（可怕的是我几乎记得他的每一句评论），还介绍我认识了菲利普·泰洛克。我要感谢玛雅·巴·希勒尔邀请我在判断与决策学会2005年11月于多伦多举办的年会上发表演讲——感谢与会研究者的慷慨和那些激发灵感的讨论，我在那里得到的比我给予的更多。罗伯特·席勒让我删掉一些“不敬”的评论，但他批评的是我表达上的攻击性，而不是内容上的，这已很说明问题。玛丽亚乔凡娜·穆索首先意识到人文学科中的黑天鹅效应，让我正确地进入社会学和人类学的领域。我与文学学者米哈伊·斯帕里俄苏谈了很长时间的柏拉图、生态智慧和布加勒斯特的咖啡馆。迪迪尔·索尼特总是一个电话就能找到，他不断发给我关于各种不为人知但非常有用的统计物理学课题的论文。让·菲利普·鲍查德在有很大离差的统计问题方面给了我大量帮助。迈克尔·艾伦专门为希望出版作品的作者们写过一篇文章，而且是基于本书第八章的思想写的，于是我以一名审视自己生活运气的作者的眼光重写了第八章。马克·布莱思作为一位反馈者、读者和建议者一直向我提供帮助。我在美国国防部的朋友安迪·马歇尔和安德鲁·梅斯为我提供了一些思想和问题。思想饥渴的保罗·索尔曼极为仔细地审阅了本书的手稿。“极端斯坦”的说法得益于克里斯·安德森，他指出我原来的提法太过迂腐。奈杰尔·哈维引导我阅读了关于预测的文献。

我曾向以下这些科学家刨根问底地提问：特里·伯纳姆、罗伯特·特里弗斯、罗宾·道斯、彼得·艾顿、斯科特·阿特兰丹·戈尔茨坦、亚历山大·雷兹、阿特·德凡尼、拉菲尔·多阿蒂、皮奥特尔·齐隆卡、古尔·胡贝尔曼、艾尔克霍农·古德伯格和丹·斯帕伯。“布莱克–斯科尔斯公式”的真正所有者爱德华·索普向我提供了许多帮助。通过与他交谈，我认识到经济学家忽视了他们自己俱乐部以外的智力产品，不论它们多么有价值。洛伦佐·佩利里极为慷慨地提供了他对美诺多托的看法，并帮助我更正了一些错误。邓肯·瓦特允许我在哥伦比亚大学的一次社会学研讨会上演讲本书的第三部分，使我获得了大量评论。戴维·考恩提供了彭加莱讨论部分的图片，使我自己画的图相形见绌。我还从詹姆斯·蒙蒂尔关于人性的短小文章里获益匪浅。布鲁诺·迪皮尔总能为我带来令人愉快的散步谈资。

做一个太关注自己书稿的进取心强的作者的忠实朋友并不是一件讨好的事。玛丽–克里斯汀·里奇从我这里领取了一份费力不讨好的工作，那就是倒着读这本书的章节，而且我只给了她一些不完整的部分，以及（当时）明显不够清晰的部分。贾米尔·巴茨每次拿到全书都主动倒着读。劳伦斯·苏里夫对每一章节都给出了意见。比任何（仍然）在世的人都更懂风险管理的菲利普·霍尔培林向我提供了很好的评论和观察。其他“受害者”是：塞勒斯·皮拉斯泰、伯纳德·奥培蒂特、帕斯卡·鲍拉德、盖伊·利维尔、迪迪尔·贾维斯、安德丽亚·蒙泰努、安德烈·波克罗夫斯基、尼尔·克里斯、菲利普·阿塞利、法里德·卡卡比、乔治·纳斯、阿丽娜·斯蒂芬、乔治·马丁、斯坦·乔纳斯和弗拉维亚·塞巴里斯塔。

读书如饥似渴而富有智慧的保罗·索尔曼给予了我有益的评论（他简直是在显微镜下审阅了我的书稿）。我还要感谢菲尔·罗森滋韦格、阿维赛·马格里特、彼得·福布斯、迈克尔·施瑞奇、德里斯·本·布拉希姆、维内·潘德、安东尼·范·库维林、尼古拉斯·瓦迪、布赖恩·欣奇克利夫、亚伦·布朗、艾斯本·豪格、尼尔·克里斯、兹维卡·阿菲克、赛伊·皮尔佩尔、保罗·柯德罗斯基、里德·伯恩斯坦、克劳迪娅·施密德、杰伊·莱纳德、托尼·格里克曼、保罗·约翰逊、齐德姆·库尔达斯（以及纽约大学的奥地利学派经济学家）、查尔斯·巴比特以及许多我不记得名字的人。

斯隆基金会的拉尔夫·戈莫里和耶西·奥苏伯尔发起了一项名为“已知、未知与不可知”的研究。他们提出为我思想的推广提供精神和财务支持，我接受了精神支持。我还要感谢我的事业伙伴、本书的合著者和聪明的助手们：艾斯本·豪格、马克·斯匹茨纳格尔、贝诺特·曼德尔布罗特、汤姆·维茨、保罗·威尔莫特、艾维塔·皮尔佩尔和伊曼纽尔·德尔曼。我还要感谢约翰·布罗克曼和卡丁卡·马特森为本书提供了大力协助，以及马克斯·布罗克曼对书稿提出的意见。感谢辛迪、莎拉和亚历山大的宽容。亚历山大还帮助我整理了段落，莎拉则在书目方面提供了帮助。

我试图给我的编辑威尔·墨菲留下一个顽固得不可救药的印象，却高兴地发现他同样顽固（但很善于隐藏）。他使我不受编辑们的侵扰。他们有一种造成最大损害的神奇能力，能够用最少的改动破坏别人文字中的韵律。威尔·墨菲还是十足的聚会狂。我很荣幸丹·梅纳克花时间校订了我的文字。我还要感谢珍妮特·韦加尔和史蒂文·迈耶。兰登书屋的员工很宽容，但他们一直没有习惯我的电话恶作剧（比如我试图假装成伯纳德–亨利·利维）。我写作生涯中一件极为愉快的事就是与我在企鹅出版集团的编辑威廉·古德拉德和该集团执行董事斯蒂芬·麦克格拉思共进午餐。我突然认识到，我不能把作为故事叙述者的我与作为科学思想者的我分离开来。实际上，首先进入我大脑的是故事，而不是对某个概念的事后分析。

本书的第三部分激发了我在马萨诸塞大学阿默斯特分校讲课的想法。我还要感谢我的第二个家，纽约大学科朗数学研究院，我在这里度过了7年半的教学生涯。

很不幸，人们总是从自己不赞同的人那里学到最多东西，蒙田在500年前就指出这一点，但很少有人意识到。我发现，这会让你对自己的观点做成熟的打磨，因为你知道这些人会发现最微小的瑕疵，于是你在认识自己观点的缺陷时，也了解了他们的理论有什么局限。对于提出恶评的人，我努力比对待朋友还有风度，尤其是那些表现出良好修养（并一直保持）的人。于是，我从和罗伯特·C. 默顿、史蒂夫·罗斯、迈伦·斯科尔斯、菲利普·约里昂及许多其他人的公开辩论及讨论中学到了不少技巧。这些辩论很有价值，因为我正想知道对我的黑天鹅理论会有多少反对观点，以及我的批评者是怎么想的。这么多年来，我读那些与我异见的人的著作比与我同见的人的著作还多，因此我读萨缪尔森比读哈耶克多，读小默顿比读老默顿多，读黑格尔比读波普尔多，读笛卡儿比读休谟多。

我一生中最大的收获就是成功地与一些思想上的主要对手成为朋友，如艾利·阿亚什和吉姆·盖斯勒尔。

本书的大部分写于我的一段逍遥时光，其间我把自己从（几乎）所有的工作责任、日常琐事和压力中解放出来，在多个城市沉思漫步，还做了一些关于黑天鹅思想的演讲。我主要在咖啡馆里写作，我总是喜欢普通市区中看似破旧（实则幽雅）的咖啡馆，越少有商务人士出现越好。我还在希思罗机场4号航站楼长时间待过，当时我太沉迷于写作，以至于忘记了自己对围在身边的装腔作势的商务人士的反感。